U0474044

收藏品拍卖学

马 健 著

中国社会科学出版社

图书在版编目（CIP）数据

收藏品拍卖学/马健著.—北京：中国社会科学出版社，2008.12
ISBN 978-7-5004-7362-6

Ⅰ.收… Ⅱ.马… Ⅲ.收藏—拍卖—基本知识 Ⅳ.G894 F713.3

中国版本图书馆 CIP 数据核字（2008）第 169903 号

策划编辑　卢小生（E-mail：georgelu@vip.sina.com）
责任编辑　卢小生
责任校对　周　昊
技术编辑　李　建
封面设计　福瑞来书装

出版发行	中国社会科学出版社		
社　　址	北京鼓楼西大街甲 158 号	邮　编	100720
电　　话	010-84029450（邮购）		
网　　址	http://www.csspw.cn		
经　　销	新华书店		
印　　刷	北京新魏印刷厂	装　订	丰华装订厂
版　　次	2008 年 12 月第 1 版	印　次	2008 年 12 月第 1 次印刷
开　　本	787×960　1/16	插　页	2
印　　张	18.25	印　数	1—5000 册
字　　数	286 千字		
定　　价	30.00 元		

凡购买中国社会科学出版社图书，如有质量问题请与本社发行部联系调换
版权所有　侵权必究

目　　录

序一　提升拍卖行业形象(张新建) …………………………………… 1
序二　热市场与冷规则(李向民) …………………………………… 11

第一章　导论:收藏品拍卖市场大势 ………………………………… 1
第二章　收藏品概说 …………………………………………………… 9
　第一节　收藏品的含义 ……………………………………………… 9
　第二节　文物、艺术品与收藏品 …………………………………… 11
　第三节　收藏品的种类 ……………………………………………… 19
第三章　收藏品评估 …………………………………………………… 23
　第一节　收藏品评估的影响因素 …………………………………… 23
　第二节　收藏品评估的基本框架 …………………………………… 44
　第三节　收藏品的估价与成交价 …………………………………… 45
第四章　什么是拍卖 …………………………………………………… 53
　第一节　拍卖的含义 ………………………………………………… 53
　第二节　拍卖的历史 ………………………………………………… 56
　第三节　拍卖的特点 ………………………………………………… 77
第五章　拍卖学理论 …………………………………………………… 88
　第一节　拍卖的四种方式 …………………………………………… 88
　第二节　拍卖学基本原理 …………………………………………… 91
　第三节　拍卖理论的应用 …………………………………………… 94
第六章　收藏品拍卖市场 ……………………………………………… 103
　第一节　收藏品拍卖的主体 ………………………………………… 103
　第二节　中外收藏品拍卖市场比较 ………………………………… 116
　第三节　收藏品拍卖指数的利与弊 ………………………………… 135

第七章　收藏品拍卖规则……144
　　第一节　拍卖底价规则……144
　　第二节　瑕疵请求规则……151
　　第三节　禁止参拍规则……154

第八章　收藏品拍卖的设计……158
　　第一节　吸引买家……158
　　第二节　防止合谋……163
　　第三节　内部监管……170

第九章　收藏品拍卖的博弈……178
　　第一节　竞买人的策略……178
　　第二节　委托人的策略……189
　　第三节　拍卖人的策略……194

第十章　收藏品拍卖的未来……198
　　第一节　网上拍卖的兴起……198
　　第二节　法律法规的完善……207
　　第三节　拍卖制度的创新……213

附录一　中华人民共和国拍卖法……217
附录二　文物藏品定级标准……224
附录三　近现代一级文物藏品定级标准……230
附录四　中国嘉德国际拍卖有限公司拍卖规则……236
附录五　香港苏富比拍卖公司业务规则……250

参考文献……267
跋……274

序一 提升拍卖行业形象

张新建[*]

1958年，中国最后一个拍卖行在天津关门，标志着曾在中国延续一百多年的拍卖行业落下帷幕，计划经济靠计划配置资源，不需要拍卖行业。斗转星移，光阴弹指，进入改革开放的新时期，最早经历市场经济大潮洗礼的广州于1986年率先成立了广州拍卖行。1992年，拍卖行业进入中国收藏品市场。伴随着改革开放春天的故事，收藏品拍卖迅猛发展，成为文化领域独领风骚、备受关注的社会现象。独领风骚是要付出代价的。就在拍卖行业高增长、高利润、高歌猛进的时候，由于起步晚、发展快、数量多造成的诸多矛盾集中凸显出来，为社会各界诟病最多的就是拍假和假拍的问题，拍卖企业诚信危机，拍卖行业形象重创。就像任何一条湍急的河流有浪花就有泡沫一样，改革发展中的问题只能在深化改革、开拓发展中加以解决。随着市场经济体制的不断完善和社会经济秩序的逐渐规范，中国拍卖行业也悄然开始了提升行业形象、打造诚信品牌的二次创业。

一、承担社会责任，参与公益事业

2008年5月12日，四川省汶川县发生了8.0级特大地震，造成重大人员伤亡和财产损失，惨烈的地震灾难牵动中国人民的心，社会各界捐款捐物抗震救灾。中国拍卖行业协会发出倡议书，号召拍卖企业迅速行动起来，捐款、义拍募集善款，与灾区人民共渡难关。截止到2008年6月5日，北京、上海、广州、湖南、福建、内蒙古等17个省、自治区、直辖市的拍卖企业举行了慈善义拍系列活动，共筹措善款1.6亿元。其中北京保利拍卖公司义拍筹款8463

---

[*] 张新建先生现为全国政协委员、文化部文化市场司副司长。

万元，中国嘉德拍卖公司义拍筹款 5100 余万元。其他省市的义拍活动还在进行之中。

此次"中国拍卖行业抗震救灾系列义拍活动"得到了国内众多知名艺术家、收藏家的鼎力支持。中国美术家协会主席靳尚谊慷慨地捐出 1978 年创作、一直珍藏的油画人物作品《放牛娃》，最终以 180 万元成交；艾轩、杨飞云、王沂东等 29 位中国写实派画家集体创作的以抗震救灾为主题的鸿篇巨制《热血 5 月 2008》，起拍价为 512 万元，经过 43 次叫价，最终以 3350 万元成交；岳敏君捐赠的《我是龙—1》募得 694.4 万元；曾梵志捐赠的《希望的天空》募得 672 万元；方力钧捐赠的《2009.5》募得 397.6 万元。在由文化部、民政部社会工作协会组织，北京匡时国际拍卖有限公司等多家单位联合承办的"一切为了孩子——中国艺术品经营行业及艺术家赈灾拍卖会"上，全场拍卖的书画、雕塑作品全部由艺术家捐献，以无底价起拍，以 100% 成交率圆满落幕，共筹得善款 982 万元。

这一系列成功的义拍凝聚着全体拍卖人的心血和汗水。他们走访艺术家征集捐赠作品，他们动员收藏家和企业家踊跃购买，靠的是为灾区人民献爱心的一片真诚和长期为艺术家服务结下的深厚友情。在义拍之前，他们印图录、租场地、组织宣传，义拍之后不仅要收款结算，尽快支付灾区，而且要把拍品寄送来自全国各地的买受人，这一切不仅琐碎、辛苦，而且都是企业默默并无偿进行的，全部费用不下百万元，也是企业无偿赞助的。根据国家捐赠管理办法，企业对社会公益事业的捐赠可以在所得总利润 12% 之内列支，享受国家税收减免优惠，但是拍卖企业为组织义拍所花费的全部费用，却不能享受税收优惠政策。拍卖企业对此无怨无悔，他们说，中国拍卖行业是富有社会责任的行业，始终以服务社会、回报社会为宗旨。中国拍卖行业的义举受到社会公众的广泛赞誉。

二、学术引导市场，冷静谋划未来

中国当代艺术品市场火暴，有人称之为"井喷"，拍卖公司堪称火暴的导火索、井喷口。中国收藏品拍卖市场火暴，吸引流失海外的收藏品回归祖国，就像失散海外漂泊多年的游子终于叶落归根；拍卖市场火暴，不仅使中国收藏品国内市场价格飙升，而且极大地提升了中国收藏品的价值，成为世界收藏品市场最受关注的东方文化现象。

中国收藏品在中外收藏品市场价格与价值的整体提升，原因是多方面的。一是中国改革开放以来，中国经济持续快速增长，综合国力迅速提高，既是世界经济新的增长点，又是国际社会关注的焦点、热点，中国收藏品作为中国综合实力软实力的重要组成部分，在这样火热的背景下不热也难。二是长期以来，中国收藏品的国内国际市场价格都被严重低估。当世界聚焦中国、关注文化的时候，中国收藏品的价值才重新被发现，当前中国收藏品市场价格快速拉升带有恢复性增长的性质，而且，随着国际国内对中国收藏品价值的再发现、再认识，包括现当代艺术品在内的中国收藏品市场价格仍有升值的空间。三是市场运作。收藏品经营企业和其他机构的成功运作，使中国收藏品的价值被中外收藏界发现和认可，其中外国艺术机构对中国当代艺术的发现和推广，对于中国当代艺术走向世界，功不可没。外国收藏品企业和机构是久经市场经济历练的老手，他们发现运作或者炒作经济腾飞国家的收藏品实际风险不大，经济腾飞国家只要经济持续高速增长，无论本国收藏品在国际市场上价格多高，强烈的爱国热情和雄厚的经济实力都使他们有能力接盘。经济腾飞国家的企业家、收藏家也往往在经济高速发展、财富迅速升值的时候，高价购买了外国或者本国的收藏品，如日本经济腾飞时期曾经大量购买欧洲印象派、后印象派以及美国当代艺术品，随着日本经济泡沫的破灭，经济跌入低谷，早年高价购买的收藏品又以低于购买价一半或者1/3的价格再次回流欧美收藏品市场。当前世界收藏品市场正在按照当年对日本的套路来运作中国当代艺术品，忽悠中国企业家、收藏家。

对于中国收藏品市场火暴的原因还有多种解读，甚至可以成为中国艺术领域学术研究的专门课题，但是对大多数收藏品市场的参与者、关注者来说，他们并不想或者并不打算深究中国收藏品市场火暴的深层原因和复杂背景，他们自然而然地把目光聚焦于曾经引发中国收藏品市场火暴的导火索和井喷口——中国收藏品拍卖公司。对于收藏品市场的"大势"，任何制造、营造的企图都是徒劳无益的，但可以把握，可以顺势。中国收藏品拍卖企业恰恰在中国经济"大势"和收藏品市场"大势"来临的时候，准确把握先机，顺势推波助澜，终于迎来了收藏品市场火暴的春天，也把自己推上了收藏品市场的中心地位。"中心"高位就有"中心"责任，作为收藏品市场的领头羊、风向标，拍卖公司的举措和动向都将对收藏品市场产生影响，这也是拍卖行业不得不面对的最为紧迫、最为现实的问题。对此，拍卖公司的应对之策是进一步加强收藏品市场的规律研究和中国艺术创作的理论研究。学术研究本不是拍卖公司的主业，但是拍卖公司要想在国际国内激烈的市场竞争中处于领先地位，就必须加强对收藏品领域系统、深入的研究，冷静分析国际收藏品市场的态势和走向，把握国内收藏品市场的特点和规律，实现收藏品拍卖行业和中国收藏品市场的可持续发展。为此，中国优秀的拍卖企业进行了艰苦而富有成效的探索。

北京华辰拍卖公司成立时间并不长，却在中国古代、现当代美术品以及传统瓷器杂项领域做得有声有色。在当前中国收藏品市场整体火暴、当代艺术作品强劲拉升的背景下，他们本可以顺风顺水地大做世界收藏品市场追捧的热门人物，顺势推出价格拉高的先锋作品，获利空间一定可观，但是他们却在2008年春季拍卖会上，推出了"青年艺术家拍卖专场"。对于拍卖公司来说，这是吃苦费力颇有风险的一招，青年艺术家的作品知名度低、市场接受程度低、拍卖成交额低，拍卖公司即使花大力量，组织宣传、预展，甚至是巡展，仍然存在高投入、高流拍的风险。然而，这也是出其不意的妙招。

其一是市场的可持续性。市场追捧的热门人物能否持续"高烧"取决于艺术家持续的创新能力和市场持续的认可程度，这是艺术家和拍卖企业根本无法预知、不能左右的，面对收藏品市场的风云变幻，最可靠的办法也许就是未雨绸缪，谋划未来。华辰拍卖公司以独到的视角、发展的眼光来发现和选择中国当代艺术的代表人物、优秀作品，这些作品主题突出，个性鲜明，具有强烈的视觉冲击力，虽然取材、技法不无可议之处，但是画面之中仍然可以透出无法掩盖的艺术功力和发展潜力。他们已经把眼光放在中国收藏品市场的十年、二十年后，那时候，这些青年艺术家完全有可能凭借着自己的实力和市场难得的机遇，成为中国画坛的中流砥柱。以中国艺术家的真诚和厚道，他们也许永远不会忘记冒着风险把他们扶上马、推出来的"伯乐"。

其二是市场的丰富性。中国当代艺术家张晓刚、方力钧、岳敏君和王广义，被称为中国收藏品市场的"F4"，也是世界收藏品市场追捧的热门人物，作品腾云驾雾已呈天价。于是称"垃圾"者有之，视炒作者有之。"F4"是以批判的视角、冷峻的笔调，反映了政治高压、文化专制的"文化大革命"期间，冷酷、虚伪、刻板、无奈的社会形态和精神状态，应当纳入"伤痕美术"的范畴。他们以当代艺术家的理性和激情，表现史无前例的非常时期的非常事件，理应受到国内外史无前例的非常关注。在他们偶像效益、市场高价的影响下，又一批人踏上了他们的成功之路。表现"文化大革命"题材本无可厚非，中国人民也应当汲取"文化大革命"教训，然而历史永远翻过了这沉重的一页，一个更伟大的时代已经到来，中国当代艺术如果永远沉陷苦难、长期咀嚼苦难，只能把苦难放大，而放弃对美好现实的追求，这样不仅不利于当代艺术的发展，也影响了收藏品市场的丰富性和现实社会的和谐性。

另外，收藏品市场的丰富性直接关系中国当代艺术的完整性。中国收藏品市场是丰富多彩的，中国当代艺术创作也是百花争艳的，但是，中国奥运火炬传递的国际风波再一次表明西方社会对中国的偏见深重的程度，更何况有些艺术家也乐于在西方社会把自己的作品打扮成反抗政权专制的地下创作，拼着性命偷运国外的血泪结晶，于是，偏见夹杂着热炒的高温使市场价格不断蹿升。然而，市场价格的领头羊并不是艺术创作的风向标。"文化大革命"题材、"F4"创作也不能代表中国当代艺术的全部。华辰拍卖公司推出的青年艺术家拍卖专场，展示了不同年龄层次、不同创作题材、不同艺术风格的优秀作品，有助于社会各界全面了解中国当代艺术的丰富性和完整性。

今年春拍，北京保利国际拍卖公司举行的中国水墨专场拍卖会，也是颇有魄力的创新之举。水墨是中国人的精神家园，千百年来，水墨、宣纸、帛绢记载了世代中国人的悲欢离合，喜怒哀乐。进入20世纪以来，随着现代工业的发展和城市化进程的加快，中国水墨作为中国民族、传统文化的代表，同世界各国的民族传统文化一样，也面临向当代社会艰难转型的问题。为此，中国几代杰出的理论家和艺术家进行了艰苦、顽强的探索和实践，也取得了举世瞩目的进展和成果。吴昌硕、齐白石、潘天寿、张大千、黄宾虹等杰出艺术家，在中国传统水墨的基础上创新发展，极大地丰富和发展了中国水墨的题材、技法、内涵。以徐悲鸿、蒋兆和为代表的杰出艺术家，借鉴欧洲古典写实主义艺术思想和表现方法，开创了中国现代写实水墨的新天地。以林风眠为代表的写意水墨则吸收借鉴了欧洲现代表现主义创作方法，以浓重的色彩、鲜明的形象，冲破了中国传统水墨的束缚和羁绊，创作了具有水墨精髓、现代特色、国际风格的艺术作品。新中国成立以后，虽然林风眠写意水墨一派遭受压制，经历坎坷，却在中国改革开放以后异军突起，终成大果。中国后来出现的新文人水墨和实验水墨可以说都是在林风眠写意水墨基础上的创新发展。20世纪90年代以来，越来越多的艺术家开始反思中国传统水墨，对传统水墨语言进行了更为深入的开拓和当代实验，使当代水墨艺术呈现穿越东西方艺术的当代面貌。

回顾近百年的中国美术史，我们不难发现，中国传统水墨在向当代社会艰难转型的不同时期，都取得了重要进展和卓越成果，只是因为中国是发展中国家，在世界艺术领域的话语权还不够强势，因此中国水墨取得的成功，没有得到国际社会及时而公正的评价。如今美国主导的当代艺术如火如荼，中国当代艺术走红国际艺术市场，中国水墨相形见绌，黯然失色，甚至有被边缘化的危险。中国当代艺术应当走强，应当高价，但是中国水墨无论如何也不该被冷落。就在中国当代收藏品市场火暴之时，北京保利拍卖公司却以出奇的冷静、超人的勇气，奋力培育、积极推广中国水墨，精心打理中国人的精神家园。中国人民永远都不会放弃自己的精神家园。中国人民同样永远不会忘记为精神家园创新发展做出贡献的建设者、守望者。

三、提高公众审美，培育潜在市场

拍卖公司以竞价拍卖的交易方式汇集了一大批走向市场的收藏品，为了实现拍品市场价格的最大化，宣传推广是不可或缺的。近年来，一些品牌拍卖公司的最新进展是以更长远的发展战略和更严谨的学术研究，最大限度地提供拍品信息，直接面对社会公众宣传推广。拍卖再不是传统意义上的高端收藏、小众市场，而是努力吸引社会大众观看预展，走进拍卖市场。让更多人参与拍卖是推动拍卖市场长期可持续发展的长远战略。

首先，拍卖图录是通俗易懂、图文并茂的艺术教科书。以拍卖公司的实力，拍卖图录越做越好，装帧精良，中国印刷业的大鳄也以印刷拍卖图录而迅速增值。难能可贵的是拍卖公司在注重外观精美的同时，尽可能向受众提供有关拍品全面、准确的学术信息。他们系统地介绍艺术家的生平、成就，客观地记载拍品的创作背景、学术成就和美术界专家学者的评价。收集、选择有关拍品的历史和学术资料是非常辛苦、特别烦琐的，在纷繁的历史资料中选择最权威、最公正的学术成果亦非易事，更何况有些历史资料、学术评价很少，有时还要组织专家专门撰写，其中费时、费力是可以想见的。但是，他们的学术研究、辛勤劳动是非常有价值的，不仅是对拍品负责，也是对买受人和一般受众的可贵贡献。长期以来，中国普通在校学生的美育教育、美术教学都非常薄弱，这种现象至今没有大的改观，他们离开校园以后很难静下心来，系统研修中外美术史和美术理论。因此，有些人即使有志于收藏品收藏，也因不谙此道而徘徊于拍场门外，一本高质量的拍卖图录也许就是为他们打开艺术之门的第一本教科书。

对于业内人士和从事收藏品收藏的买受人，一本高质量的拍卖图录同样重要。在拍卖市场上，竞买人最大的苦恼也许就是拍品信息不全面，拍卖公司与竞买人信息极度不对称。《拍卖法》第35条虽然规定"竞买人有权了解拍卖标的的瑕疵，有权查验拍卖标的和查阅有关拍卖资料"。但是，有些拍卖公司仍然以为委托人保密为由，不愿承担法定义务。高质量的拍卖图录则在一定程度上弥补了这个缺憾。拍卖图录介绍艺术家和拍品的系统资料，不是王婆卖瓜地推销拍品，而是以科学严谨的态度，客观、公正、准确地向竞买人和其他受众提供学术成果和研究信息，让竞买人在充分占有资料的基础上自己做出判断。通过拍卖图录进一步加强拍卖公司与竞买人及其他受众的信息沟通与共享，不仅直接影响本场拍卖的成交率，而且对培育可持续发展的拍卖市场都有重要意义。

其次，拍品预展是艺术精品的博览会。拍卖公司组织拍品预展为竞买人和其他受众提供了亲身接触历代名家名作和艺术珍品的难得机会。他们不仅可以近距离地仔细欣赏，对感兴趣的瓷器杂项还可以"上上手"，实际感受一下，这与在博物馆、展览馆隔着玻璃远距离欣赏大不一样。"五四"新文化运动以来，在"打倒孔家店"的旗帜下，中华民族传统文化受到极大冲击，"文化大革命"期间，"破四旧、立四新"，民族传统文化再遭浩劫，我们祖先创造的物质文明成果和中国传统文化精神，已经被破坏、被丢弃得差不多了。改革开放以来，拍卖公司组织不同时期、不同门类的艺术精品进行预展，中国百姓再次切身感受中华文化的博大精深。近年来，中国嘉德、中国保利等著名拍卖公司还组织拍品赴新加坡、香港特别行政区、中国台湾以及内地城市进行巡展，尽管各地巡展花费不菲，但是拍卖公司认为值得，让尽可能多的中外人士了解中国悠久、璀璨的历史文化和创新成果，有利于弘扬民族文化，传承中华文明，增强凝聚力和向心力。

毋庸置疑，近年来，拍卖公司的制度建设的确取得了重要进展，但是距社会公众反响最为强烈的拍假、假拍问题的最后解决还相当遥远。拍假、假拍长期得不到解决，主要原因是对法律的误读和监管的缺位。

中国是世界上为数不多有《拍卖法》的国家之一。改革开放初期，乃至现在的少数领域出现问题，当事者就以法律不健全搪塞之。中国有明确、详细的《拍卖法》，也走进了拍假、假拍的死结，主要是对法律的理解背离了立法的初衷和主旨。《拍卖法》的立法主旨是为了规范拍卖行为，保护拍卖活动各方当事人的合法权益，因此，《拍卖法》除规定拍卖活动应当遵循公开、公平、公正、诚实信用原则外，还在制度设计上建立了抑制拍假的程序规定。首先，拍卖行业是准入门槛很高的特种行业，申请设立拍卖公司应当有与从事拍卖业务相适应的拍卖师和其他工作人员。其次，拍卖人有权要求委托人说明拍卖标的的来源和瑕疵（第十八条），如果拍卖人有疑问，认为需要对拍卖标的进行鉴定的，可以进行鉴定（第四十三条），拍卖人应当向竞买人说明拍卖标的的瑕疵（第十八条）。再次，拍卖人、委托人未说明拍卖标的瑕疵，给买受人造成损失的，买受人有权向拍卖人要求赔偿；属于委托人责任的，拍卖人有权向委托人追偿（第六十一条第一款）。第六十一条第二款规定，拍卖人、委托人在拍卖前声明不能保证拍卖标的真伪或者品质的，不承担瑕疵担保责任。就是这样严密的逻辑程序规定，被一些拍卖公司和少数律师误读为只要拍卖前声明不保真就不承担瑕疵担保责任，于是成了拍卖公司知假、拍假的护身符和保护伞。

实际上,《拍卖法》以及拍卖公司对拍卖标的瑕疵都是高度重视的,一是要求委托人说明;二是公司业务人员检验;三是送专家或者鉴定机构鉴定;经过"三关",对极少数仍不能确定真伪的要如实声明。现在拍卖行业以偏概全,以国际商业惯例为由,拍卖前声明对全部拍卖标的不保真,不承担瑕疵担保,推卸了应当由拍卖公司承担的法定责任。此前,也有少数拍卖公司声明对拍卖标的的真伪或者品质负责,但是在行业惯性的重压下也随波逐流了。尽管《拍卖法》不无进一步完善、进一步严密之处,但是《拍卖法》仍不失为一部良法,只是由于拍卖行业的法律意识和社会法律环境有待提高,使良法被误读,行业受损失。

其次是监管缺位。《拍卖法》规定:"国务院负责管理拍卖业的部门对全国拍卖业实施监督管理。省、自治区、直辖市的人民政府和设区的市的人民政府管理拍卖业的部门对本行政区域内的拍卖业实施监督管理。"现在国家商务部、地方商务局是拍卖业的政府主管部门,但是,《拍卖法》却没有规定政府主管部门的法律责任;《拍卖法》规定了政府主管部门对设立拍卖企业的准入许可,却没有规定相应的退出机制,也没有规定政府主管部门如何实施监督管理。政府主管部门只有权利没有责任,这不能不说是造成拍卖市场混乱的直接原因。

拍卖公司拍假主要集中在收藏品领域。收藏品经营活动的政府主管部门应当是文化和文物部门,但是《文物保护法》主要保护文物,对市场的售假、拍假没有涉及。国家文物局颁布的《文物拍卖管理暂行规定》规定:"文物拍卖企业拍卖的文物,在拍卖前必须经所在地的省、自治区、直辖市人民政府文物行政部门审核",然而同时规定:"文物行政部门不负责对文物拍卖标的出具真伪鉴别证明或价格评估证明。"文物行政部门虽然难以对拍卖标的真伪一一做出鉴定,但是作为行政主管部门对假冒、赝品终究不能无所作为,然而规定语焉不详。国家文化部颁布的《美术品经营管理办法》明确规定:美术品经营单位不得经营盗用他人名义的美术品,但是没有确定专门的处罚标准和执行部门,而是统归于侵犯他人著作权行为,交由著作权行政管理部门依照《著作权法》的有关规定予以处罚。文化部门失去了行政处罚权,行政监管很难发挥作用。

根据《著作权法》、《消费者权益保护法》、《合同法》、《刑法》,国家版权部门、工商行政管理部门、司法机关对制作、销售假冒他人署名的美术作品的,都可以做出行政处罚决定,追究刑事责任。虽然法律规定的救济渠道不止一条、有权监管机关不止一家,但是对于因拍卖公司拍假而造成损害的买受人来说，寻求法律援助仍然困难重重，也就是说，拍卖公司拍假得不到及时、有效、有力的制止。

关于拍卖公司假拍问题，《拍卖法》第六十二条至第六十五条已有明确规定，由工商行政管理部门负责。然而，假拍问题长期得不到解决，主要原因是工商行政管理部门监管不力、监管不细，取证困难造成的。虽然业内人士、新闻媒体多次揭露假拍黑幕，但是由于幕后严密做局，当事人不予配合，假拍证据很难落到实处。实际上，工商行政管理部门应当与税务部门配合起来，按实际拍卖额征税，而不是按拍卖企业实际收入征税，也就是说，吹牛要上税。对高价竞拍却不付款的竞买人应当上行业黑名单并予以公布。把黑幕在阳光下晒一晒，一切问题都不难解决。假拍对于拍卖行业的杀伤力是极为沉重的，许多有意参与收藏品收藏与投资的企业家、投资机构都因拍卖行业水太深、水太浑而望而却步，解决了拍卖公司假拍的问题，拍卖行业才能真正在阳光下灿烂起来。

我和马健先生素未谋面，却神交已久，我读过他的大著《收藏投资学》、《艺术品市场的经济学》、《收藏投资的理论与实务》，从全国性报刊杂志上也经常读到他的大作，受益良多。近年来，中国收藏品市场非常火暴，火暴得让人有些心浮气躁，任何一个行业无论如何火暴都必须有些人在火暴与浮躁之中静下心来，冷静思考，理性研究，马健先生属于为数不多在热市场中冷静思考的专家学者。

就中国收藏品拍卖市场而言，"捧杀"、"棒杀"都有失公允，情绪化的赞誉与谴责亦于事无补。马健先生的《收藏品拍卖学》冷静客观地分析研究中外拍卖行业的历史现状，系统准确地探索阐述拍卖行业的理论和实践问题，可以说是近年来中国拍卖领域取得的最重要的科研成果。初读书稿，就有以下几点很深的感受：

其一，历史性与现实性相结合。拍卖行业历史悠久，外国有关史料记载的拍卖始于公元前的古巴比伦时期，中国拍卖史料不详。据记载，公元7世纪流行于寺庙的"唱衣"已经具有早期拍卖性质。《收藏品拍卖学》按照编年史的写法，把外国和中国拍卖的发展历史分别逐一列出，清晰、明确地理清了中外拍卖的历史线索。而且，作者采取厚今薄古的方法，详尽地记述现当代收藏品拍卖的重大事件和现实成果，读者可以温故知新，在历史和现实的交会处，把握收藏品拍卖市场的最新动态。

其二，区域性与国际性相联系。作者立意高远，视野开阔，全方位、多视角地研究中外拍卖的历史资料和现实进展，广泛吸收中外理论界、学术界最新的研究成果，使用的参考资料就有一百多种。但是，作者始终把研究的重点放在中国收藏品拍卖市场和各大城市的拍卖案例上，善于发现不同时期各地拍卖存在的问题，总结经验教训，提出进一步发展完善的建议和意见。而且作者不是孤立地研究区域问题和个别案例，而是放在国际、国内大的背景下来研究和探讨，在国际与国内的联系中发现共性与个性的差异，从而总结拍卖行业的基本规律和个案特点，对拍卖市场的长远发展具有指导意义。

其三，理论性与操作性相统一。《收藏品拍卖学》是一部实践性很强的学术专著，特别注重理论研究探讨与现实操作实践的统一。作者对拍卖历史和理论有精深研究，在"拍卖学理论"一章，严密分析和阐述了拍卖的形式和基本原理，同时，又以世界拍卖发展史上最大规模的3G手机经营牌照拍卖为例，专门论述了拍卖理论的应用，强调拍卖理论的应用必须考虑拍卖实践的约束条件。作者关于拍卖规则、拍卖设计、拍卖博弈等章节，则主要从操作实务上给拍卖公司以及委托人、竞买人释疑解惑，现实指导。

其四，知识性与趣味性相兼顾。学术专著能够兼顾知识性和趣味性是相当不容易的。作者以严肃的治学态度、严密的科学论证，分析阐述拍卖理论和操作实务问题，同时又信手拈来生动的事例作为论据，读者得到的不是一个枯燥的学术观点，而是在阅读中自然而然形成一个有血有肉、鲜活生动的结论。我是中国拍卖行业的亲历者，对作者列举的事例大多耳熟能详，但是经作者的分析研究，我仍然有新的启发、深的感受。平心而论，阅读《收藏品拍卖学》既增广知识，又趣味盎然，足见作者循循善诱、倾心交流的真诚与善良。

感触良多，一吐为快，不知是否可以为序。

序二　热市场与冷规则

李向民[*]

　　艺术品（或称收藏品）拍卖，在中国经过几十年的发展，已经被大众所了解。随着拍卖会上的牌举槌落，一个个价格神话和财富传奇受到社会的高度关注。而同一件藏品的反复交易，也推动了其价格水平持续上扬。因此，在很多人眼里，拍卖的意义已经远远超出了发现价格和完成交易，它就像一个具有神奇功效的水晶球，可以化鱼为龙，甚至可以点石成金。

　　其实拍卖活动本身就是一种单纯的经济行为，和文化、艺术，甚至民族感情、历史情结都没有关系。将这种非经济因素强加进去，以保护民族文化的名义，公然在拍卖会上叫板，既不明智，更不实惠，甚至成为业内的笑柄。当然，从精神经济的角度看，这样做，也可以起到凝聚社会关注度，抬升其价值的功效。

　　尽管马健说，拍卖是中国和尚的发明。但我还是要说，现代意义上的拍卖，尤其是收藏品拍卖，还是西方资本主义体系的产物。我不禁想起，在中国最早的一次现代意义的收藏品拍卖，那是在英法联军攻占圆明园，并且大肆抢劫后进行的。由于分赃不均，也由于换成金银便于携带，那帮强盗竟然在圆明园用最民主的拍卖制度，重新"公平地分配"了劫掠的财产。可以说，中国收藏品的拍卖从一开始就是屈辱的。

　　可是，拍卖毕竟是当前国际通行的游戏规则。当今世界，我们已经不能要求洋人陪我们玩蹴鞠，而只能和人家踢足球，尽管我们自认为蹴鞠是足球的祖宗。既然是通行规则，我们就必须按规矩行事，比如入场时要着正装，叫价时

---

[*] 李向民先生现为江苏省文化产业集团董事长、南京航空航天大学国家文化产业研究中心主任。

要举牌,当然,也更要了解幕后的阴谋,因为这也是构成拍卖独特魅力的重要方面。在这个问题上,我坚持认为,经济行为和道德判断应当分开,如果完全按温良恭俭让的要求来做,最好不要有市场,只是将家里的金银细软搬到大街上直接布施好了。我们常常抱怨商场上的讨价还价、尔虞我诈,对那些串通、哄抬、垄断等幕后操作嗤之以鼻,其实这是完全错误的。在商场中展示出的"非道德"一面,正是高超的商业技巧,和传统道德无关。这也是西方新教伦理与中国传统儒学传统的冲突。

因此,还是要深入研究拍卖行为,甚至将其当做一门学问来研究,这就是马健所说的"收藏品拍卖学"。作者用了许多方法,从不同的角度,介绍收藏品拍卖的原理、要素以及规律,娓娓道来,颇有意思。但是,对于许多普通读者来说,书中的那些数学模型可能会成为障碍。我的建议是碰到这些字母成串的地方,不妨就跳过去。我一向认为,这些数学公式的主要功能就是,吓走外行,让内行无话可说。此外,基本上没有用处。但是,在经济学广泛运用数学工具的今天,没有模型就不成其为学,所以就宽容吧,看得懂的,可以从公式中走入另一境界;看不懂的,也不影响意思的理解。

应当说,这是一本富有创新意识的书。尽管从学术体系上看还比较简单,但是对收藏品拍卖的主要问题都讲到了。作者也花了许多工夫来深入挖掘资料,思考其中的一些规律性的东西,有不少自己的见解。可以相信,以本书为起点,随着对理论的进一步研究,在不久的将来,我们可以看到更加规范化的学术著作,那也是对中国收藏品拍卖市场和文化产业理论的重要贡献。

是为序。

第一章 导论：收藏品拍卖市场大势

1993年2月，上海朵云轩艺术品拍卖公司正式成立，这是中国内地成立的第一家专门从事收藏品拍卖的公司。1993年6月，上海朵云轩艺术品拍卖公司举办了"首届中国书画拍卖会"，这是上海开埠150多年来举办的第一场大型国际收藏品拍卖会，同时标志着中国收藏品拍卖市场的正式启动。近年来，随着中国宏观经济的快速发展和人们可支配收入的不断增加（见图1.1和图1.2），人们的需求层次逐渐由比较低层次的需求向比较高层次的需求提升（见图1.3）。

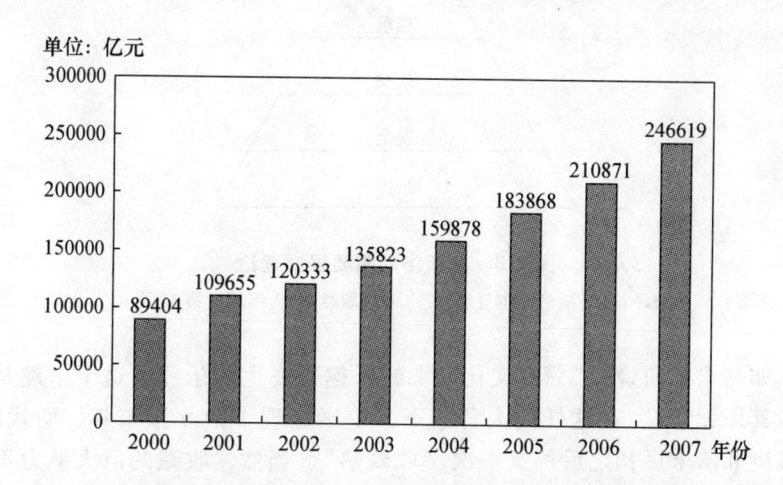

单位：亿元

年份	2000	2001	2002	2003	2004	2005	2006	2007
数值	89404	109655	120333	135823	159878	183868	210871	246619

图1.1 2000—2007年中国国内生产总值增长情况
资料来源：中华人民共和国国家统计局：《国民经济和社会发展统计公报》，2000—2007年。

在满足了物质方面的需求以后，人们对文化的兴趣，对艺术的兴趣，对收藏的兴趣都在与日俱增（见图1.4）。

单位：亿元

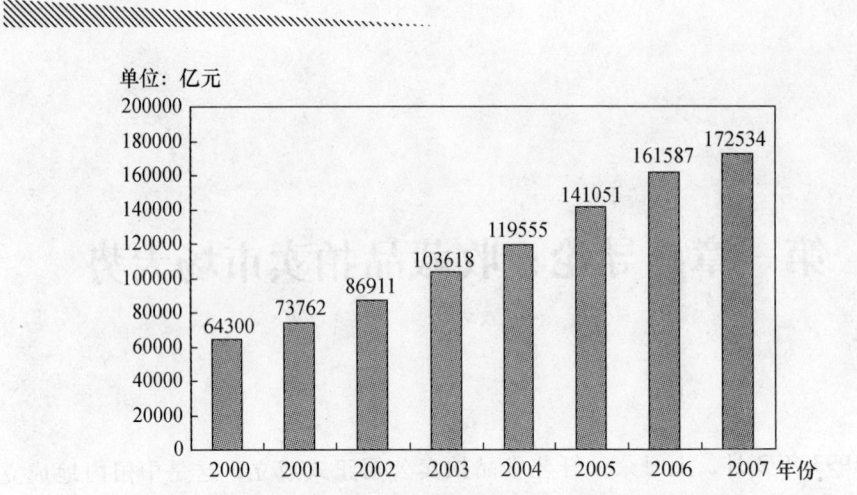

```
200000
180000                                              172534
160000                                     161587
140000                            141051
120000                   119555
100000          103618
 80000    86911
       73762
 60000 64300
 40000
 20000
     0
     2000 2001 2002 2003 2004 2005 2006 2007 年份
```

图 1.2　2000—2007 年中国城乡居民储蓄存款余额增长情况

资料来源：中华人民共和国国家统计局：《国民经济和社会发展统计公报》，2000—2007 年。

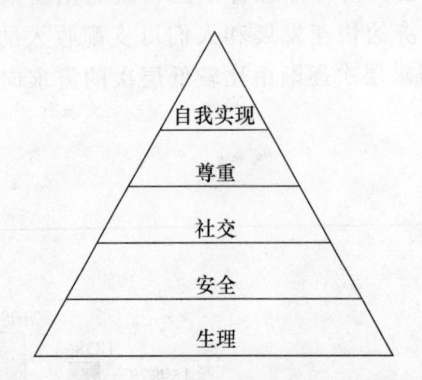

```
        自我实现
         尊重
         社交
         安全
         生理
```

图 1.3　马斯洛的需要层次理论

资料来源：成明编译：《马斯洛人本哲学》，九州出版社 2003 年版，第 34 页。

正如马未都所说："只有文化带来的乐趣是终生的乐趣。这个乐趣是人独有的，其乐无穷。"在这样的大背景下，中国出现了继北宋末年、明代晚期、康乾盛世和清末民初之后的又一次"收藏热"。当然，收藏的巨大魅力不仅来自于收藏者的精神享受，而且来自于收藏品的经济回报。因为人们的收藏行为既是一种文化行为，也是一种经济行为。虽然到目前为止，还很少有人真正意识到收藏经济的重要性和生命力。但是，中国的古人却早就观察到了收藏经济现象。事实上，中国古代就有许多涉及收藏经济的民谚俗语，例如，"一页宋版，一两黄金"；"黄金有价，钧窑无价"；"乱世藏金银，盛世兴收藏"；"黄金万两易得，田黄一颗难求";"家有钱财万贯，不如钧瓷一片";"粮油一分利，百货十分利，珠宝百分利，古玩千分利"，如此等等，不一而足。

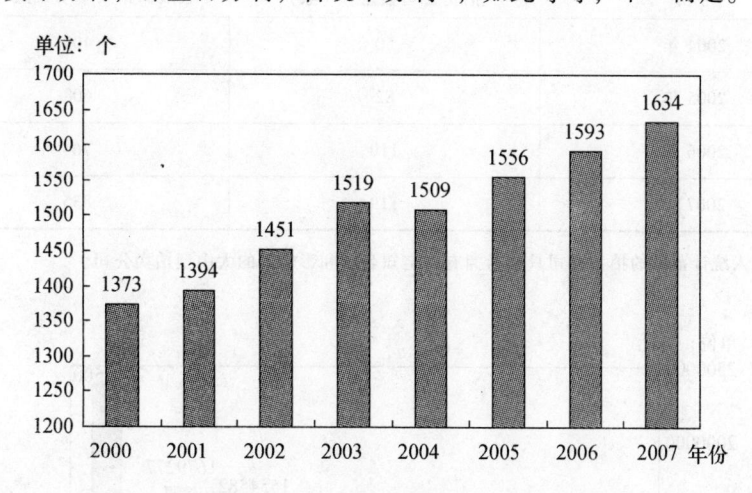

图 1.4　2000—2007 年中国博物馆数量增长情况

资料来源：中华人民共和国国家统计局：《国民经济和社会发展统计公报》，2000—2007 年。

随着收藏经济由初见端倪到迅猛发展，中国收藏品拍卖市场的行情也日渐火暴。据中国拍卖行业协会的统计，截至 2007 年 12 月，全国已经有 240 家拍卖公司获得了文物拍卖许可证，其中，获得一类文物拍卖资格的拍卖公司共有 70 家，约占 29%；获得二、三类文物拍卖资格的拍卖公司有 170 家，约占 71%。作为中国收藏品拍卖行业的中心，仅仅北京一地就有收藏品拍卖公司 83 家，其中，获得一类文物拍卖资格的拍卖公司有 11 家，获得二、三类文物拍卖资格的拍卖公司有 72 家。具体来说，拥有一定知名度和影响力的拍卖公司从 2000 年的 13 家增加到了 2007 年的 119 家，8 年内增长了 8 倍；这些拍卖公司举办的收藏品拍卖专场数量也从 2000 年的 69 场增加到了 2007 年的 835 场，8 年内增长了 11 倍（见表 1.1）。这些拍卖公司的总成交额更是从 2000 年的 106888 万元增加到了 2007 年的 2369500 万元，8 年内增长了 21 倍（见图 1.5）。

表 1.1　　2000—2007 年中国部分拍卖公司的基本情况

年份	拍卖公司数量*（家）	收藏品拍卖专场数量（场）
2000	13	69
2001	17	102
2002	21	155
2003	31	183

4 　收藏品拍卖学

续表

年份	拍卖公司数量*（家）	收藏品拍卖专场数量（场）
2004 年	50	409
2005 年	82	608
2006 年	119	764
2007 年	119	835

＊纳入统计范围的拍卖公司只包括拥有一定知名度和影响力的大中型拍卖公司。

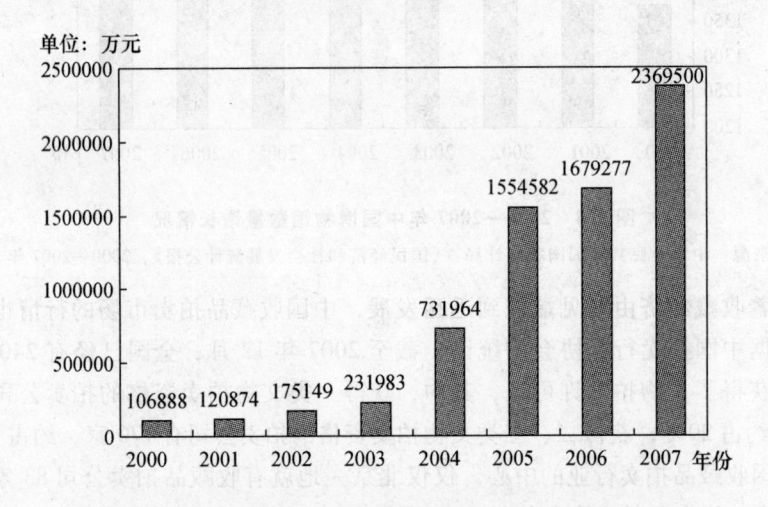

图 1.5　2000—2007 年中国收藏品拍卖行业总成交额变动情况

近年来，不仅中国收藏品拍卖市场的整体发展势头迅猛，很多种类的收藏品价格也以相当大的幅度上涨（见图 1.6 和图 1.7）。

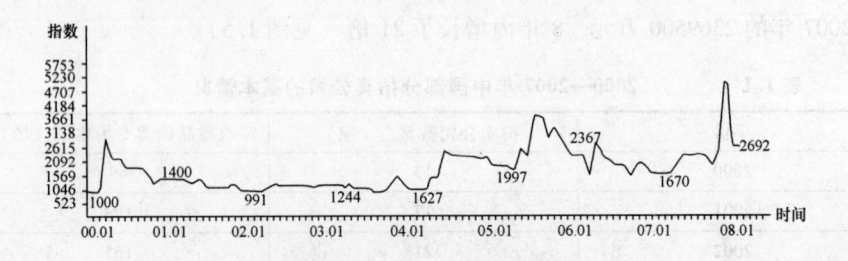

图 1.6　雅昌国画 400 成分指数

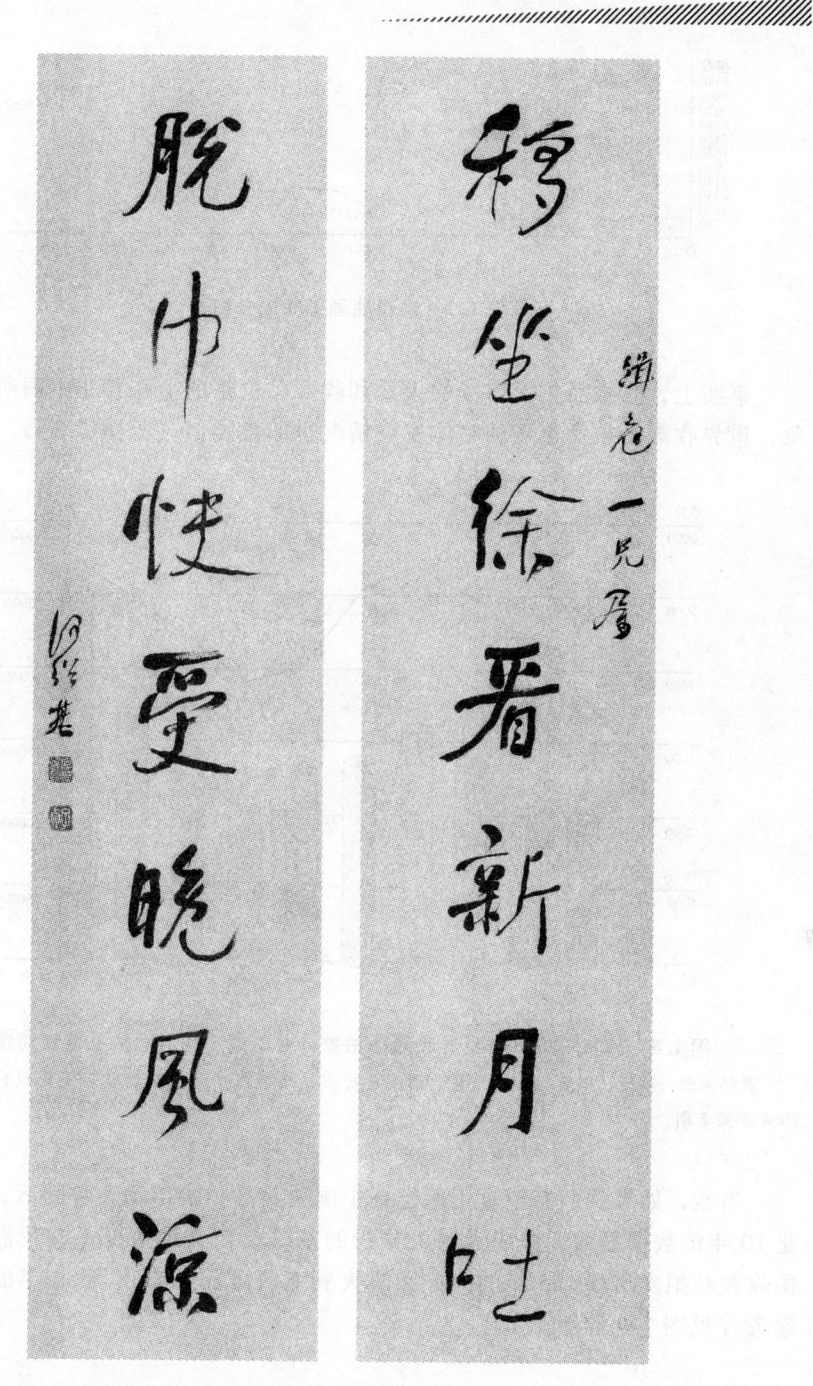

第一章 导论：收藏品拍卖市场大势　5

清·何绍基《行书七言联》

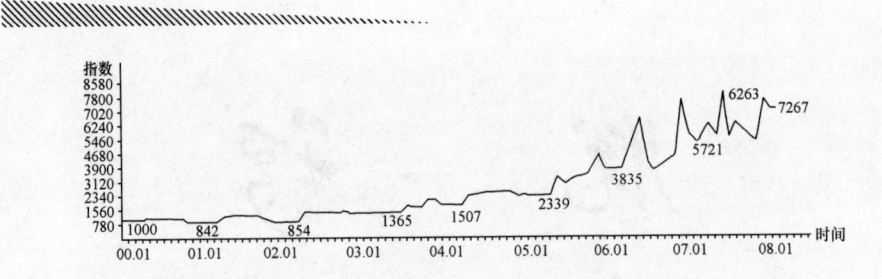

图 1.7　雅昌油画 100 成分指数

事实上，收藏品拍卖市场的火暴和收藏品价格的上涨并非中国所独有的现象，世界收藏品拍卖市场的整体发展情况也非常类似（见图 1.8）。

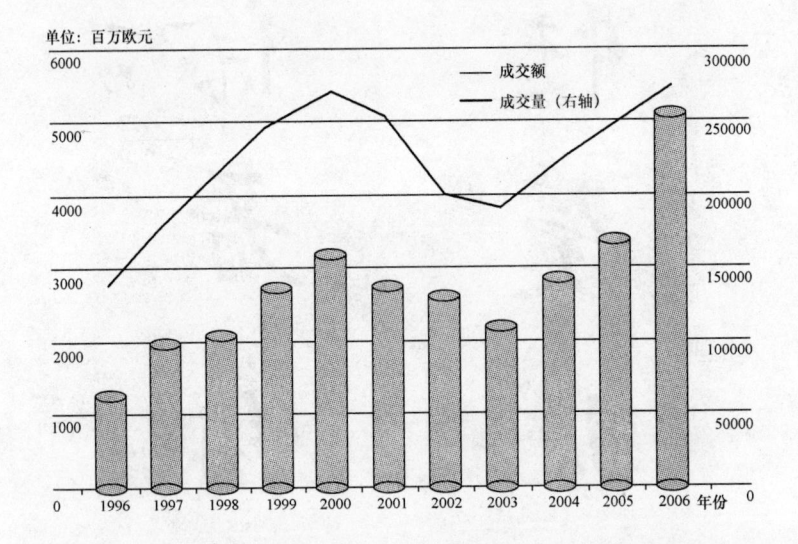

图 1.8　1996—2006 年世界收藏品拍卖行业总成交额与总成交量变动情况

资料来源：李凌、周莹、文芳、毛学麟：《奢侈品投资市场两大拍行掌控定价权》，《新财富》2008 年第 2 期。

当然，如果我们希望真正地把握中国收藏品拍卖市场大势的话，那么，不足 10 年的数据显然无法成为深入分析的基础。在这种情况下，我们不妨将美国收藏品拍卖市场 125 年的大势和澳大利亚收藏品拍卖市场 30 年的大势作为参考（见图 1.9 和图 1.10）。

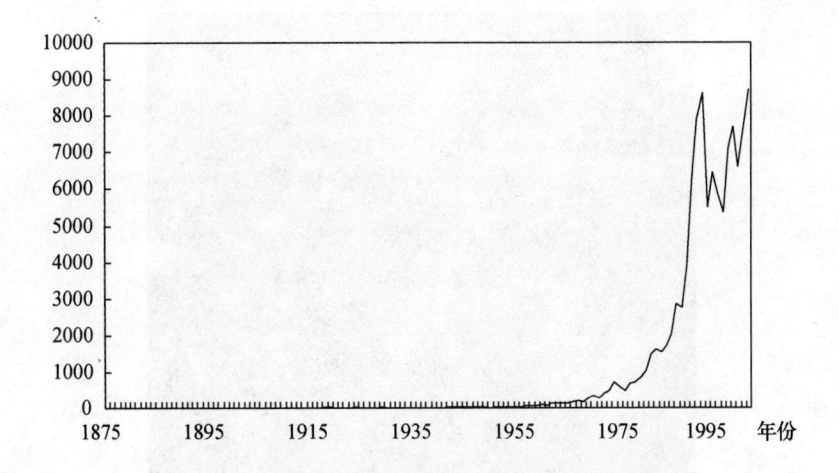

图 1.9 1875—1999 年美国收藏品拍卖市场大势（1875 = 1.00）

资料来源：Mei, J. & Moses, M. Art as an Investment and the Underperformance of Masterpieces. *American Economic Review*, 2002, 92, (5): 1656 - 1668。

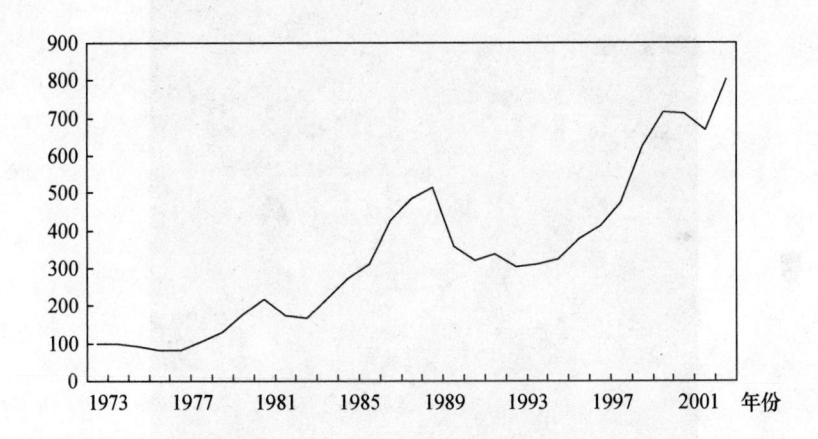

图 1.10 1973—2003 年澳大利亚收藏品拍卖市场大势（1975 = 100.00）

资料来源：Higgs, H. & Worthington, A. Financial Returns and Price Determinants in the Australian Art Market, 1973 - 2003. *The Economic Society of Australia*, 2005, 81, (June): 113 - 123。

　　美国收藏品拍卖市场和澳大利亚收藏品拍卖市场的经验告诉我们，尽管就短期而言，收藏品拍卖市场存在一些事前难以预料的大幅波动和小幅调整，然而，从中长期来看，收藏品拍卖市场大势是相当明显、值得期待的。

8 收藏品拍卖学

明·董其昌《枫林归隐图》

第二章 收藏品概说

第一节 收藏品的含义

李雪梅（1991）认为，所谓收藏品，即收藏物的统称。旧时人们习惯称被收藏的物品为"古董"或"骨董"，均为古器物的意思。古时多把收藏品称为"古玩"或"文玩"，现代则称其为文物，泛指遗存在社会上或埋藏在地下的历史文化遗物，文物仅为其中的一部分。现在，我们所讲的"收藏品"一词的含义就更为广泛了。除文物以外，还包括当代的邮票、火花、烟标、书报、门券，等等。杨明旭（1994）进一步指出，一般来说，"收藏品具有相当的艺术价值与科学价值，具有明显的时代特征。"

事实上，收藏品是一个比较笼统的概念，它所包含的种类很广。根据陈宝定（2001）的估算，当代收藏品的种类已经超过了2000种。一些收藏品甚至会让人目瞪口呆，大跌眼镜。以下物品都可以被列入当代收藏品：

木纹、算盘、电影说明书、塑料袋、车牌、汽车模型、大炮、电话磁卡、旗帜、烟灰缸、锁、扇子、扑克牌、帽子、纽扣、梳子、明信片、筷子、粮票、餐具、钱币、瓷片、植物标本、蝴蝶标本、甲虫标本、苍蝇标本、蚊子标本、跳蚤标本、假发、耳环、唱片、手提包、钱包、记者证、瓶子、灯泡、洋娃娃、烟标、家谱、邮票、铅笔、玛瑙石、风筝、电话机、雨花石、钟表、民间玩具、飞机、电视机、照相机、沙子、石头、手印、细胞、结石、人脑、乌龟、鸟卵、矿泉水瓶子、刀叉、戒指、鞋子、抹布、信箱、坦克、梦境、声音、鸟语、气味、科幻、劣画、地球仪、木偶、啤酒罐、曲棍、风车、邮筒、专利模型、汽车、手榴弹、乒乓器材、门券、请柬、酒标、糖果纸、花边、手帕、钥匙、手杖、理发用具、秤、印痕、戏装、易拉罐、咖啡粉碎机、电影海报、皮影、雕像、名人签名、名人字画、笔尖、墨、打字机、咒语、谜语、广告节目单、作家资料、火花、钢笔、烟标、报纸、创刊号杂志、字典、书皮、口琴、指挥棒、刨笔刀、手风琴，等等（溪明等，1994）。

不仅如此，在国外的收藏品市场上，一些在我们看来似乎价值全无的收藏品，实际上却价格不菲（见表2.1）。

表 2.1　　　　英国收藏品市场部分收藏品价目表

名称	年代	价格（英镑）
天鹅牌蓝黑墨水瓶	20世纪30年代	6
紫色搪瓷金属漏斗	20世纪40年代	8.5
"泰坦尼克号"系列收藏卡（25张）	1999年	10
铝合金榨汁器	20世纪50年代	15
荷兰本道普牌可可罐	20世纪20年代	20
子爵牌电话机	1986年	20
白色陶瓷滚筒木柄擀面杖	20世纪50年代	25
《蜘蛛人》杂志创刊号	1997年	25
旋风式战斗机模型	20世纪80年代	30
威尔斯星牌香烟招牌	20世纪20年代	42
吉尼斯牌啤酒广告托盘	20世纪50年代	50
米老鼠造型塑料照相机	20世纪80年代	50
法国产电木发梳	20世纪20年代	55
英国维多利亚时代紫铜水壶	19世纪70年代	105
可口可乐广告标贴	20世纪40年代	115
麦克维蒂饼干箱	20世纪初	120
英国兰苓洛矶Ⅱ型自行车	1986年	200
马契阿贝罗王子"爱人"香水瓶	20世纪50年代	220
保尔·伊萨特镇纸	20世纪初	480
野餐用藤条箱	20世纪40年代	480
轿车造型收音机	20世纪40年代	500
蛇形桃花木制手杖	20世纪初	550
滚石乐队《滚石时代》唱片	20世纪70年代	700
德洛斯·马拉特拍摄的彩色照片	1996年	800
伯尔尼熊造型木制棋子（1套）	19世纪初	2850
乌木外壳八曲调音乐盒	19世纪50年代	3250

资料来源：根据米勒主编《西洋古玩收藏指南》（胡瑞璋译，上海辞书出版社2004年版）第1—103页的相关资料整理。

第二节 文物、艺术品与收藏品

总的来看,文物、艺术品与收藏品是三个含义比较相近,涵盖范围交叉,不时替换使用的概念。但是,三者之间也有不小的区别。

首先来看文物。"文物"一词最早出现在战国时期的《左传》。据《左传·桓公二年》载:"夫德,俭而有度,登降有数,文物以纪之,声明以发之;以临照百官。百官于是乎戒惧而不敢易纪律。"除此以外,《后汉书·南匈奴传》有"制衣裳,备文物"的记载,唐代诗人骆宾王有"文物俄迁谢,英灵有盛衰"的诗句(《夕次旧吴》),唐代诗人杜牧也有"六朝文物草连空,天淡云闲今古同"的诗句(《题宣州开元寺水阁阁下宛溪夹溪居人诗》)。不过,在这些文献中所提到的"文物",实际上主要指的是礼器和祭器,与我们现在所说的文物,基本上不是一回事。

事实上,我们现在所说的文物,在古代通常被称为骨董、古董、古玩、文玩、古物、古器。宋代吴自牧说:"买卖七宝(金、银、琉璃、玻璃、珊瑚、玛瑙、砗磲为七宝)者,谓之骨董行。""骨"与"古"乃方言同音,因此,"骨董"与"古董"的含义并无大异。正如唐代张萱在《疑耀》中所说:"骨董二字乃方言,初无定字。"赵汝珍(1942)指出:"所谓古董者,即古代遗存珍奇物品之通称。"他对古董范围的定义比较宽(古代物品),对古董标准的定义比较严(珍奇)。廖国一和覃锦清(1994)则认为:"古董是指可供人们珍藏、玩赏或买卖的器物,它是具有较高鉴赏价值的古器物。"在他们看来,"古董是具有较高玩赏价值的器物,它仅是古器物的一部分"。他们对古董范围的定义显然是比较窄的(仅限于古器物)。

根据赵汝珍(1942)的考证:"明时诸家记载,尚称'骨董'或'古董'。'古玩',乃清季通行之名词,即古代文玩之简称也。"而到了民国时期,官方又开始使用"古物"的提法。1930年,国民政府颁布了《古物保存法》。《古物保存法》第一条明确规定:"本法所称古物指与考古学、历史学、古生物学及其他文化有关之一切古物而言。"1935年,行政院又颁布了《采掘古物规则》。这些法规所涉及的古物概念,已经远远超过了古代所谓"古物"和"古器"的范畴。

换句话说,骨董、古董、古玩、文玩、古物和古器的含义实际上相差无几,只是不同时代对文物的不同称呼而已。那么,什么是文物呢?简单地说,文物是指人类在其历史创造过程中遗留下来的一切有价值的物质文化遗存。李晓东（1990）认为："第一，文物一般具有历史、艺术和科学三个方面的价值。具体到每一件文物，不一定都具有三个方面的价值，但至少要具有其中一方面的价值，否则就不能称其为文物。第二，文物应该是重要的，有代表性的实物。不具备这一点，也不宜作为文物保护。第三，国家保护的文物具有广泛性，应该是反映历代社会制度、社会生产、社会生活、文化艺术和科学技术等方面的，具有代表性的实物。"2002年10月28日，在第九届全国人民代表大会常务委员会颁布的《中华人民共和国文物保护法》中，对文物的范围进行了五个方面的界定：

（1）具有历史、艺术、科学价值的古文化遗址、古墓葬、古建筑、石窟寺和石刻、壁画。

（2）与重大历史事件、革命运动或者著名人物有关的以及具有重要纪念意义、教育意义或者史料价值的近代现代重要史迹、实物、代表性建筑。

（3）历史上各时代珍贵的艺术品、工艺美术品。

（4）历史上各时代重要的文献资料以及具有历史、艺术、科学价值的手稿和图书资料等。

（5）反映历史上各时代、各民族社会制度、社会生产、社会生活的代表性实物。

总的来看，文物的主要种类大致包括：钱币、玉器、青铜器、陶瓷器、书法与绘画、碑帖、服饰、雕塑与铭刻、金银器、文房四宝、织绣、衣服、生产工具、生活用具、兵器、仪器、家具、甲骨、玺印与封泥、度量器、壁画与岩画、简牍、画像砖瓦、玻璃器、铁器、革命文物、民俗文物与民族文物、建筑物及其附件、古人类与古生物化石，等等。

从某种意义上讲，《中华人民共和国文物保护法》实际上并没有对文物的概念做出明确的界定，而是采取列举的方式，规定了文物的范围。从法律对文物的定性来看，法律明确保护的"文物"，必须"具有历史、艺术、科学价值"，而不是以时间长短为标准。一件年代久远的旧物，如果不具备"历史、艺术、科学价值"，也不是文物。

但是，在国家文物局、国家工商行政管理总局、公安部和海关总署四个部门联合颁布的《关于加强文物市场管理的通知》（以下简称《通知》）中，却将文物界定为：

（1）1911年以前中国和外国制作、生产、出版的陶瓷器、金银器、铜器和其他金属器、玉石器、漆器、玻璃器皿、各种质料的雕刻品以及雕塑品、家具、书画、碑帖、拓片、图书、文献资料、织绣、文化用品、邮票、货币、器具、工艺美术品等。

（2）1911—1949年间中国和外国制作、生产、出版的上款所列物品中具有一定历史、科学、艺术价值者。具体品类由各省、自治区、直辖市文物行政管理部门确定，报国家文物局备案。

（3）1949年后已故著名书画家的作品，名单由国家文物局确定。

该《通知》还规定，1911—1949年间的上述物品经批准后，可以在旧货市场销售，但必须实行文物监管，即所谓的"文物监管品"。但是，在这一时期的物品中，"具有一定历史、科学、艺术价值者"仍然属于文物。上海市《文物市场管理办法》、广东省《关于对旧货市场文物监管物品实行管理的通告》中的相关条款，对文物的界定与《关于加强文物市场管理的通知》的内容也是一致的。而且，许多类似的地方性法规至今尚未修改。

将《中华人民共和国文物保护法》和这些法规进行比较，我们可以发现，二者对文物概念的界定是大不相同的：在国家法律中，对文物的界定是以历史、艺术、科学价值为衡量标准，而《关于加强文物市场管理的通知》则不论价值高低，几乎完全以时间为标准来划定文物。

事实上，文物与艺术品这两个概念之间有着千丝万缕的联系。刘晓君和席酉民（2000）认为："艺术品泛指经人类加工、制造的，具有艺术观赏价值、收藏价值和非再生性，体现个性和民族性的艺术载体。"刘晓琼（1996）则指出，艺术品是个含义极其广泛的概念，字画、邮品、珠宝、古董等都属于艺术品的范畴。2003年6月18日，在中华人民共和国文化部公布的《艺术品经营管理办法（征求意见稿）》里，这样写道："本办法所称艺术品的范围包括：（一）绘画作品；（二）书法、篆刻作品；（三）雕塑、雕刻作品；（四）艺术摄影作品；（五）上述作品的有限复制品。"

值得一提的是，根据《中华人民共和国文物保护法》的定义，文物包括了"珍贵的艺术品、工艺美术品"，而根据《艺术品经营管理办法（征求意见稿）》的定义，艺术品包括了"雕塑、雕刻作品"。但问题是，相当一部分的雕刻作品，例如竹雕笔筒、石雕狮子和玉雕佛像显然也属于工艺美术品的范畴。这意味着，将艺术品与工艺美术品并列起来似乎并不是十分合适的。从某种意义上讲，我们基本同意刘晓君和席酉民的定义，将艺术品理解为经过人们的加工制造，具有一定的艺术价值和收藏价值，以某种物质形态存在的物品。唯一的分歧是，在我们看来，艺术品可以具有一定的再生性，换句话说，艺术品并不完全是独一无二的东西。

在《艺术品经营管理办法（征求意见稿）》里，就明确地将"绘画作品、书法和篆刻作品、雕塑和雕刻作品、艺术摄影作品的有限复制品"划为艺术品之列。因为某些种类的艺术品同样可以复制和再生。举例来说，绘画作品中的荣宝斋木刻水印画和天津杨柳青木刻年画，还有工艺美术品中的景泰蓝和珐琅器，就都是可以大批量生产，从而具有一定再生性的艺术品。此外，艺术品的种类同样是一个争议很多、难有定论的问题。从广义上讲，艺术品的范围包括了所有与艺术有关的物质和精神产品，例如绘画作品、书法作品、篆刻作品、雕塑作品、摄影作品、工艺美术品，以及音乐作品、舞蹈作品、戏剧作品、电影和电视作品，等等。狭义的艺术品，即人们通常所说的艺术品则主要包括了绘画作品、书法作品、篆刻作品、雕塑作品、摄影作品、工艺美术品等能够以某种物质形态存在，满足人们的艺术欣赏需要和收藏需要的物品。

由此可见，文物与艺术品是两个既有联系，又有区别的概念，二者之间还有不小的"交集"，而收藏品的含义则是最广的。在拍卖市场上，上拍的拍品有文物，有艺术品，有既是文物也是艺术品的收藏品，还有既不是文物也不是艺术品的收藏品（见图2.1和表2.2）。因此，对于拍卖而言，我们倾向于用"收藏品"来统称这几类拍卖标的。

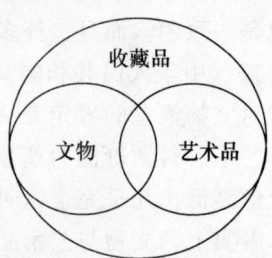

图 2.1　文物、艺术品与收藏品的关系

表 2.2　2000—2007 年中国收藏品拍卖成交价格总排名

排名	名　称	种　类	成交价(元)
1	元青花鬼谷下山图罐	既是文物，也是艺术品	228341978
2	清乾隆御制珐琅彩杏林春燕图盌	既是文物，也是艺术品	160399200
3	明永乐鎏金铜释迦牟尼坐像	既是文物，也是艺术品	123596000
4	清乾隆御制珐琅彩古月轩题诗花石锦鸡图双耳瓶	既是文物，也是艺术品	122408800
5	元青花龙纹四系扁瓶	既是文物，也是艺术品	97900000
6	翡翠原石	既不是文物，也不是艺术品	88000000
7	清乾隆珐琅彩荣华富贵灯笼尊	既是文物，也是艺术品	84000000
8	清红木雕花镶嵌缂丝绢绘屏风	既是文物，也是艺术品	85330000
9	明仇英《赤壁图》手卷	既是文物，也是艺术品	79520000
10	明洪武釉里红缠枝牡丹纹玉壶春瓶	既是文物，也是艺术品	83231200
11	蔡国强《APEC 景观焰火表演十四幅草图（十四件）》	艺术品	70535125

第二章 收藏品概说　15

吴昌硕《石鼓文八言联》

续表

排名	名称	种类	成交价(元)
12	徐悲鸿《放下你的鞭子》	艺术品	71280000
13	陆俨少《杜甫诗意册》（一百开）	艺术品	69300000
14	清乾隆御制料胎画珐琅西洋母子图笔筒	既是文物，也是艺术品	64151125
15	珠宝"亚太之星"	艺术品	63800000
16	Late Shang Dynasty u-an Extremely Rare and important Archaic Bronze Wine Vessel and Cover	既是文物，也是艺术品	63211200
17	Superb And Rare Fancy Vivid Blue Diamond And Diamond Ring	艺术品	58831125
18	明陈淳《水仙》手卷	既是文物，也是艺术品	55000000
19	清乾隆白玉鹤鹿同春笔筒	既是文物，也是艺术品	51383125
20	徐悲鸿《奴隶与狮》	艺术品	57112800
21	清光绪孟广慧藏甲骨精品	文物	52800000
22	清乾隆粉彩开光八仙过海图盘口瓶	既是文物，也是艺术品	52800000
23	明永乐青花海浪缠枝莲浑莲双凤朝阳双系大扁壶	既是文物，也是艺术品	52272000
24	陈澄波《淡水夕照》	艺术品	48191125
25	清雍正粉彩过枝福寿双全盌（一对）	既是文物，也是艺术品	50212800
26	明宣德鎏金铜金刚舞菩萨立像（一对）	既是文物，也是艺术品	53551200
27	羊脂玉子料	既不是文物，也不是艺术品	49500000
28	董其昌《书画小册》（八对开）	既是文物，也是艺术品	46063125
29	清乾隆御制翡翠和阗玉扳指七件连御制诗剔红紫檀三鱼朵梅海水纹盖盒	既是文物，也是艺术品	46886400
30	元青花锦香亭图罐	既是文物，也是艺术品	49989600
31	元鲜于枢《石鼓歌》	既是文物，也是艺术品	46200000
32	傅抱石《雨花台颂》	艺术品	46200000
33	清乾隆乾隆帝御宝题诗白玉圆玺	既是文物，也是艺术品	43935125
34	清乾隆御制金桃皮鞘天字十七号宝腾腰刀	既是文物，也是艺术品	48802400
35	清乾隆外粉青釉浮雕芭蕉叶镂空缠枝花卉纹内青花六方套瓶	既是文物，也是艺术品	47615200
36	Six Dynasties u-An Extremely Important and Rare Massive limestone Chimera	既是文物，也是艺术品	42681600

续表

排名	名称	种类	成交价（元）
37	清乾隆胭脂红地轧道锦纹粉彩缠枝花卉纹梅瓶	既是文物，也是艺术品	43992544
38	清雍正粉彩蝠桃福寿纹橄榄瓶	既是文物，也是艺术品	43990000
39	吴冠中《交河故城》	艺术品	40700000
40	明永乐鎏金铜大威德金刚像	既是文物，也是艺术品	43460000
41	明永乐青花内外底龙戏珠纹棱口洗	既是文物，也是艺术品	43400375
42	陈逸飞《黄河颂》	艺术品	40320000
43	清陆远《岁朝喜庆图》	既是文物，也是艺术品	39600000
44	清八大山人《花鸟》（四屏）	既是文物，也是艺术品	39600000
45	吴冠中《木槿》	艺术品	39200000
46	明田黄石雕瑞狮纸镇	既是文物，也是艺术品	41679200
47	清乾隆御制鉴古席珍乾隆肖像图册	既是文物，也是艺术品	37019125
48	元釉里红缠枝牡丹纹罐	既是文物，也是艺术品	38500000
49	吴冠中《长江万里图》	艺术品	37950000
50	清徐扬《南巡纪道图》	既是文物，也是艺术品	36960000
51	Yuan Mid – 14th century a magnificent early blue and white baluster jar	既是文物，也是艺术品	39034400
52	陈丹青《牧羊人》	艺术品	35840000
53	清乾隆钦定补刻端石兰亭图帖缂丝全卷	既是文物，也是艺术品	35750000
54	清王翚《仿唐宋元诸名贤横景》（六幅）	既是文物，也是艺术品	35200000
55	明青花云凤纹象耳瓶	既是文物，也是艺术品	34848000
56	明宣德青花水波双龙图高足碗	既是文物，也是艺术品	33295125
57	李可染《万山红遍》	艺术品	34689600
58	陈澄波《淡水》	艺术品	36930400
59	清乾隆御制紫檀木嵌延年龙凤纹古玉璧御题诗插屏	既是文物，也是艺术品	34135200
60	清乾隆青花缠枝花卉开龙争珠图双龙耳扁壶	既是文物，也是艺术品	36336800
61	清乾隆珐琅彩锦地开光式西洋人物图贯耳小瓶	既是文物，也是艺术品	33580800
62	清乾隆粉彩松绿地镂空山水四方螭耳香熏（一对）	既是文物，也是艺术品	33580800
63	徐悲鸿《愚公移山》	艺术品	33000000
64	元蓝釉描金执壶	既是文物，也是艺术品	33000000
65	翡翠雕"神蟾戏珠"	艺术品	33000000

续表

排名	名称	种类	成交价(元)
66	清八大山人《鹭石图》	既是文物，也是艺术品	33000000
67	宋米芾《研山铭》	既是文物，也是艺术品	32989000
68	清乾隆粉彩花蝶纹如意耳尊	既是文物，也是艺术品	35027700
69	清雍正珐琅彩题诗过墙梅竹纹盘	既是文物，也是艺术品	34475546
70	和田玉雕"华夏雄风"	艺术品	31900000
71	岳敏君《希阿岛的屠杀》	艺术品	30103125
72	吴冠中《北国风光》	艺术品	31363200
73	明成化青花缠枝黄蜀葵纹宫盌	既是文物，也是艺术品	33368800
74	清雍正斗彩水波寿石团花纹天球瓶	既是文物，也是艺术品	30808800
75	明永乐鎏金铜弥勒菩萨立像	既是文物，也是艺术品	32775200
76	明嘉靖青花庭院婴戏图盖罐	既是文物，也是艺术品	29039125
77	吴冠中《鹦鹉天堂》	艺术品	30250000
78	明永乐青花折枝花果纹墩盌	既是文物，也是艺术品	32181600
79	明嘉靖五彩鱼藻纹大罐	既是文物，也是艺术品	29700000
80	赵无极《大地无形》	艺术品	27975125
81	赵无极《14.12.59》	艺术品	29145600
82	常玉《青花盆与菊》	艺术品	30994400
83	清乾隆御制古月轩珐琅彩内佛手果子外花石纹题诗盌	既是文物，也是艺术品	30933344
84	清乾隆御制帝组玺五件	既是文物，也是艺术品	30933344
85	清陈洪绶《花鸟》（十开册页）	既是文物，也是艺术品	28600000
86	清任伯年《华祝三多图》	既是文物，也是艺术品	28600000
87	清乾隆珐琅彩黄地开光胭脂红山水纹碗	既是文物，也是艺术品	28600000
88	清乾隆紫檀方角大四件柜（一对）	既是文物，也是艺术品	28000000
89	赵无极《4.4.85》	艺术品	27917035
90	明宣德青花云龙纹葵口洗	既是文物，也是艺术品	29807200
91	常玉《花中君子》	艺术品	29807200
92	明永乐青花垂肩如意折枝瑞果纹盖罐	既是文物，也是艺术品	29807200
93	明宣德铜鎏金无量寿佛像	既是文物，也是艺术品	27500000
94	宋李公麟《西园雅集图》	既是文物，也是艺术品	27500000
95	清雍正绿地粉彩描金镂空花卉纹香炉	既是文物，也是艺术品	26432000

续表

排名	名称	种类	成交价（元）
96	西周周宜壶	既是文物，也是艺术品	26400000
97	清金昆、梁诗正等《大阅图》	既是文物，也是艺术品	27966775
98	明永乐青花龙凤呈祥棱口洗	既是文物，也是艺术品	27966775
99	Magnificent Jadeite and Diamond Bead Necklace	艺术品	25819200
100	朱德群《红雨村，白云舍》	艺术品	27432800

第三节 收藏品的种类

收藏品的种类繁多，我们应该如何对这些收藏品进行分类呢？李雪梅（1991）将收藏品分为以下九大类：（1）文物类；（2）珠宝、名石和观赏石类；（3）钱币类；（4）邮票类；（5）文献类；（6）票券类；（7）商标类；（8）徽章类；（9）标本类。

溪明、铁源和荣升（1994）对收藏品的分类方法与李雪梅的相似，只是在此基础上，又增加了工艺美术品类收藏品。而杨明旭（1994）将收藏品分为以下十一大类：（1）邮票类；（2）印刷品类；（3）钱币类；（4）珠宝玉器与金银首饰类；（5）陶瓷类；（6）字画碑帖与印章类；（7）竹木漆器根雕与牙角器类；（8）文房四宝类；（9）铜器类；（10）纺织品与绣品类；（11）昆虫标本类。

夏叶子（2005）则进一步将艺术品（收藏品）分为以下十四大类：（1）奢侈品类；（2）陈设品（工艺品）与非实用品类；（3）国家荣誉、民族感情的寄托品类；（4）民间日常用品类；（5）明星藏品类；（6）系列藏品类；（7）礼器与祭器类；（8）民俗用品与民族用品类；（9）民间艺术品与文体用品类；（10）"国粹"藏品类；（11）武器、军用品与军事藏品类；（12）工业制品类；（13）舶来品类；（14）化石与标本类。

虽然以上几种具有代表性的分类方法各有千秋，但是，其共同的主要缺陷在于分类标准不统一。换句话说，他们在对收藏品进行分类时，普遍存在同时采用多个标准的情况。例如，严格来说，邮票属于票券类收藏品的一种，只是由于收藏人数众多，因此被单独划分为了一类收藏品；又如，分别属于钱币类和邮票类收藏品的清代的"红印花小字当壹圆"邮票和宋代的靖康通宝,同时又是国家一级文物。因此,它们显然也应该被归入文物类收藏品。诸如此类的例子不一而足。

事实上,对于收藏品种类的划分而言,应该遵循宜粗不宜细的原则。这是因为,一方面,很多收藏品的分类并不是一成不变的;另一方面,随着时间的推移,又有越来越多的物品被人们收藏。因此,当我们对收藏品进行分类时,分类粗一点,弹性大一些,或许更有利于收藏品分类工作的与时俱进。为了研究的方便起见,我们有必要引入经济学中的供给弹性(elasticity of supply)这个概念来对收藏品进行经济学意义上的分类。所谓供给弹性,是供给的价格弹性(price elasticity of supply)的简称,它表示一种物品的价格变动所引起的供给量变动的程度,由供给量变动的百分比与价格变动的百分比的比值来确定。用数学公式可以表示为:

$$供给弹性 = \frac{供给量变动的百分比}{价格变动的百分比}$$

供给弹性(E_s)的大小主要取决于供给的难易程度。根据供给定律,一般来说,供给量与价格是同方向变动的,因此,供给弹性通常为正数。

若 $E_s > 1$,则表示供给量变动幅度大于价格变动幅度,即供给富有弹性;

若 $E_s < 1$,则表示供给量变动幅度小于价格变动幅度,即供给缺乏弹性;

若 $E_s = 1$,则表示供给量变动幅度等于价格变动幅度,即供给单位弹性;

若 $E_s = 0$,则表示无论价格如何变动,供给量保持不变,即供给无弹性;

若 $E_s \to \infty$,则表示对于某一给定的价格,供给量可以任意增加,即供给完全弹性。

在经济学家看来,各种物品的供给弹性之所以不同,是因为产品的供应,从购置设备、组织生产到投放市场存在一定的时滞。所以,对于大多数产品而言,短期的供给弹性比较小,而中长期的供给弹性则比较大。

对于收藏品,在穆勒(Mill)看来,最重要的特点是"供给绝对有限,而且不能再生产"的特殊物品。我们的着眼点,显然不能简单地放在收藏品的生产上,而应该放在收藏品的存世量与出世量向流通量的转换上。对于收藏品而言,收藏品供给弹性,是指收藏品价格变动所引起的收藏品流通量变动的程度,它由收藏品流通量变动的百分比与收藏品价格变动的百分比的比值来确定。用数学公式可以表示为:

$$收藏品供给弹性 = \frac{收藏品流通量变动的百分比}{收藏品价格变动的百分比}$$

具体来说，收藏品供给弹性的取值可以分为以下五种状况（见表2.3）。

表2.3　　　　　　　　　收藏品供给弹性的五种取值

供给弹性（Es）的取值	价格变动对流通量变动的影响	例子
$E_s > 1$（富有弹性）	流通量变动幅度较大	发行量很大的JT邮票
$E_s < 1$（缺乏弹性）	流通量变动幅度较小	限量发行的丝网版画
$E_s = 1$（单位弹性）	流通量等比例变动	罕见
$E_s = 0$（完全无弹性）	流通量完全不变	钱维城国画《九如图》
$E_s \to \infty$（完全弹性）	流通量可以任意增加	非限量发行的招贴画

在收藏品市场上，收藏品供给弹性的最常见的取值，是"富有弹性"、"缺乏弹性"和"完全无弹性"三种情况。由于收藏品自身的特殊性，严格满足经济学意义上的供给弹性标准的情况显然如凤毛麟角。因此，我们不妨将判断标准略为放宽一些，把那些基本满足这三种特征的收藏品分别称为供给弹性大的收藏品、供给弹性小的收藏品和无供给弹性的收藏品。所谓供给弹性大的收藏品，是指那些在收藏品市场上，由于存在很多品质相同或相近的收藏品，因此，流通量变动与价格变动的关系非常密切的收藏品，例如，发行量为20400万套的"壬申年"生肖猴邮票；所谓供给弹性小的收藏品，是指那些在收藏品市场上，由于很少存在品质相同或相近的收藏品，因此，流通量变动与价格变动关系并不十分紧密的收藏品，例如限量发行500幅的丁绍光《母女图》丝网版画；所谓无供给弹性的收藏品，是指那些在收藏品市场上独一无二，仅此一件，流通量变动几乎完全不随价格变动的收藏品，例如任伯年的国画《华祝三多图》。这种经济学意义上的收藏品分类方法，显然将有助于我们对收藏品市场的研究。

谢稚柳《花气熏人》

第三章 收藏品评估

第一节 收藏品评估的影响因素

尽管绝大多数人都愿意相信：一件收藏品的价值越高，其价格也应该越高。然而，在收藏品市场上，情况却往往并非如此。而且，收藏品的价值与价格相背离的现象从古至今都不鲜见。举例来说，在广州举办的一次拍卖会上，某位当代著名画家有两幅水墨画同时参拍。被行家公认为是画家应酬之作的那幅作品，在开拍后以 21 万元的高价成交，而随后开拍的另一件作品，虽然被大家公认为是那位画家的精品力作，却一直无人问津，以至于最终流标（谭天，1997）。

事实上，"价值"这个概念本身就是一个让人捉摸不透，感到玄乎其玄的东西。玛吉（Magee，2003）曾经指出："关于什么是价值这一话题，我们或许可以展开一场为期 100 年的论战，最终也未必能够得出令人心悦诚服的结论。但是，如果我们能够意识到，价值就像'美'一样，只存在于个人眼中的话，我们将可以大大地缩短论战的时间，而达成共识。"在玛吉（2003）看来，"价值是人们对某一事物的估价。它意味着，某件事物对你而言，究竟值多少。"摩根斯坦（Morgenstern）也持类似的看法。他认为，投资者应该将这条拉丁箴言奉之为信条："价值取决于其他人愿意支付的价格。"（Malkiel，2002）

如果说"价值"这个概念让人难以捉摸，那么，影响收藏品价值（以及价格）的因素就更是令人难以把握了。正如洪尼西指出的那样："在科隆受到称颂的艺术品在慕尼黑不一定受欢迎；在斯图加特获得成功的艺术品，不一定会给汉堡观众留下深刻的印象。"［托夫勒（Toffler），1996］占主流地位的收藏品"价值学派"学者一直试图采用归纳法"穷尽"影响收藏品价值（以及价格）的因素。谭天（1997）曾经将收藏品价格的影响因素分为艺术价值因素、经济形势因素、作品制作因素和人为因素。夏叶子（2005）则进一步将影响收藏品（艺术品）投资利润（利润的本质实际上就是卖出价与买入价的"价格差"）的因素分为间接因素和直接因素。具体来说，他又分别将间接因素和直接因素细分为以下数种：

间接因素包括6个因素：（1）社会质量的提高；（2）宏观经济因素；（3）微观经济因素；（4）区域经济因素；（5）银根与利率；（6）与资本投资市场的关系。

直接因素包括22个因素：（1）收藏品的学术价值和历史地位；（2）收藏品的社会性；（3）收藏品的文物性；（4）收藏品的科学性；（5）收藏品的民族性；（6）收藏品的历史意义；（7）收藏品的流行性；（8）收藏品的新闻性及轰动效应；（9）收藏品的纪录性和资料性；（10）收藏品的知名度；（11）收藏品的美誉度；（12）收藏品的系列性及配套性；（13）收藏品变现的难易程度；（14）收藏品的故事性及故事的题材性；（15）收藏品的流传性及流传档案；（16）收藏品的存世量（库存量）、周转量及再现市场的频率；（17）著名经营机构参与交易对价值的影响；（18）鉴定因素对收藏品价值的影响；（19）专家认可度对收藏品的影响；（20）媒体对收藏品价值的影响；（21）真实性和可靠性；（22）技术指标对价值的影响。

仅"技术指标"一项，又可以被细分为年代、风格技法、突破和创新、尺寸、材料质量、工艺性和劳动量，等等。但是，即使如此，我们仍然有理由相信，收藏品价格的影响因素实际上还远未被"穷尽"。

事实上，按照收藏品"价值学派"的思路，简而言之，收藏品价格的影响因素可以被分为两大类：一类是质的因素。如收藏品的材料、风格、艺术水平、年代、品相等都是影响收藏品"质"的重要因素。另一类则是量的因素。具体而言，又可以分为流通量、出世量和存世量。

值得一提的是，尽管在收藏界里，经常使用的是存世量这一概念，但严格来说，使用存世量这一概念来分析收藏品是不太妥当的。因为从理论上讲，在绝大多数情况下，收藏品的存世量实际上是根本无法准确计算的。在这里，我们有必要将收藏品的流通量、出世量和存世量进行一番定义和比较。所谓流通量，是指在一段时期内，某种收藏品在收藏品市场上流通交易的数量。而出世量是指已经被人们发现的某种收藏品的数量。显而易见，已经被人们发现的收藏品并不一定会在收藏品市场上流通交易，因此，流通量不同于出世量。所谓存世量，则是指某种收藏品尚存于世的数量。存世量既包括已经为人们所知的收藏品数量，又包括尚未为人们所知但确实存在于世，而且可能在将来为人们所知的收藏品数量。当我们在使用存世量这个概念的时候，所指的实际上是流通量或者出世量。我们对存世量的感知也主要是通过流通量间接反映的。但是，流通量对于出世量和存世量而言，并没有准确的代表性。其原因是多方面的，例如，一些喜欢追求"独乐"的收藏者所拥有的"密不示人"的收藏品，通常是很难为外人所知，更难以进入收藏品市场流通交易的。此外，搜寻收藏品数量的信息是需要成本的，施蒂格勒就曾经形象地将这种信息搜寻成本的构成分为"时间"和"鞋底"（shoe）两部分。不仅如此，这种成本还呈边际递增的趋势，即为了搜寻新信息所需要支付的成本将越来越多。图3.1就直观地描述了流通量、出世量和存世量三者之间的关系。

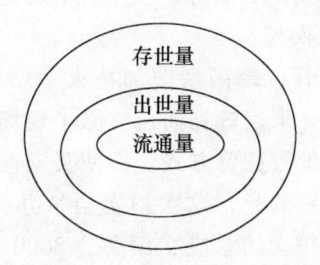

图 3.1 流通量、出世量和存世量的关系示意图

资料来源：马健：《收藏品的数量概念》，《收藏》2004年第12期，第119页。

如果有一件收藏品是众所周知的所谓"孤品"，但是，突然有一天，某位收藏者由于急需资金而在收藏品市场上出售与这件"孤品"的品质完全相同的另一件"孤品"，那么"孤品"还依然名副其实吗？事实上，这就是收藏品的出世量向流通量的转换。如果说希望知道某种收藏品的出世量不是一件易事的话，那么，希望知道它的存世量就更是难上加难了。假如哪位收藏者在1999年上半年对"德化造"瓷器很感兴趣，并且在对这类瓷器的品质和"存世量"（实际上是流通量或者出世量，因为几乎谁都无法确切知道存世量是多少）进行周密调查，仔细研究之后，决定购买数件进行投资的话。到了1999年下半年，他的美梦恐怕就要破灭了。因为在1999年5月，发生了一件震惊世界考古界和收藏界的大事。

由世界著名的打捞专家哈彻（Hatcher）率领的寻宝队伍利用"不平静的M号"（Restless M）寻宝船，根据1843年英国东印度公司水道专家豪斯伯格（Honsberg）的"东印度航线"（Directions for sailing to the East India）所提供的线索，在南海贝尔威得暗礁（Belvidere Reef）附近的海域经过数月的勘探，终于发现了清代道光年间（1822年）沉没于南中国海的客货商船——被后人誉为"东方泰坦尼克号"（Titanic of the East）的当时中国最大的帆船"的星号"（the Tek Sing，意为"真的星星"）。不过，"有人欢喜有人愁"的是，人们在船上发现了保存完好的35万件"德化造"瓷器。不仅如此，哈彻还委托德国纳高（Nagel）拍卖公司将这35万件"德化造"瓷器推向拍卖会。负责此次拍卖的纳高拍卖公司经过精心策划，将部分瓷器运往欧洲、亚洲、北美和澳大利亚的11个城市进行巡回展览。此外，他们不仅在德国斯图加特城（Stute Garter）火车站特别兴建了一幢类似中国帆船形状的展览馆来展出具有代表性的瓷器，而且在同年10月出版了一本厚达450页的拍卖目录，以堆（Lot）的形式详细介绍所有拍品。这本目录还同时被上传到互联网（www.auction.de）上供人阅览。

1999年11月17—25日，德国斯图加特火车站人山人海，来自欧洲、美国和日本等地的买家千里寻来，蜂拥而至。除了现场拍卖外，纳高拍卖公司还采取了邮寄出价和电话出价等竞价方式。即使买家在千里之外，也可以轻而易举地参与竞拍。可以想象到的是，这次拍卖会举办得非常成功：35万件"德化造"瓷器被一抢而空，拍卖的总成交额高达3000多万德国马克，有的媒体甚至将其誉为有史以来最大和最成功的一次拍卖会。这是因为：从来没有哪场拍卖会的拍品在拍卖之前被如此系统和精心地展览过；从来没有哪场拍卖会拍卖过数量如此巨大的一种拍品（瓷器）；从来没有哪场拍卖会能让买家在如此合理的价格范围之内，有机会获得这么多具有悲惨和迷人历史的古董瓷器；从来没有哪一场拍卖会是连续九天持续不停的。

这个经典案例无疑很好地说明了存世量向出世量和流通量的转换。35万件这个天文数字和部分投资者的惨痛损失，显然让我们不得不至少从理论上将流通量、出世量和存世量区分开来。事实上，流通量、出世量和存世量三者之间是处于不断地动态转换之中的。我们所能够直接感知到的只不过是流通量，而如果希望知道某种收藏品的出世量和存世量则几乎完全不可能，因为呈边际递增趋势的关于收藏品数量信息的搜寻成本高昂得令我们难以支付。众所周知，北宋时期流通于四川地区的"交子"纸钞在收藏品市场上的流通量为0，那么，其出世量是多少呢？中国人民银行数十年前就向社会以重金求之而一直未果。但是，"交子"的出世量就真的为0吗？如果真的为0，其存世量又是多少？这些恐怕都只有上帝才知道！不过，我们唯一可以确定的是：对于绝大多数收藏品的真品而言，存世量是有减无增的。

虽然占主流地位的收藏品"价值学派"实际上并没有系统而完整地阐述和论证过他们的观点。但是，对于收藏品的价值与价格相悖的例子，"价值学派"通常的解释是：真正具有价值（所谓的"真实价值"）的收藏品最终会得到人们的认同。他们将这种认同的过程称为收藏品的价格向其真实价值回归的过程。可是，由于我们每个人的偏好是不一样的，因此，一个人对某件收藏品的价值判断，其他人并不容易精确地把握。而且，收藏品的价值实际上是一个人对收藏品的内在的、主观的评价。正是由于这个原因，尽管我们可以用比较具体的货币单位来定量地表示收藏品的价格，却只能用比较抽象的词汇来定性地对收藏品进行价值判断。正如玛吉（2003）指出的那样："真实价值这个术语，并不具备什么可以通过外部客观事实来验证的特定含义。除非我们人为地给真实价值赋予特定的要求，并硬性地规定它们为真实价值的判断标准。但是，即使如此，我们仍然不可能改变真实价值的本质。因为我们所选择的这些标准，仍然脱不了观点和判断的范畴。价值，并非客观存在的事物，它只是我们内心中的一种看法，一种高级的抽象概念，而不是现实存在的客观事实。"

换句话说，"价值学派"对收藏品价格问题的解释实际上只不过是一种"套套逻辑"。他们所谈论的"价值"也只不过是一种"空中楼阁"。因为从本质上讲，人们几乎根本无法准确地判断出收藏品的价值。所以，从事后的角度来看，他们总是可以根据收藏品的价格寻找出其价值之所在，从而证明收藏品的价格是由收藏品的价值决定的，并且将收藏品价格的变动视为收藏品的价格向其价值"回归"或"背离"的调整过程。显而易见，从收藏品的学术价值、艺术价值、文物价值，或者科学价值、历史价值、新闻价值中寻找一种甚至几种关于收藏品价值与价格之间关系的合理解释，实际上并非难事。

不可否认，"价值学派"这种"事后诸葛"式的"套套逻辑"的确很容易解释收藏品市场上的价格问题。但是，我们有理由问，这种自圆其说的"套套逻辑"对于我们理解收藏品市场上的价格问题真的具有实际意义吗？进一步的问题是，我们怎样才能有效地使用这种"套套逻辑"来分析收藏品市场上的价格变动？事实上，正如豪泽尔（Hauser, 1987）所说："由于艺术价值难以与市场价值相比较，一幅画的价格很难说明它的价值。收藏品价格的确定更多地取决于各种市场因素，而不是作品的质量，那是商人的事，也不是艺术家所能左右的。"

虽然"价值学派"给我们提供了一个解释收藏品价格问题的"套套逻辑"，却并没有给我们提供一个具体而可行的分析框架。我们则试图跳出"价值学派"的"套套逻辑"，从另一种视角总结收藏品价格的影响因素，并且在此基础上，提出一种操作可行、解释力强的收藏品价格分析方法。

通过对收藏品市场的经验研究，我们发现，影响收藏品价格的最重要因素主要包括以下三种，即收藏品的吸引力、炫耀性和投机性。

一、吸引力（attraction）

哥德哈伯（Goldhaber，1997）指出：金钱和吸引力是双向流动的。金钱可以买到吸引力，吸引力也可以赢得金钱。换句话说，"注意力经济"实际上是基于不断地创新或者至少设法新颖。重复同一个观点或提供同一个信息很难吸引人的注意力。他甚至认为："人们可以制造'虚假的注意力'以保持双方注意力的平衡。"

哥德哈伯在《艺术与注意力经济》一文中认为："艺术的目的就是吸引注意力，成功地吸引注意力是艺术存在的全部意义。"这就是说，从某种意义上讲，影响收藏品价格的决定性因素并不是收藏品本身所具有的艺术价值和收藏品的存世数量，而是收藏品的吸引力。

收藏品的艺术价值对收藏品价格的影响实际上并没有人们通常想象中的那样大。正如郭庆祥所说："有些画家很有名，画价卖得很高，但不一定有艺术价值。"（萧臣，2004）一个典型的例子是某些省级书法家协会和美术家协会的负责人，尽管其艺术水平被公认为"非常一般"，然而，他们的书画作品价格仍然高得"有理有据"。在很多情况下，收藏品数量对收藏品价格的影响同样没有人们通常想象中的那样大。据估计，一些勤奋创作的书画家，例如张大千和齐白石的传世作品数量至少在3万件以上。不过，他们的书画作品并没有因为数量太多而受到人们的抵触。正好相反，张大千和齐白石的书画作品几乎一直就备受青睐，而且经久不衰。这是因为他们的书画作品具有持久的吸引力。

哥德哈伯指出，如果某种形象的收藏品随处可见，并且为我们所熟知，我们就不会在它面前停留和欣赏。但是，如果一件收藏品是绝无仅有的，我们也深知自己难以一睹其芳容，那么，当这种机会出现时，我们更倾向于用心欣赏它。因为艺术主要是诉诸情感的，因此，一旦注意力被吸引，理智就会在不知不觉中退隐到背后。齐白石的例子就是收藏品的价格随吸引力的改变而改变的一个典型案例。20世纪20年代，齐白石初到北京的时候，由于他的艺术风格与当时的主流审美情趣和艺术理想相去甚远，因此，"生涯落寞，画事艰难"。不过，当陈师曾携带齐白石的书画作品参加1922年在日本举办的中国画展，并且将这些书画作品全部售出之后，齐白石在日本一举成名，他的书画作品在国内的"润格"也随之上涨了几十倍之多。对此，齐白石感慨道："曾点胭脂

明·唐寅《松荫高士图》

作杏花，百金尺纸众争夸。平生羞杀传名姓，海外都知老画家。"（沈煜笠，1999）

在哥德哈伯的另一篇论文《注意力经济与生产力悖论》中，他还进一步阐述了他的观点。哥德哈伯指出，如果我们用美元数量来测量一个艺术家的生产力，我们会发现，最引人注目的艺术家赚的钱最多。如果用工作时间或每小时在画布上画的笔数作为依据测量艺术家的生产力，其结果显然是荒谬的。在很多时候，一个"勤于思而缓于行"的艺术家所获得的注意力，以及由此带来的收益都比那些高产艺术家要多得多。按照哥德哈伯的这个逻辑，我们不难发现，最引人注目的收藏品也理所当然地应该成为价格最高的收藏品。哥德哈伯的注意力经济理论显然有助于我们理解为什么那些公认的艺术价值并不见得高的名人书法作品，不仅广受世人关注，而且市场价格高昂（见表3.1）。

表3.1　　1994—2007年清代帝后书画作品的拍卖成交情况

书法作者	上拍数量（件）	成交数量（件）	成交比例（%）	总成交额（元）
顺治皇帝	7	5	71	1059300
康熙皇帝	215	160	74	63654628
雍正皇帝	121	96	79	28692153
乾隆皇帝	541	365	67	162098150
嘉庆皇帝	129	103	80	11955429
道光皇帝	59	43	73	8222970
咸丰皇帝	72	48	67	6081957
同治皇帝	46	30	65	1248920
光绪皇帝	99	65	66	2920070
宣统皇帝	107	71	66	3464092
慈禧太后	595	380	64	20863838

资料来源：根据相关资料整理，截止时间：2007年。

不仅如此，一些臭名昭著的名人，例如希特勒（Hilter）的绘画作品，也颇受某些收藏者的青睐。读过希特勒传记的人都知道，希特勒在年轻时曾经一度热衷于艺术创作。虽然他的绘画作品只是业余水平，但由于他是举世闻名的"大恶魔"，因此，希特勒的绘画作品比一般业余画家的作品走运得多。1988年，智利圣地亚哥的一家拍卖公司就曾经推出过一幅希特勒年轻时的绘画作品《魏德豪芬一瞥》。这幅画长48厘米，宽38厘米，描绘了奥地利的宁静街景，右角有阿道夫·希特勒的亲笔签名。据该拍卖公司老板利昂（Leon）介绍："尽管希特勒并非艺术大师，但他年轻时候的绘画和雕塑却引起了人们极大的兴趣。鉴于它们的历史价值，所以售价昂贵。如果在欧洲，这幅《魏德豪芬一瞥》准能卖到三四万美元。"正如利昂所料，这幅画确实在拍卖会上以不低的价格——450万比索（约合1.8万美元）成交（刘刚和刘晓琼，1998）。

哥德哈伯的注意力经济理论还可以解释一些具有吸引力的收藏品，例如彩色币、异形币和镶嵌币的市场价格会比那些吸引力平平的普通钱币的价格高出许多的原因。举例来说，世界上第一枚心形钱币——美国北马里亚纳群岛于2003年发行的"无尽的爱"心形纪念银币（面值5美元，含银25克，目前的市场价格约400元人民币）。还有蒙古于2004年发行的"奔马图"方形纪念银币（含银5盎司，目前的市场价格约1000元人民币）。比较有创意的镶嵌币则包括利比里亚发行的"撒哈拉沙漠陨石"镶嵌纪念银币（镶嵌有"撒哈拉沙漠陨石"实体，含银2盎司，目前的市场价格约700元人民币），以及美国北马里亚纳群岛于2004年发行的"罗马教皇与十字架"水晶镶嵌纪念银币（镶嵌有奥地利"施华洛世奇"水晶，目前的市场价格约500元人民币）。当然，以上这些收藏品的吸引力同民主刚果和利比亚联合发行的"时间就是金钱"组合纪念币（目前的市场价格约700元人民币）相比，可都是"小巫见大巫"了。"时间就是金钱"组合纪念币以精妙的组合与绝佳的工艺完美地体现了"时间就是金钱"这一主题。这套组合纪念币的设计构思源于中国古代的"司南"和"日晷"。民主刚果发行的"司南"分体异形币包括"罗盘"银币1枚，面值10法郎，重25克。"司南"铁币1枚，面值5法郎，重8克，按照中国古代勺型司南原形缩小，并且带有强磁性。如果将勺型铁币放在罗盘银币的中央，勺型司南将自动指向南方。利比亚发行的"日晷"银币1枚，面值10元，重25克。正中内置一枚20毫米长的镀金铜棒作为时间的指针，可以插入银币中心的圆孔内。从以上这些异形币和镶嵌币的高昂价格中我们不难发现，收藏品本身的吸引力确实会对收藏品价格产生至关重要的影响。

值得一提的是，收藏品的"体验性"对收藏品的吸引力也具有相当重要的影响。派恩和吉尔摩（PineⅡ & Gilmore，2002）在《体验经济》一书中甚至直言不讳地宣称："我们已经进入了体验经济时代。"在他们看来，无论什么时候，只要能够以商品为道具使消费者融入其中，"体验"就出现了。按照派恩和吉尔摩的思路，收藏者愿意为收藏品所带来的体验付费，是因为"这种体验美好、难忘、非他莫属、不可复制、不可转让"。总而言之，体验是一种使收藏者以个性化的方式参与其中的事件。

他们举了美国特伊（T. Y.）公司的例子来说明收藏品的体验性对收藏者的吸引力。特伊公司费尽心思地确保绒毛玩具比尼娃娃（beanie babies）的稀缺性。它限制每种型号玩具的产量，停止生产某个热销的品种，同时严格限制在任何一家商店或经销商手中留存任何类型玩具的数量。到目前为止，特伊公司已经推出了250个不同型号的比尼娃娃，"那将是个永无止境的收集过程"。通过使产品变得更稀罕，特伊公司让人们更加渴望拥有一个自己的绒毛玩具的独一无二的体验（PineⅡ & Gilmore，2002）。

另一个更为典型的例子是芭比娃娃（barbie）。自从芭比娃娃于1959年面世以来，美国曼特尔（Manttel）公司已经销售了10亿个以上的芭比娃娃系列玩具，平均每两秒钟就卖出一个。在140多个国家和地区，平均每个星期就有150万个芭比娃娃被买走。

曼特尔公司的创办人汉德勒（Handler）曾经说过："芭比娃娃能够满足所有女孩子最基本的需要，通过芭比娃娃，可以显示儿童在成人世界的状况。通过芭比娃娃，女孩子可以幻想将来某一天她们可能拥有的成功、魅力、浪漫、冒险和丰富的机会。这些幻想涉及儿童所拥有的许多永恒的需求，从自信到成功，从获得爱到给予爱。"罗德（Rohde）在《永远的芭比》中则指出："她并不教导我们如何养育小孩，成为依赖丈夫的女人，她教导我们要独立自主。芭比是属于自己的女人，她只要换一件衣服就可以改变她自己：前一分钟还在聚光灯下独唱，下一分钟就变成驾驶太空船的飞行员。"史碧兹（Spitz）在《艺术与心理》中也认为："芭比娃娃就像过渡性物件一样，陪伴孩子逐渐地与母亲分开。与此同时，因为芭比是一个女人，它又代表了与母亲的关系。"事实上，芭比娃娃不仅是女孩子成长期间的一种过渡，而且是一个女孩子永远的朋友。

芭比娃娃经久不衰的销售业绩很好地证明了他们的观点。据曼特尔公司的估算，芭比娃娃的销量在过去5年里飞速增长，目前全世界的芭比"人口"已达8亿之多。仅1992年卖出的芭比娃娃及其附属物品就高达10亿美元。在美国，3—10岁的女孩子百分之百地认识"芭比"这个品牌。其中，96%的女孩至少拥有一个自己的芭比娃娃，平均每人拥有10个芭比娃娃，意大利和英国女孩平均每人拥有7个，法国和德国女孩平均每人拥有5个，而亚洲地区的中国香港女孩也平均每人拥有3个芭比娃娃。许多成年人收藏的芭比娃娃数量更是多达数百个（www.barbie.everythinggirl.com 和 www.babiwawa.net）。

事实上，对于许多收藏者而言，来自收藏过程的体验确实是令人十分难忘和异常兴奋的，因此具有很大的吸引力。例如，凯恩斯每次从旧书店淘得古籍善本，即使价格比拍卖会上的价格还要昂贵，仍然会让他感到"大喜过望"[哈罗德（Harrod），1995]。中国台湾的玩具熊收藏家李若菱（2003）认为："收藏泰迪熊（Teddy Bear）的乐趣在于感受每一只熊的独特个性和感情，因为其中的感悟值得再三回味。"在她看来，虽然早期的泰迪熊主要是供小孩玩耍和陪伴小孩的玩具。然而，随着时光的流逝，对于欧美一般家庭来说，泰迪熊常常承载着非常个人的特殊感情，甚至文化传承的意义。例如，一只年岁悠久的泰迪小熊甚至可能陪伴过一个家庭的祖孙三代。李若菱认为，这是一种悠久的"熊熊温馨文化"。从某种意义上讲，正是由于这个原因，一只1926年出生的"Happy"泰迪熊才能在苏富比（Sotheby's）拍卖公司于1989年举办的拍卖会上，拍出55000英镑的高价。派恩和吉尔摩的体验经济理论很好地解释了这些具有"体验性"（吸引力）的收藏品，例如芭比娃娃和泰迪熊虽然价格高昂，但是仍然有许多收藏者趋之若鹜（见表3.2）。

表3.2　　　　　　　　中国台湾地区的泰迪熊参考价目表

名称	数量（只）	制作年份/复制年份	价格（元新台币）
皮皮熊	非限量	1909/1993年	4800
傀儡熊	4000	1910/1998年	26000
和平熊	1500	1925/1999年	39500
小丑熊	5000	1926/1999年	12000
亚洲快乐小熊	3000	1996年	9000
德国登山小熊	2000	1997年	17000
天使熊	1500	1998年	25000
荷兰木鞋小熊	1847	1999年	12000
面具小熊	3500	2000年	18000
苏格兰熊	3000	2001年	10800

资料来源：根据李若菱《泰迪熊》（河北教育出版社2003年版）第58—109页相关内容整理。

虽然人们通常并不使用"吸引力"这个词来分析影响收藏品价格的因素。但是，许多资深收藏者实际上无不深知艺术家的知名度、收藏品所涉及的题材之类的因素对收藏品价格的决定性影响。收藏品的吸引力在很大程度上是直接影响收藏品价格的决定性因素。一个典型的例子是，1997年，在中国嘉德国际拍卖公司举办的一场拍卖会上，齐白石唯一一幅以"苍蝇"为题材的书画作品，虽然尺寸仅为9.7厘米×7厘米，但由于其题材特殊而成为全场的焦点，最终拍出了19.8万元的高价，被一些媒体称为"最昂贵的一只苍蝇"。事实上，金钱与吸引力的关系是相互的。金钱可以买到吸引力，吸引力也可以赢得金钱。因此，能否找到在将来能够获得更多吸引力的收藏品，无疑就成为了投资成败的关键之一。让我们来看两个吸引力赢得金钱的例子。

利希滕斯坦（Lichtenstein）似乎一直是备受争议的波普艺术家。艺术评论家多尔蒂（Doherty）曾经在《时代》（Time）杂志上撰文，将利希滕斯坦描绘成"美国最差的艺术家之一"，把他的绘画作品形容成"艺术界中一文不值的挪用品"。另一位艺术评论家科兹洛夫（Kozloff）也在《国家》（The Nation）杂志上的一篇文章中认为："利希滕斯坦的绘画作品无知、恶劣、赶时髦、令人恶心——是目前最轰动一时的事物。"对丑闻一贯十分敏感的各种新闻周刊和时尚杂志非常高兴地转载了这些评论，并时刻准备参与这场论战。因为尽管抽象绘画一直都是很难讨论的艺术，然而，波普艺术却可以让记者们大显身手。新闻界对波普艺术的强烈反应使它的诬蔑者们得到了某种"苦涩的满足"。一些收藏家当即开始收购利希滕斯坦的作品，一位名叫克劳斯哈尔（Kraushar）的保险商甚至一口气购买了60余幅利希滕斯坦的作品——几乎没有一件作品的价格超过1000美元。而到了1976年，这批作品的售价已经高达600万美元了。

劳森伯格（Rausenburg）的丝网印花绘画作品在1963年的价格一直在2000—4000美元之间。不过，当劳森伯格荣获1964年威尼斯双年展（La Biennale di Venezia）特别奖之后，他的丝网印花绘画作品价格迅速上涨到了1万~1.5万美元。有艺术评论家指出，劳森伯格的获奖意义非凡，因为他是荣获威尼斯双年展特别奖的第一位美国艺术家，也是至今为止最年轻的一位。而且，这次获奖还标志着波普艺术被引入欧洲（常宁生，2001）。

需要指出的是，收藏品的吸引力是动态变化的。换句话说，收藏品的吸引力既有可能随着时间的推移不断增加，也有可能随着时间的流逝明显减少。不仅如此，深谙此道之人还善于制造"虚假的吸引力"，以吸引"金钱的流动"。那些为了引人注意而故弄玄虚创作出的"穷山、恶水、败花、丑树、危房、傻人"不就常常令人眼睛一亮，但一年半载之后便在市场上踪迹全无了吗？

二、炫耀性（flaunt）

凡勃伦（Veblen）在《有闲阶级论》一书中写道："在任何高度组织起来的工业社会，荣誉最后依据的基础总是金钱力量；而表现金钱力量，从而获得或保持荣誉的手段是有闲和对财物的明显浪费。"凡勃伦认为："收藏品的效用同它的价格高低有密切的关系。"举例来说，一只手工制银汤匙的价格大约是10—20元，它的适用性通常并不大于一只同样质料的机器制汤匙，甚至也并不大于以某种"贱"金属，例如铝为原料的机器制汤匙，而后者的价格大约不过1—2角。就实际用途而言，手工制银汤匙往往不及机器制铝汤匙。事实上，手工制银汤匙的主要用途是迎合人们的爱好，满足人们的美感。而以贱金属为材料的机器制品，则除了毫无情趣地供实用以外，是别无可取之处的。

凡勃伦总结道：第一，制成两种汤匙的材料，在使用目的上各有其美感与适用性。虽然手工艺品所用材料的价值，往往高于贱金属约百倍以上，但是，就实质与色彩而言，前者并不见得大大地超过后者。第二，假定某种被认为是手工制品的汤匙，实际上是仿造的赝品。但仿造的非常精巧，在外观上与真正的手工艺品几乎一模一样。只有精于此道者仔细观察才能识破。可是，这一作伪情况一旦被发现，那么，这件物品的效用，包括使用者把它当做一件收藏品时所感到的满足，将立即下降大概80%—90%，甚至更多。第三，即使对于一个相当细心的观察者来说，这两种汤匙在外表上也显得相差无几。除了分量轻重显然不同以外，几乎没有什么别的破绽。不过，只要那个机器制的汤匙本身不是件新奇物品，并且可以用极低的价格购得，它就不能由于形式上和色泽上相同这一点而抬高身价，也不能由此显著地提高使用者的"美感"的满足。

当然，凡勃伦承认，具有艺术价值的物品之所以可贵，在于它们具有艺术上的真正价值。否则，人们就不会这样其欲逐逐，已经据为己有的人就不会如此扬扬得意，夸为独得之秘。然而，凡勃伦同样意识到，这类物品对占有者的效用，一般主要不在于它们所具有的艺术上的真正价值，而在于占有或消费这类物品可以增加荣誉，可以祛除寒酸、鄙陋的污名。换句话说，这类物品之所以能够引起独占欲望，或者说之所以能够获得商业价值，与其将它所具有的美感作为基本动机，不如将其作为诱发动机。"一切珠玉宝石在官能上的美感是大的。这些物品既稀罕，又值价，因而显得更加名贵。假设价格低廉的话，是决不会这样的。"

在此基础上，凡勃伦敏锐地指出：我们从使用和欣赏一件高价的而且认为是优美的收藏品中得到的高度满足，在一般情况下，大部分是出于美感名义假托之下的高价感的满足。我们对于优美的收藏品比较重视，但是，所重视的往往是它所具有的较大的荣誉性，而不是它所具有的美感。"因为审美力的培养需要花费很长的时间和很多的精力。"他甚至进一步认为，任何贵重的收藏品，要引起我们的美感，就必须能同时适应美感和高价两个要求。除此之外，高价这个准则还影响着我们的爱好，使我们在欣赏收藏品时把高价和美感这两个特征完全融合在一起,然后把由此形成的效果,假托于单纯的艺术欣赏这个名义之下。于是,收藏品的高价特征逐渐被认为是高价收藏品的美感特征。某种收藏品既然具有光荣的高价特征,就令人觉得可爱,而由此带来的快感,却同它在形式和色彩方面的美丽所提供的快感合二为一,不再能加以区别。因此,凡勃伦认为,当我们称赞某件收藏品时,如果把这件收藏品的艺术价值分析到最后,就会发现,我们的意思是说,这件收藏品具有金钱上的荣誉性。由于重视收藏品的高价特征这个习惯进一步巩固,而且,人们也已经习惯于把美感和荣誉两者视为一体,大家逐渐形成了这样的观念:凡是价格不高的收藏品,就不能算作美的。

可不是吗?油画收藏者们经常提及的,恨不能为己所有的油画,难道不是梵高(Vincent Van Gogh)创作的《加歇医生的肖像》(Portrait of Doctor Gacher)(佳士得拍卖公司于 1990 年以 8250 万美元拍出)吗?国画收藏者们经常提及的,恨不能为己所有的国画,难道不是陆俨少创作的《杜甫诗意百开册》(北京翰海拍卖公司于 2004 年以 6930 万元人民币拍出)吗?书法收藏者们经常提及的,恨不能为己所有的书法,难道不是米芾创作的《研山铭》(中贸圣佳拍卖公司于 2002 年以 3298 万元人民币拍出)吗?摄影作品收藏者们经常提及的,恨不能为己所有的摄影作品,难道不是斯泰肯(Steichen)创作的《池塘月光》(The Pond-Moonlight)(苏富比拍卖公司于 2006 年以 293 万美元拍出)吗?正如约翰斯(Johns,1997)所说:"当我们看到梵高所画的加歇医生的面孔时,再不会看到一个常见的忧伤与悔恨的肖像,而是一大堆金光闪闪的迷人的金钱。梵高、雷诺阿、毕加索这些名字现在已成为了财富和荣誉的象征。"

凡勃伦举了一个仿古精装本书籍的例子来说明这个问题。他写道:

有些人爱书成癖,觉得古籍善本格外动人。当然,这种爱好并不是出于对这类代价高昂,高度朴拙的版本的有意识的、自觉的赞赏。这里的情形同手工制品优于机器制品的情形相似。他们认为,在外表上和制作上一味仿古的那类书籍具有很多优点,这些优点主要来自于审美方面的效用。在出售这类仿古书籍的书店里,人们看到的是古拙的字体,印刷在手工制的直纹毛边纸上,四周的空白特别宽阔,书页则是不切边的。总而言之,书籍的装帧显得质朴、笨拙,古香古色。而这些都是煞费苦心,刻意经营出来的。在凡勃伦看来,凯尔姆司各托(Kelmscott)印刷所的做法,假设从纯粹适用性的角度来看,简直达到了荒唐的地步。它所发行的供现代人阅读的书籍,其文字却用古老的拼法,用黑体字印刷,用柔皮为背缀,还要加上皮带。另一个足以抬高这类精装本书籍身价，巩固其经济地位的方法是把发行量控制在一个范围之内。发行量有限是一种有效的保证——表明这个版本是精贵的，因此是奢侈浪费的，它能够增进消费者的金钱荣誉。

事实上，凡勃伦的炫耀性消费理论是一种社会心理效应，而不完全是一种经济效应。因为凡勃伦所说的炫耀性消费，实际上必须依赖于个人对群体的预期才会真正起作用。这就是说，在凡勃伦看来，具有艺术价值的物品带给购买者的总效用不仅包括由于直接"消费"这件物品所带来的"物理效用"，而且包括由于这件物品本身的高昂价格所带来的"社会效用"。凡勃伦的炫耀性消费理论显然有助于我们理解日本富豪和财团在 20 世纪 80 年代从国际收藏品市场上一掷千金地购买梵高、莫奈等著名画家代表作的看似"非理性"的行为：

早在 20 世纪 60 年代就以收藏印象派作品而闻名的日本最著名的经纪人大佐福吉在 1989 年再一次做出惊人之举。他利用在纽约访问的 10 天时间，花费 2000 万美元，购买了西格尔（Siegel）、阿尔普（Arp）、德库宁（Williem de Kooning）、克莱因（Klein）和沃霍（Warhol）等人的作品。1989 年 11 月，毕加索（Picasso）的作品《皮埃雷特的婚礼》（Pierrette's Wedding）出现在巴黎的一场拍卖会上，这幅作品的主要竞争者是日本富翁鹤卷和一位法国人。当《皮埃雷特的婚礼》的报价上升到 4260 万美元的时候，那位法国人开始犹豫起来了，不敢继续贸然加价，而鹤卷则志在必得，一下子把价格加到了 4890 万美元，击败了所有的竞争对手。

1990 年，在纪念梵高逝世 100 周年的热潮中，梵高的作品《加歇医生的肖像》在佳士得（Christie's）拍卖公司以 8250 万美元的价格被日本纸业大王斋藤英夺得，创下了当时收藏品拍卖的最高成交价。与此同时，他还以 7810 万美元的价格买下了雷诺阿（Renoir）的作品《红磨坊的舞会》。尽管花费不菲，斋藤英却"连叫便宜"。根据日本海关的不完全统计，截止到 1987 年 8 月，日本人从海外购入了 87 万多幅画作，总金额高达 734 亿日元。其中，从欧美等国购入的高档绘画约为 1.2 万多幅，总估价约为 685 亿日元，每幅画作的平均价约为 538 万日元。其中包括毕加索的《朵拉·玛尔的肖像》（约 1.08 亿日元）、雷诺阿的《拿扇子的女人》（约 3 亿日元）以及塞尚（Cezanne）、莫奈（Monet）等著名画家的作品。另据苏富比拍卖公司和佳士得拍卖公司的不完全统计，截止到 1989 年 11 月，从苏富比拍卖公司和佳士得拍卖公司卖出的名画中，美国人购得了其中的 25%，欧洲人购得了其中的 34.9%，而日本人的购买量高达 39.8%，成为最大的买主（刘刚和刘晓琼，1998）。

尽管这些看似"非理性"的购买行为极大地满足了他们的炫耀性消费心

理，不过，此后的结果却不容乐观。1997年以来，由于日本"泡沫经济"的破灭，东南亚金融危机的影响，以及日本经济体制所存在的一系列结构性矛盾，日本经济陷入了以通货紧缩为主要特征，并伴随阶段性衰退的长期停滞。昔日被抢购来的西方名画，开始陆续流向经济增长相对稳定的欧美国家。据苏富比拍卖公司的估计，在该公司1998年上半年受委托拍卖的绘画作品中，大约40%来自于日本。佳士得拍卖公司也发现，日本人委托该公司拍卖的绘画作品正在大大增加。1997年，日本人通过拍卖公司拍卖的收藏品总额达到了2500万英镑。英国《每日电讯报》(Daily Telegraph Newspaper)在一篇报道中讥讽道："日本的艺术爱好者正在抓紧时间前往位于东京的川桥美术馆，以便赶在基弗(Kiefer)的11幅作品流出国门之前再看上最后一眼。"由于高桥治宪的两家公司相继破产，他不得不转让自己于1988年以800万英镑购得的这11幅作品。这11幅作品最终由英国人恩特威斯尔(Entwisle)以400万英镑的价格夺得(李向民，1999)。

在日常生活中，我们不难发现，当人们得知某人从事收藏活动时，就会觉得这个人非常有品位；当人们得知某人收藏了珍贵的收藏品，更会觉得这个人很有身价。中国民间就有很多关于收藏品价格的俗语，例如，"一页宋版，一两黄金"，"黄金有价，钧窑无价"，"黄金万两易得，田黄一颗难求"；"家有钱财万贯，不如钧瓷一片"，等等。正是由于这个原因，古今中外的许多大富翁，例如美国的洛克菲勒(Rockefeller)、英国的伯利尔(Balliol)，往往不惜巨资收购各种收藏品。今天，即使是美国微软(Microsoft)公司董事长盖茨(Gates)这样的IT新贵也开始频频在收藏品拍卖市场露面，让人们感受到了收藏的巨大魅力(胡慧平，2005)。

凯夫斯(Caves，2004)的研究也发现，人们从事收藏，多多少少都存在着自我包装的动机，目的是向周围的人展示自己的价值观或兴趣。很多传记文献都对收藏家们寻找社会承认和永载史册的动机施以重墨。因为一般来说，只要提到成功的收藏家，人们就会自然而然地认为他们拥有很高的品位和鉴赏力。事实上，收藏品作为一种投资工具（有效的投机工具）的意义甚微。收藏家们通常会由于其他爱好者或鉴定者对他们的收藏品的美学评价感到欣喜若狂。因为"一旦收藏过程成功"，"永载史册的想法就得以梦想成真"。约翰斯(1997)同样意识到，很多收藏家购买收藏品的动机完全与艺术本身无关。他们从事收藏的重要目的之一是为了社会声望，为了给人有文化修养的印象。很多巨富收藏家一直对建造自己的私人博物馆乐此不疲，因为这可能最终成为亿万富翁身份的象征。例如，石油巨商梅尼尔(Meniere)一辈子都热衷于收藏，

碧梧含露清标远

瑞草凝烟紫气浓

清·乾隆皇帝《行楷七言联》

迄今为止已经收藏了几万件收藏品。她在休斯敦（Houston）建立了自己的博物馆，这座由皮亚诺（Peano）设计的博物馆是世界上最好的博物馆之一。这显然可以在很大程度上提高她的社会声望和艺术品位，并成为她的亿万富翁身份的重要象征。又如，尽管石油大亨哈默（Hammer）因为收藏有数千件世界名画，而被誉为世界上首屈一指的收藏家。他一生中最渴望得到的收藏品是雷诺阿的作品《船上集会的午宴》，然而，收藏该画的菲利普（Philip）却一直不肯割爱。哈默对此耿耿于怀。他曾经宣称：如果这幅画出现在拍卖会上，他将不惜卖掉美国西方石油公司的股份来购买（刘晓君和席酉民，2001）。

三、投机性（speculation）

对于绝大多数中国人而言，一提到"投机"，就很容易联想到"倒把"。在人们心目中，"投机"二字是一个地地道道的贬义词。可是，在外国人眼里，可不完全是这样。英语中的"投机"是 speculation，意思是预测、推断，是市场知识的综合运用；而英语中的"投机者"是 speculator，意思是预测者、推断者，是市场知识的综合运用者。换句话说，投机与投机者二词原本并无贬义，甚至还带有几分褒义的色彩——手握水晶球的预言家。

事实上，很多收藏品都具有天生的投机性。最容易观察到收藏品投机现象的收藏品市场是邮票市场、金银币市场、电话卡市场，等等。在收藏品市场上存在着大量的投机者，他们参与收藏品交易的目的就是利用收藏品价格的上下波动来获利。显而易见，那些供给弹性大的收藏品，例如 JT 邮票就很好地满足了这种投机需要。当价格看涨时，投机者迅速买入自己看好的品种，以期在价格上涨时卖出获利。大投机商经常利用某些小道消息和价格波动，人为地操纵市场，从而对收藏品价格的变动起到推波助澜或力挽狂澜的作用。有时候，投机大户甚至制造谣言，虚张声势，哄抬价格，操纵市场，以此从中获利。最典型的例子莫过于 20 世纪 90 年代初中国邮票市场的疯狂了。

与投机因素紧密联系的是心理因素，即投资者的信心。当人们对收藏品市场的前景信心十足时，即使没有什么利好消息，价格也可能会莫名其妙地狂涨；反之，当人们对市场的前景失去信心时，即使没有什么利空消息，价格也可能会一泻千里般地暴跌。当收藏品市场处于"牛市"时，人心向好，一些微不足道的利好消息都会刺激投资者的看好心理，引起价格上涨；当收藏品市场处于"熊市"时，人心向淡，往往任何利好消息都无法扭转价格疲软的趋势。在华尔街上，流传着这样一句格言："在牛市里，再高的股价都不算高；在熊市里，再低的股价也不算低。"（Malkiel，2002）事实上，在收藏品市场上，这样的事情也不时发生。这就是"放大机制"所产生的影响。希勒

(Shiller，2004）指出，放大机制是通过一种反馈环运作的。他的反馈环理论认为，最初的价格上涨导致了更高的价格上涨。因为随着投资者需求的增加，最初价格上涨的结果反馈到了更高的价格中。第二轮价格上涨又反馈到第三轮，然后反馈到第四轮，以此类推。换句话说，诱导因素的最初作用被放大了，产生了远比其本身所能形成的大得多的价格上涨。希勒认为，过去的价格上涨增强了投资者的信心和期望，于是，这些投资者进一步哄抬市价，以吸引更多的投资者，这种循环不断进行下去，就造成了市场的过度反应。这是"牛市"的情形，而"熊市"的情形正好与此相反。

在收藏品市场上，投机者的心理变化往往与收藏品投机因素交织在一起，产生综合效应。约翰斯（1997）甚至认为："无论以什么理由来收藏，大多数收藏家都是依靠他们的耳朵而不是眼睛在买画。"值得一提的是，即使这些收藏家是依靠他们的"眼睛"在买画，情况也未必会有所好转。刘建伟（2004）就发现："每在展厅参观，常常遇到这么一种情形：一看画上题款是某某名家，便毫不犹豫赞曰'好好！意境深远。'如果是名不见经传的陌生画家，则顺口贬之'果然不行'。"1955年，因为一幅习作而得以免试进入中央美术学院华东分院（今中国美术学院）学习的张正恒曾经以自己的亲身经历谈到过有名和无名的不同遭遇。当年，他把自己的精心之作给人看时，总不能得到公允的评价。一气之下，他在作完画后，题上了黄宾虹的款。出人意料的是，其他人在看后皆称精品。张正恒长叹道："我的画写上自己的名字就是不会画画，而写上黄宾虹的名字就是精品，到底是人画画，还是画画人？"（张正恒，1996）

收藏投机者进行投机活动的目的，是利用收藏品价格的波动来获利，投机者的心理也随着市场价格的变化而不断变化。投机者的这种心理变化通常会成为其他投机者捕捉交易机会和分散价格风险的大好时机，从而促成投机交易的完成。因此，投机者的心理变化与投机行为是在收藏品交易中形成的互相制约、互相依赖的"共生现象"，它们共同作用于收藏品市场，并且造成了收藏品价格的剧烈波动。

虽然投资与投机的区别几乎是众所周知的，但是，当我们试图准确地定义这两个概念时，却遇到了极大的麻烦。区分的困难首先在于，投资与投机在未来收入的实现方面和本金的归还方面都不可避免地涉及风险性。对于很多人来说，风险程度几乎完全是一种个人的认知判断。某些投资者或许会认为购买某种收藏品的风险很大，但其他投资者却很有可能认为，购买这种收藏品的风险微不足道。因为不同程度的风险之间的界限显然很难把握。广为人们所接受的观点是：投资的核心目标是获得稳定的收入，而投机的典型特征则是追求短期的利润。事实上，有一种玩世不恭，带有几分"成者英雄败者寇"色彩的定义也颇有道理："投资是一次成功的投机，而投机是一次不成功的投资。"投资者中有失败者，投机者中也不乏成功者。换句话说，投资与投机是相互交融的，投资中有投机的成分，投机中也有投资的成分。概括起来，收藏品市场上的投机行为具有如下特点：收藏投机者的目的是为了在短期内获得比较高的利润，并且愿意为之承担比较大的行为风险。收藏投机者从事收藏品交易的目的与收藏投资者不同，他们希望能够在短期内利用收藏品价格的变动获得差额利润。投机者通常不会太注重收藏品的"真实价值"，他们更为关注的是"势"，也就是所谓的"人气"。因此，收藏投机者所获得的收益的不确定性是很大的。但如果操作得当的话，也可能会在短期内获得比较丰厚的预期收益。不过，一旦判断失误，其损失也是非常之大的。我们可以用表3.3来将收藏品投资行为与投机行为的特点进行一番比较。

表3.3　　　　　　　收藏品投资行为与投机行为的特点比较

	投资行为	投机行为
交易目的	获得稳定的收益	在短期内获得差额利润
承担风险	比较小	比较大
决策依据	价值分析为主	市场分析为主
持有时间	比较长	比较短

资料来源：马健：《收藏投资的理论与实务》，浙江大学出版社2004年版，第60页。

由此可见，不管是收藏品投资行为还是投机行为，其最终目的都是为了获得预期收益，只是具体的操作手段不同而已。事实上，我们可以这样描述收藏品投资行为，对于收藏品投资而言，资金的持有时间相对比较长，始终以收藏品作为手中的筹码，即使变现出局，也会在比较短的时间内选择其他种类的收藏品重新建仓。如果以C代表收藏品，以M代表资金的话，我们可以用以下公式来表示收藏品投资行为：C—M—C。与此相似，收藏品投机行为则是指以空仓者身份等待时机，只要发现机会就迅速建仓，在获取预期利润或者市场价格达到其制定的"止损点"时，就马上变现出局。我们可以用以下公式来表示收藏品投机行为：M—C—M。

总而言之，收藏品市场上的投资行为与投机行为的界限实际上并非泾渭分明的。凯恩斯甚至认为，从事投资，就好像是玩"叫停"、"传物"、"占位"等游戏。谁能够不先不后地说出"停"字，谁能够在音乐终了之时占到一个座位，谁就是胜利者。他曾经用照片选美竞赛的隐喻阐述过他的这个思想：

假设报纸上登出了100张美女照片。参赛者从中选出最美的6个，谁的选择结果与全体参赛者的平均偏好最接近，谁就胜出。在这种情况下，参赛者的最佳策略显然不是选择他自己认为最美的6个，而是选择他认为别人认为最美的6个。如果每个参赛者都从这一观点出发，那么，他们都不会选择自己认为最美者，也不会选择一般人认为最美者，而是推测一般人认为最美者。这已经到了第三级推测。凯恩斯相信，有些人还会推测到第四级、第五级，甚至更多。

按照凯恩斯的思路，如果你是一个纯粹的投资者，仅仅将收藏品作为一种投资品种，而不夹杂自己主观偏好的话，那么，理性的投资行为显然并不是选择自己喜欢的收藏品，而是选择那些最可能被大多数人关注和欣赏的收藏品，即使这件收藏品制作得拙劣呆板，平淡无奇。这就是说，成功的收藏投资应该建立在对大多数人购买心理的预期之上。我们之所以选择购买某种收藏品，并不是因为这件收藏品具有如评论家们所声称的诸如历史价值、艺术价值之类的所谓"真实价值"，而是因为你预期会有人花更高的价格从你手中买走它。这就是所谓的"更大笨蛋理论"：我们之所以可以几乎完全不管某件收藏品的所谓真实价值，即使它实际上一文不值，也愿意花高价买下，是因为你预期会有更大的笨蛋花更高的价格从你手中买走它。而投资成败的关键就在于能否准确判断究竟有没有比自己更大的笨蛋出现。只要你不是最大的笨蛋，就仅仅是赚多赚少的问题。如果你再也找不到愿意出更高价格的更大笨蛋从你手中买走这件收藏品的话，那么，很显然你就是最大的笨蛋了。

投资者之所以愿意花高价买下自己并不一定喜欢的收藏品，是因为他预期会有更大的笨蛋花更高的价格从他手中买走这件收藏品。例如，一个投资者之所以在"虎年彩色1盎司银币"的市场价格为400元时不去购买，而是等到其市场价格在不久之后上涨到1000元时才去购买。并非因为他相信这种"彩虎"银币的实际价值应该用1000元衡量，而不是用400元衡量，实际上是因为他推测还会有更多的人愿意花更高的价格购买这种"彩虎"银币。又如，对于很多投资者而言，毕加索、石鲁等人"阳春白雪"般的艺术风格实际上是很难令他们接受的。不过，在收藏品市场上，他们的画作仍然能够卖出很高的价格。尽管评论家们对这类现象有着各式各样的解释，但是，凯恩斯的解释似乎更具有说服力：投资者之所以愿意花高价买下自己并不一定喜欢的收藏品，是因为他预期会有更大的笨蛋花更高的价格从他手中买走这件收藏品。只要有更大的笨蛋出现，那么，收藏品的价值和真假就都不再是那么至关重要了。

第二节 收藏品评估的基本框架

就收藏品评估而言，需要重点考察基本面评估指标和市场面评估指标两大指标体系。具体而言，又分为吸引力、炫耀性、投机性等二级指标，以及作者、年代、题材、体裁、规格、质地、产地等三级指标（见表3.4）。

表3.4　　　　　　　　　　收藏品评估的指标体系

一级指标	二级指标	三级指标
Ⅰ．基本面评估指标	a．吸引力	a1．作者 a2．年代 a3．题材 a4．体裁 a5．规格 a6．质地 a7．产地 a8．著录情况 a9．展览情况 a10．流传情况
	b．炫耀性	b1．该收藏品的替代性 b2．真伪问题的争议性 b3．权威专家学者评价 b4．原收藏者的影响力 b5．大众媒体宣传报道 b6．销售机构运作情况
	c．投机性	c1．收藏品的投机价值
Ⅱ．市场面评估指标	d．宏观经济形势	d1．工业企业增加值 d2．社会消费品零售总额 d3．城镇固定资产投资 d4．进出口总值 d5．居民消费价格指数 d6．工业品出厂价格指数 d7．货币供应量

续表

一级指标	二级指标	三级指标
Ⅱ．市场面评估指标	e. 收藏品市场行情	e1. 收藏品市场资金状况 e2. 同类收藏品的换手率 e3. 同类收藏品的流通量 e4. 同类收藏品的成交额 e5. 同类收藏品的成交率 e6. 同类收藏品的流动性 e7. 同类收藏品的涨跌幅
	f. 买家的基本情况	f1. 买家的偏好 f2. 买家的数量 f3. 买家的购买力

当然，由于收藏品评估的复杂性，在运用以上的评估指标体系对收藏品进行评估的时候，很难机械地准确赋权，而只能全面考虑，综合判断。

第三节　收藏品的估价与成交价

在收藏品市场上，许多人对于"市场参考价"是深信不疑的。一些对收藏品市场不甚了解的初学者甚至按照书籍报刊的"收藏品市场最新行情"中的市场参考价，按图索骥地大肆收购收藏品。遗憾的是，他们除了在以低于市场参考价收购到收藏品时，自以为捡了便宜窃喜几回以外，更多的或许还是欲哭无泪！马广彦（2001）曾经指出："离开了现实的市场拍卖成交价，任何由个人随意估计的价格都是不真实的，不可靠的，甚至会把收藏者引入价格的误区，以高价格买入价值甚低的东西。"他举过这样一个例子，同一只明代嘉靖年间的青花瓷大缸（高37厘米），在1997年7月以前拍卖的最高成交价格只有5.28万元人民币，而在一本专门介绍古代瓷器价格的书中，竟然提供了18万元人民币的参考价。当然，我们可以将这个例子作为一些不负责任的作者"信口开河"的特例。那么，拍卖公司中专业人士对收藏品估价的准确性又如何呢？

让我们对收藏品在拍卖前的估价与拍卖时的成交价进行一次统计研究，分析一下收藏品在拍卖前的估价与拍卖时的成交价究竟存在怎样的相关性。我们的研究样本取自"朵云轩1993—2002年书画拍卖成交价前100名目录"（见

表3.5）。需要指出的是，由于弘一法师的《华严经集》在拍卖前没有经过估价，因此，我们的研究样本实际上是99件艺术品。

表3.5　　　1993—2002年朵云轩书画拍卖成交价前100名目录

作者	作品名称	估价（万元）	成交价（万元）	成交价位于估价区间者
傅抱石	山水、人物	280—400	352	√
傅抱石	山水、人物	160—180	201.3	
弘一	华严经集	无	145	
弘一	普贤行愿品赞	40—50	143	
张大千	惊才绝艳	120—160	110	
任伯年	花鸟草虫	24—28	105	
张善孖	山君图	28—38	88	
谢稚柳	溪内林薮	20—30	78.1	
徐悲鸿	落花人独立	48—68	77	
林风眠	芦塘白鹭	30—40	72.6	
傅抱石	观瀑图	46—56	71.5	
吴湖帆	峒关蒲雪	48—58	67.1	
傅抱石	观山图	32—40	66	
张大千	山雨催泉	60—80	60.5	√
齐白石	荷塘蜻蜓	10—16	58.3	
张大千	山水名胜	70—90	55	
齐白石	贝叶草虫	50—60	55	√
张大千	金碧山水	50—70	52.8	√
齐白石	寿酒神仙	48—55	52.8	√
张大千	高寻白帝	15—18	51.7	
傅抱石	雪景	60—80	50.6	
齐白石	荷乡清暑	40—48	50.6	
陈佩秋	仿宋小品册	45—50	49.5	√
高奇峰	松月双鹰	40—50	48.4	√
傅抱石	东山丝竹	50—60	46.2	
张大千	朵云呈祥	40—50	44	√
任薰	花卉	20—28	44	

续表

作者	作品名称	估价（万元）	成交价（万元）	成交价位于估价区间者
傅抱石	湘夫人	46—60	44	
朱耷	芦雁图	120—180	412.5	
王翚	普安图	80—120	236.5	
文徵明	修竹仕女	120—150	231	
文徵明	玉兰图	50—80	148.5	
王翚	普安晋爵图	50—60	104.5	
李鱓	寿天百禄	38—42	89.1	
华嵒	鸣禽图	38—48	80.3	
王振鹏	货郎图	50—80	78.1	√
祝允明	行草诗卷图	20—28	77	
罗聘	竹石图	30—40	71.5	
黄慎	捧花老人	18—28	67.1	
李鱓	秋园双禽	20—28	66	
金农	临华山庙碑	20—30	60.5	
沈周	柳燕图	35—45	57.1	
王铎	行书	8—10	55	
华嵒	梧桐清音	28—35	55	
丁云鹏	关公像	40—48	52.8	
王铎	行书	20—30	50.6	
袁江	竹苞松茂	48—50	49.5	√
盛茂烨	峨嵋雪	60—80	48.4	
沈士充	山烟春晚	20—24	47.8	
丁云鹏	孔子问道	36—42	44	
吴湖帆	如此多娇	120—180	214.5	
傅抱石	山水、人物	180—220	170.5	
张大千	晚山看云	80—100	143	
傅抱石	兰亭雅集	120—180	132	√
赵之谦	书法、花卉	100—120	110	√
吴湖帆	秋岭横云	26—30	104.5	
徐悲鸿	红叶双骏	28—34	78.1	

续表

作者	作品名称	估价（万元）	成交价（万元）	成交价位于估价区间者
吴昌硕	佳果佳卉	48—58	78.1	
傅抱石	西园雅集	80—90	74.8	
任伯年	渔父图	20—30	71.5	
齐白石	华实各三千年	35—40	70.4	
傅抱石	雪赋图	22—30	66	
吴湖帆	雪港捕鱼	50—60	61.6	
齐白石	花卉	55—75	60.5	√
张大千	金碧山水	60—80	57.2	
赵之谦	行书	20—26	55	
李可染	苍岩飞瀑	36—40	52.8	
徐悲鸿	白马图	20—24	52.8	
程十发	万世同根	50—60	52.8	√
徐悲鸿	相马图	50—70	50.6	√
徐悲鸿	独立佳人	50—70	50.6	√
吴昌硕	牡丹丛兰	50—70	49.5	
徐悲鸿	白马图	20—24	48.4	
吴昌硕	四季花卉	28—32	46.2	
陆俨少	洞庭橘红	26—30	45.1	
齐白石	老鼠偷油	10—12	44	
张大千	金碧山水	30—40	44	
傅抱石	松阴清集	22—30	44	
髡残	治法园机	80—100	275	
赵伯驹	荷亭消夏图	40—60	233.2	
郑燮	兰竹图	35—45	165	
金农	隶书宋人笔记	28—38	111.1	
邓石如	隶书六朝镜铭	18—28	99	
华嵒	五伦图	82—100	88	√
王铎	行草诗文	28—38	79.2	
郭宗茂	芦花双鸭	80—120	77	
倪元璐	草书诗	30—40	72.6	

续表

作者	作品名称	估价（万元）	成交价（万元）	成交价位于估价区间者
项圣谟	江山无尽	18—22	71.5	
石涛	蓬莱仙境	80—90	66	
李鱓	富贵多寿	40—60	61.5	
王铎	行书五律	28—38	57.2	
华嵒	明妃出塞	20—30	56.1	
王铎	楷书	50—60	55	√
蒋仁	行书知念帖	5—8	55	
华嵒	二仙图	56—60	50.6	
王铎	行书	20—28	49.5	
华嵒	槐阴秋戏	40—48	49.5	
郑燮	墨竹图	30—45	48.4	
王翚	茂林仙馆	25—35	45.1	
石涛	湖水泊船	36—50	44	√

资料来源：根据祝君波：《朵云轩拍卖的100件高价书画分析（上）》（《东方经济》2003年第5期）第62—63页以及祝君波《朵云轩拍卖的100件高价书画分析（下）》（《东方经济》2003年第7期）第62—63页的相关资料整理。

在朵云轩1993—2002年书画拍卖成交价排名前100名的收藏品中，拍卖时的成交价位于拍卖前的估价区间内的收藏品仅有19件，约占全部收藏品的19.2%左右。根据表3.5所提供的数据，我们还可以画出收藏品估价的下限与成交价的相关关系示意图（见图3.2），以及收藏品估价的上限与成交价的相关关系示意图（见图3.3）。

即使我们放宽评判的标准，采用"相关系数"指标来分析收藏品在拍卖前的估价与拍卖时的成交价之间的相关性，结果也不容乐观。如果用 x_1 表示收藏品估价的下限，用 y 表示收藏品估价的上限，用 x_2 表示收藏品的成交价，并且用 r_1 表示收藏品估价的下限与成交价的相关系数，用 r_2 表示收藏品估价的上限与成交价的相关系数，根据公式

$$R_1 = \frac{n\sum x_1 y - \sum x_1 \sum y}{\sqrt{n\sum x_2^2 - (\sum x_2)^2}\sqrt{n\sum y^2 - (\sum y)^2}}$$

代入经过整理的相关数据，可得

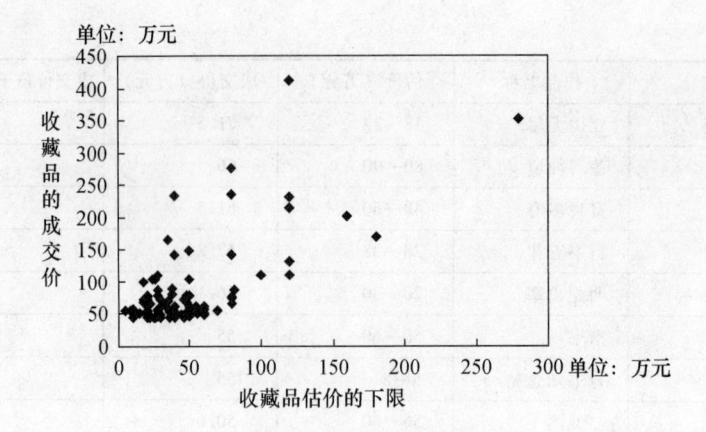

图 3.2　收藏品估价的下限与成交价的相关关系示意图

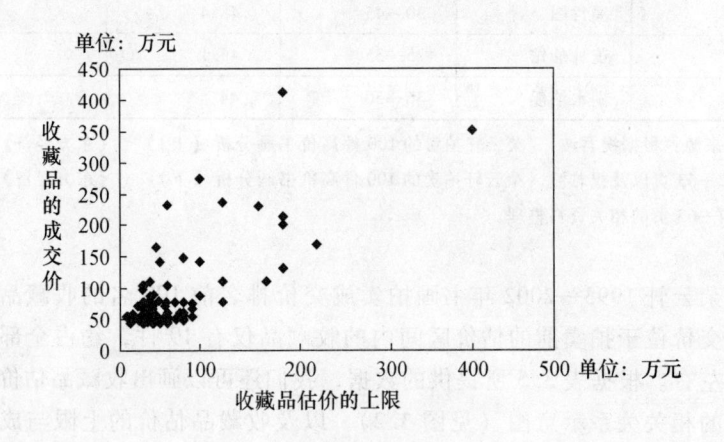

图 3.3　收藏品估价的上限与成交价的相关关系示意图

$$r_1 = 0.68$$
$$r_2 = 0.71$$

$0.5 \leqslant r_1 = 0.68 < 0.8$，这说明收藏品在拍卖前的估价下限与成交价之间存在中度正相关关系。$0.5 \leqslant r_2 = 0.71 < 0.8$，这说明收藏品在拍卖前的估价上限与成交价之间同样存在中度正相关关系。

通过以上分析，我们不难发现，总的来看，收藏品的估价与成交价大体上呈中度正相关关系。需要指出的是，由于技术处理上的困难，本书有意忽略了收藏品在拍卖前的估价对收藏品在拍卖时成交价的影响。而行为经济学的研究表明，这种影响是显而易见的。在这里，我们有必要引入行为经济学中的一个重要概念——"锚定效应"。所谓锚定效应，是指人们在进行估价的时候，不是根据待估价对象的绝对定位水平，而是根据待估价对象与某一参照点之间的相对定位关系，来确定其价格。它实际上相当于在一个原点相对漂移而不固定的坐标系里进行目标的价格定位（姜奇平，2004）。

对于收藏品估价而言，锚定效应对于估价和成交价的影响主要体现在两个方面：（1）锚定效应对收藏品估价的影响；（2）收藏品的估价所产生的锚定效应对收藏品成交价的影响。事实上，大多数人在对收藏品进行估价时，往往是根据某个初始值或参考值（锚定点）来评估信息，然后根据进一步获得的信息或更详细的分析，逐渐对评估结果进行调整。"如果在估计中不能得到第三方的信息，则通常把当前情形作为锚定点。"（周国梅和荆其诚，2004）此外，收藏品在拍卖前的估价实际上还会对竞买者产生心理暗示，从而影响其竞买决策和保留价格。如果考虑到这种影响，那么，在理想状态下，收藏品在拍卖前的估价与收藏品在拍卖时成交价的相关系数应该略小于我们的计算值。

值得注意的是，这些"市场参考价"都是具有丰富经验的专业人士研究出来的，可以说是在各种来源的"市场参考价"中最可靠的了。但是，仍然出现了这种市场参考价（估价）与实际成交价相差甚远（准确性仅为 19.2% 左右）的情况。这到底是怎么回事？事实上，人们对收藏品的估价，会受到许多微妙因素的影响。比较典型的，例如"赋予效应"。所谓赋予效应，是指同样一件物品，一旦人们拥有它时，相对于还未拥有这件物品的人而言，会对此物品估一个更高价。卡尼曼（Kahneman）曾经在普林斯顿大学（Princeton University）做过一个实验来证明赋予效应的存在。在这个实验里，卡尼曼找来了两组学生：

第一组：卡尼曼拿了几十个印有校名和校徽的杯子来到教室。这些杯子在学校超市里的零售价是 5 美元。在拿到教室之前，卡尼曼已经把标签撕掉了。他让每个人写出自己愿意以什么价格购买这个杯子？（他给出了 0.5—9.5 美元之间的选择）

第二组：卡尼曼同样拿了这些杯子来到另一个教室。但是，他这次一进教室就送给在座的每个同学一个杯子。过了一会儿，卡尼曼又来到教室，对学生说，由于学校今天组织活动，杯子不够，需要收回一些。他让每个人写出自己愿意以什么价格出售他们手中的杯子（他同样给出了 0.5—9.5 美元之间的选择）。

两组学生对相同杯子的估价有什么不同呢？

第一组学生平均愿意花 3 美元的价格购买一个带校名的杯子；而第二组学

生则将自己已经拥有的杯子的出价陡然增加到了 7 美元。其中的差异就是由所谓的"赋予效应"引起的（薛求知等，2003）。

一般来说，对于供给弹性比较大的中低端收藏品而言，由于在市场上存在着很多与之品质相同或相近的收藏品，收藏者们拥有这类收藏品的可能性也比较大，因此，供给弹性大的收藏品受到的收藏界内的关注程度是比较高的。在一定时期内，即使"一南一北"或"一东一西"两个相距甚远的地方的市场参考价也不会悬殊得令人"大跌眼镜"。因为如果两地间价格相差太大而带来获利机会的话，市场这只"看不见的手"就会自动调节两地间的价格，使之逐渐趋同。例如，国内就有一些画商长期奔走于北京、上海和广州等地。在北京购买岭南画派的书画作品，南下广州销售；在广州吃进海派名家的书画作品，又奔赴上海出货。充分利用书画市场上因地域性因素而产生的差价，赚取不薄的利润。所以，即使某些地区的市场参考价是由不负责任的调查和主观凭空的臆断得出的，但只要参考若干个地区的不同来源的市场参考价，我们也可以大体上做到心中有数，"八九不离十"。

然而，对于供给弹性比较小的高端收藏品而言，情况就大不一样了。因为对这类收藏品进行价格判断是相对比较困难的，在其交易过程中又会受到许多不确定因素的影响。再加上供给弹性小，收藏者们拥有这类收藏品的可能性也不大，因此，供给弹性小的收藏品受到的收藏界外的关注程度可能会比较高（部分原因是这类收藏品具有比较大的新闻价值，比如张先的《十咏图》、米芾的《研山铭》受到的几乎是举世瞩目的关注），而受到收藏界内的关注程度却可能相对比较低。如果供给弹性小的收藏品具有历史性拍卖纪录，"权威人士们"往往会以最近一次拍卖成交价格作为自己估计市场参考价的基础。如果没有历史性拍卖纪录，"权威人士们"就只能在掌握极为有限信息的情况下踌躇满志地自由发挥了，其可信度到底有多高，显然实在难说。至于马广彦（2001）所提到的那种在收藏类图书上信口开河般定出"权威市场参考价"的过程，则是作者的想象力得以发挥的大好机会！

需要指出的是，这种现象的出现也说明了一个道理：虽然在收藏品市场上，非理性因素有时候会占优势，不过，在众多市场主体的共同参与之下，收藏品的价格也许最终会趋于理性化（例如供给弹性大的收藏品的情况）。反之，如果市场主体的数量比较少，那么，市场的"校正"作用就会被削弱很多。因此，虽然总的来看，那些没有经过真正的市场检验，而是由个人主观估计所得出的市场参考价的可信度都值得怀疑。但是，较之供给弹性小的收藏品的市场参考价，供给弹性大的收藏品的市场参考价显然具有更大的"参考价值"。

第四章　什么是拍卖

第一节　拍卖的含义

拍卖（auctions）是一种古老而又特殊的交易方式。"拍卖"一词源于拉丁语词根"auctus"，本意是"增加"。当然，价格递增并不是拍卖的唯一形式，价格递减也是一种重要的拍卖方式。

《辞海》对"拍卖"词条的解释是："拍卖，亦称竞买，商业中的一种买卖方式，出卖者用叫价的方法把物品出售给出价最高的竞买人。"

《美国大百科全书》（*Encyclopaedia American*）对"拍卖"词条的释义是："拍卖是将财产交给出价最高者的公卖方式。"

《牛津法律大辞典》（*The Oxford Companion to Law*）对"拍卖"词条的诠释是："拍卖是一种出售或出租的方式，买主不断地出高价竞相购买或租取。拍卖通常是在做过广告之后，由一位特许的拍卖者公开进行。"

《中华人民共和国拍卖法》则将拍卖定义为："以公开竞价的形式，将特定物品或者财产权利转让给最高应价者的买卖方式。"这个定义包括四个方面的含义：（1）拍卖是一种买卖方式；（2）拍卖价的形成过程要通过公开竞价；（3）拍卖标的应该是特定的物品或者财产权利；（4）买受人应该是最高应价者。

具体而言，这个定义拍卖涉及了一个客体和四个主体。即指拍卖标的及拍卖人、委托人、竞买人与买受人。

拍卖标的应该是委托人所有或者依法可以处分的物品或者财产权利。法律法规禁止买卖的物品或者财产权利，不得作为拍卖标的。委托拍卖的文物则必须在拍卖前经拍卖人住所地的文物行政管理部门依法鉴定、许可。

拍卖人是指依照《中华人民共和国拍卖法》和《中华人民共和国公司法》设立的从事拍卖活动的企业法人。拍卖人不得在自己组织的拍卖活动中拍卖自己的物品或者财产权利。拍卖人及其工作人员也不得以竞买人的身份参与自己组织的拍卖活动,并且不得委托他人代为竞买。拍卖人有权要求委托人说明拍卖标的的来源和瑕疵,与此同时,拍卖人还应该向竞买人说明拍卖标的的瑕疵。拍卖人在接受委托以后,如果未经委托人的同意,不得委托其他拍卖人拍卖。对委托人交付拍卖的物品,拍卖人负有相应的保管义务。拍卖人还负有对委托人和买受人的身份予以保密的义务。在拍卖成交后,拍卖人应该按照约定向委托人交付拍卖标的的价款,并且按照约定将拍卖标的移交给买受人。

委托人是指委托拍卖人拍卖物品或者财产权利的公民、法人或者其他组织。委托人可以自行办理委托拍卖手续,也可以由其代理人代为办理委托拍卖手续。在办理委托拍卖手续时,委托人有权确定拍卖标的的保留价并要求拍卖人保密。与此同时,委托人还应该向拍卖人说明拍卖标的的来源和瑕疵。在拍卖开始前,委托人可以撤回拍卖标的。委托人撤回拍卖标的的,应该向拍卖人支付约定的费用;未作约定的,应该向拍卖人支付为拍卖支出的合理费用。在拍卖过程中,委托人不得参与竞买,也不得委托他人代为竞买。在拍卖结束后,按照约定由委托人移交拍卖标的的,委托人应该将拍卖标的移交给买受人。

竞买人是指参加竞购拍卖标的的公民、法人或者其他组织。法律法规对拍卖标的的买卖条件有规定的,竞买人应该具备规定的条件。竞买人有权了解拍卖标的的瑕疵,有权查验拍卖标的和查阅有关拍卖资料。竞买人可以自行参加竞买,也可以委托其代理人参加竞买。竞买人一经应价,不得撤回,当其他竞买人有更高应价时,其应价即丧失约束力。在竞买人与竞买人之间,以及竞买人与拍卖人之间不得恶意串通,损害他人利益。

买受人是指以最高应价购得拍卖标的的竞买人。买受人应该按照约定支付拍卖标的的价款,未按照约定支付价款的,应该承担违约责任,或者由拍卖人征得委托人的同意,将拍卖标的再行拍卖。拍卖标的再行拍卖的,原买受人应该支付第一次拍卖中本人及委托人应该支付的佣金。再行拍卖的价款低于原拍卖价款的,原买受人应该补足差额。在拍卖结束后,买受人未能按照约定取得拍卖标的的,有权要求拍卖人或者委托人承担违约责任。买受人未按照约定受领拍卖标的的,应该支付由此产生的保管费用。

值得一提的是,《中华人民共和国拍卖法》对拍卖的定义实际上并不见得准确。举例来说,参加密封式拍卖的各位竞买人,就显然不清楚其他竞买人的出价,更谈不上所谓的"公开竞价"。因此,将通常意义上的拍卖定义为"将

范曾《李时珍采药图》

特定物品或者财产权利转让给最高应价者的买卖方式"或许更为简明和准确。之所以要加上"通常意义"这个限定词，是因为拍卖的竞价方式实际上不止一种。我们通常所说的拍卖，都是指英国式拍卖（增价拍卖）。不过，与英国式拍卖相对应的还有荷兰式拍卖（减价拍卖）。关于这个方面的问题，我们将在后面的章节进行详细介绍。

第二节 拍卖的历史

拍卖的历史相当悠久。有文字记载的拍卖活动出现于公元前5世纪左右。被誉为"历史之父"的古希腊历史学家希罗多德（Herodotus）在《历史》一书中，记载了古巴比伦王国（公元前1894年至公元前1595年）盛行的一年一度拍卖新娘的活动，拍卖标的是所有的"适婚青年妇女"。希罗多德写道：

在所有的乡村里，每年都举办一次姑娘拍卖会。他们将适婚女孩集中在一起，而男人则在她们四周围成一个圆圈。然后，拍卖师依次唤叫每个姑娘的名字。叫到名字的女孩站起来供拍卖师拍卖。拍卖先从最漂亮的女孩开始，然后是容貌次一点的姑娘。第一个姑娘很快以高价成交。拍卖女孩的目的就是为了结婚。阔佬之间为了购买一个漂亮的女孩而激烈竞价。而下等人决不会娶一个漂亮的老婆，他们只得廉价娶一个丑姑娘为妻。当拍卖师将所有漂亮姑娘卖完后，再呼喊丑一些的女孩，叫这丑女站起来，然后问在场的男士，哪一位愿开价娶她为妻。有人竞价后，拍卖师将这个姑娘敲定出售。他们将漂亮姑娘卖来的钱，用做丑女或有生理缺陷的女孩的嫁妆。如果有人不通过拍卖而将自己的女儿嫁给意中人，这是违法的。如果确定婚娶的男人没有通过拍卖是不能将姑娘带回家的。通过拍卖而结为夫妻的，如果生活上出现不协调，法律允许将购买款退回给男方。异乡人只要愿意，也可以在异地买妻。

古巴比伦人就是通过这种拍卖的方式，使每一个姑娘都能"体面地嫁出去"。希罗多德认为，古巴比伦人这种拍卖姑娘的风俗是"他们风俗中最好的"，并且也是"最聪明的"。

继古巴比伦之后，古希腊、古埃及和古罗马也开始出现了较大规模的拍卖活动。公元前5世纪，古希腊的主要城邦经济日益繁荣，奴隶贸易发达。在雅典城，奴隶主根据奴隶的性别、年龄、相貌、体质和技能等因素，要么明码实价地标价出售，要么采取公开竞价的方式出售。除了以奴隶拍卖为代表的民间拍卖活动外，古希腊的行政当局还经常以拍卖的方式来处理罚没物品，配置公共资源。

在古埃及，虽然托勒密王朝（公元前305年至公元前30年）长期实行工商业的国家专营制度，但是，他们的拍卖活动却很有特色，值得一提。古埃及国王托勒密一世一方面继承了古埃及法老的工商业专营传统，另一方面又为古埃及注入了古希腊工商业特有的商业活力。在国家专营制度的管制下，获利最丰的榨油、酿酒、麻纱、食盐、纸草、香料、染料、钾碱等行业都由王室专营，政府定价，统一销售。换句话说，这些普通商品显然不准通过拍卖的方式销售。古埃及的拍卖活动所涉及的主要是王室和政府所有的大宗财产。

古埃及的土地在名义上都归王室所有，但实际经营上则分为王田和授田两大类。王田是王室贵族直接占有和经营的土地，这类土地的数量最多。授田则包括庙田、赐田、禄田和屯田。庙田是神庙祭司直接占有和经营的土地；而赐田是国王赏赐给大臣或神庙的土地；禄田则是政府官吏俸禄的重要来源之一。这三类土地都享有免交赋税的特权。与这三类土地不同的是，作为服役士兵拥有的土地，屯田需要上缴一定数额的赋税。不过，屯田可以在办理相关手续之后，合法地继承或转让。托勒密王朝初期，土地管理很严格，私有土地比较少，主要以屯田为主。因此，在经济繁荣的时期，古埃及的拍卖活动并不兴盛。拍卖标的主要是司法机关的罚没物品。不过，到了托勒密王朝后期，社会矛盾激化，国库日渐空虚，政府当局开始大规模地以拍卖的方式出售王田和授田等不动产，以应付日益严重的财政危机。除此之外，王仓磨粉设备、国有打谷设备、国有打谷工具也成为了经常上拍的物品。由于拍卖活动非常频繁，甚至还出现了专职拍卖人（联合国教科文组织，1984）。

毋庸置疑，古巴比伦、古希腊和古埃及的拍卖，是世界拍卖发展史上的重要里程碑。但是，这些国家的拍卖活动也存在着一些显而易见的问题，例如，拍卖范围狭窄，拍卖标的匮乏，拍卖随意性强，拍卖不成规模，等等。而古罗马的拍卖活动就大不一样了。自从公元前5世纪起，古罗马就开始疯狂地进行对外军事扩张。先后占领了西西里、科西嘉、撒丁等岛屿，以及西班牙大部、小亚细亚西部，还有北非的一部分地区。在长期的征战中，古罗马士兵和商人发现了一条共同致富之路。每当古罗马军队出征时，都有大批商人与之随行。一旦获胜，士兵们便立刻就地拍卖他们掠夺到的多余战利品。士兵将长矛插在地上，四周堆满各种拍卖品，例如，盔甲、军服、武器，等等。通过拍卖，士兵们普遍都能发一笔战争财，而随军商人也可以通过倒腾战利品，赚取不少差价。这些罗马士兵不仅在战场上充当拍卖人的角色，即使是班师回朝以后，仍然不时在城外摆摊设点，继续拍卖尚未售出的战利品。这种战利品拍卖也因此而成为了古罗马拍卖活动的重要组成部分。

除了一般的战利品外，奴隶拍卖也是古罗马拍卖活动的重要内容，甚至可以说是主要内容。军队对外征战时俘获的战俘和平民，因破产而无法偿还负债的国内居民，以及海盗们乘乱抢劫的人口，共同构成了古罗马奴隶的主要来源。古罗马的奴隶拍卖也深受战利品拍卖的影响，拍卖场地即使是在城市广场或者城内集市，也照样在地上竖起长矛，权当拍卖标识，以便招徕顾客。他们还给奴隶做好特殊标记：双腿涂白粉，头戴花冠或者羊皮小帽，并在奴隶的颈上挂上小牌，标明奴隶的性别、年龄、相貌、体质和技能等情况。据史料记载，公元前168年，在第三次马其顿战争期间，仅仅在伊庇鲁斯一地，就有15万人被卖为奴；公元前102年，罗马执政官马略（Marius）战胜了条顿野蛮人，又有9万人被卖为奴（Applanus，1976）。在这些被卖的奴隶中，相当大一部分都是通过拍卖的方式进行交易的。

公元前88年至公元前83年，古罗马执政官苏拉（Sulla）率军出征黑海南岸的本都王国，与此同时将拍卖交易作为处理敌产，扩充财源的重要方式。公元前80年，古罗马法学家西塞罗（Cicero）在一次判决中提出，将诉讼委托人用做担保物的财产强制拍卖，从而确认了拍卖在司法审理财产纠纷案件中的重要地位。公元前47年至公元前44年在位的古罗马终身独裁官恺撒（Caesar）和公元161年至公元180年在位的古罗马皇帝奥里利厄斯（Aurelius），也都曾因为执政期间国库空虚，拍卖过皇室的家具、雕像、挂毯等物，用于缓解一时的财政危机。

到了古罗马中后期，拍卖已经成为了一种非常普遍的交易方式。既有自愿拍卖，也有强制拍卖；既有自行拍卖，也有委托拍卖；既有个人拍卖，也有政府拍卖。拍卖的标的也日益广泛：小到衣食布酒，大到土地房屋；上至国家皇位，下至官爵隶畜。无一限制，均可上拍。无论是拍卖的形式，还是拍卖的规模，都有了很大的发展。由于拍卖业的迅速发展，专业的拍卖商也开始出现。一些拍卖商甚至开始组建机构，成立"拍卖行"，专门从事拍卖活动。关于这一史实，可以从古罗马著名讽刺诗人尤维那尔（Juvenal）的作品中得以证实。他写道：

无论人们希望怎样，无论人们动机如何，一切都由恺撒决定，唯独缪斯尚受崇敬。可惜文人空享盛名，只缘身罹悲惨时代，一贫如洗期盼小钱，但求面包果腹充饥。罗马城中投身拍卖，逢场高叫决不含糊，颜面蒙羞全然不顾，即便女神亦当如此。饿骨铮铮分文不值，弃笔休墨情理皆容，争先恐后四处奔

走，拍卖行里谋职心切。(Gibbon, 1997)

当然，古罗马拍卖史上的最重要的事件，莫过于"王冠随拍卖落地"一事。公元193年3月28日，在位不足百天的古罗马皇帝佩提那克斯(Pertinax)在试图进行几项改革之后，被他的禁卫军士兵谋杀，皇位也因此出现了空缺。当时古罗马帝国不仅统治着意大利本土，而且统治着东至幼发拉底河、西至泰晤士河的广袤土地。

兵变之后，禁卫军开始另找他人登基。但元老院的很多议员，纷纷拒绝自己称帝。禁卫军无可奈何，竟然异想天开地想到以公开拍卖的方式出售皇位。历史学家希罗多德这样描述了当时的情景：一个大嗓门的士兵爬上城墙，沿着土墙边跑边喊："罗马皇位拍卖了！罗马皇位拍卖了！"消息传出，61岁的朱利埃纳斯(Julianus)不由得动了心。他是个靠海上贸易发了财的富翁，也是古罗马元老院中最富有的议员。在决定参与皇位竞拍，经过短暂的竞争之后，就只剩下了朱利埃纳斯和另外一位阔佬。两人互不相让，价码直线上升。最后，那位阔佬报出了他的最高价：2.4亿赛斯特尔。朱利埃纳斯也不甘示弱，随即出价3亿赛斯特尔。这个高价让他如愿以偿地夺得皇位，获胜登基。随着拍卖槌的敲响，皇位就这样被卖了。

驻扎在英国、叙利亚和奥地利等地的将军们，陆续得到了这个令帝国蒙羞的可耻消息。其中，驻扎在奥地利的大将西维勒斯(Severus)，立即率部返赴罗马。朱利埃纳斯闻讯后坐立不安，不知所措。西维勒斯则身先士卒，率部行军40天，行程800英里，于公元193年6月2日抵达罗马城下。禁卫军一触即溃，朱利埃纳斯则在皇宫里被活捉并处死(Herodotus, 1959)。

纵观世界拍卖发展史，古罗马时代的拍卖，是非常重要的阶段，甚至可以说为近现代的拍卖奠定了坚实的基础。郑鑫尧(1998)将古罗马时代拍卖活动的特点总结为以下三个方面：

第一，拍卖物范围的扩大化。在古罗马，举凡动产和不动产，有形财产和无形财产，均可上拍。近现代拍卖中的大宗项目——收藏品拍卖在那时也已初具规模了。公元10年，古罗马诗人奥维德(Ovidius)在他的作品中提到，政府为了在各个行省推行包税制，便以拍卖的形式将国家税收权转让给出价最高的包税人或者高利贷者，由他们来负责组织收税。古罗马时代的拍卖，拍品种类空前丰富，远远超过了古希腊和古埃及。尤其是古罗马士兵和商人首创的战利品拍卖，使得拍品种类从传统的奴隶拍卖、土地拍卖和罚没物品拍卖扩大到了普通商品拍卖。

第二,拍卖人类型的多样化。古罗马时代拍卖物范围的扩大,不可避免地导致了拍卖人类型的多样化。这是因为,在古罗马时代,自行拍卖远远多于委托拍卖。拍卖人往往就是委托人,他们直接面对着竞买人。不过,由于拍卖市场的日渐繁荣,兼职拍卖人和专职拍卖人的数量都开始不断增加。举例来说,当时的政府传令官就是官方拍卖中公认的兼职拍卖人。在开始拍卖之前,传令官会提前进行口头通知或者书面公告,确定拍卖时间和地点。然后,传令官还要确定拍品底价,并且主持拍卖会,直至拍卖会结束。

第三,拍卖活动的规范化。古罗马的法制健全,因此,古罗马的拍卖活动很早就有法可依,相当规范。例如,古罗马法律规定:"在拍卖中,凡叫价非经落槌则不成交。"当时比较流行的一种拍卖形式,就涉及了四种当事人,基本上是近现代拍卖的雏形:(1)享有拍卖品权益的委托人;(2)组织拍卖活动,提供拍卖经费的经纪人;(3)发布拍卖信息,主持拍卖活动的传令官;(4)参加拍卖的竞买人和买受人。古罗马的法律规定,在拍卖活动中,经纪人是必不可少的,他们可以收取少量的佣金;作为拍卖人的传令官,可以充当委托人的代理人;竞买人的权利最小,必须接受委托人制定的拍卖规则,并且不得中途撤回出价;而委托人的权利最大,可以在任何条件下随时拒绝竞买人的竞价要约。

总的来看,古罗马时代的拍卖为近现代拍卖构造了框架,确立了模式,制定了法规,奠定了基础。因此,我们将古罗马时代的拍卖视为世界拍卖发展史上的第一个高峰,当不为过。

但是,自从西罗马帝国灭亡,直到"文艺复兴"之前,在漫长的中世纪(约公元395年至公元1500年),由于众所周知的种种原因,西方各国几乎都没有什么拍卖活动。16世纪初,由于世界新航线的开辟,欧洲的贸易中心开始从地中海区域转移到了大西洋沿岸。新兴的海上强国葡萄牙、西班牙和英国相继利用它们优越的地理位置,大规模地从事商业和奴隶贸易。奴隶贩子则广泛地采用拍卖的方式进行奴隶贸易。奴隶拍卖非常普遍,风行一时。例如,在西班牙南部的港口城市塞维利亚,就每天都会举行奴隶拍卖会。到了16世纪中期,随着商业拍卖的迅速兴起,许多国家还出现了一些专门的拍卖机构。1556年,法国政府根据一项法令成立了首家具有官方背景的"法庭拍卖事务所",对死刑犯的遗产进行估价和拍卖。1577年,尼德兰资产阶级革命期间,根特市(今属比利时)的18人委员会曾成立专门机构,负责没收和拍卖原属天主教会的财产。到了17世纪,欧美国家的拍卖业更是日趋繁荣。1602年,荷兰成立了享有贸易特权的"东印度公司"。他们广泛地采用了拍卖的方式进行农产品和工业原料的销售。1660年11月,英国举办了旧船和废船拍卖会。

1689年2月,英国又举办了绘画和手稿拍卖会。从英国的伦敦到法国的巴黎,从德国的汉堡到奥地利的维也纳,从荷兰的阿姆斯特丹至美国的纽约,悬挂蓝白方格拍卖旗的拍卖机构随处可见。

到了18世纪,英国的拍卖业开始日渐引人注目,并且一枝独秀。当今世界拍卖业的两大巨头——苏富比(Sotheby's,又译为索斯比)和佳士得(Christie's,又译为克里斯蒂),就都是在那个时候成立的。

1744年3月,英国出版商兼书商贝克(Baker)在伦敦的科芬园举办了首场拍卖会,在此后的9天里,拍卖会继续举行,一共持续了10天。买家可以在白天察看拍品,晚上参与竞拍。贝克亲自上阵,担任了拍卖师。在他的努力下,前前后后卖出了457册图书,总成交额达到876英镑,这在当时是一个不小的数目。苏富比拍卖公司也由此而诞生。1778年,贝克去世。他的外甥苏富比成为了这家拍卖公司的合伙人。苏富比以自己的姓氏作为拍卖公司的字号。苏富比谋略过人,经营有方,他的拍卖技巧也比贝克更胜一筹。在他的领导下,苏富比开始涉足除图书以外的油画、珠宝、家具等物品的拍卖。业务蒸蒸日上,规模越来越大。尽管在1863年,由于苏富比家族后继无人而使得苏富比不得不几度易主。不过,"苏富比"这个名字却是公司的金字招牌,成为了公司无形资产的重要组成部分。经过200多年的发展,苏富比拍卖公司逐渐发展成了世界上规模最大的拍卖公司之一。

1766年,英国皇家海军退役军官佳士得在伦敦成立了以自己姓氏命名的拍卖公司。与苏富比不同,佳士得拍卖公司从一开始就以收藏品为主要经营范围。1766年年底,佳士得举办了成立以来的首场拍卖会。一位贵族的89件遗物共拍得176镑,算是旗开得胜。此后,佳士得拍卖公司组织了一系列重要的拍卖活动:1778年,佳士得成功地拍卖了几幅原为英国第一任首相华尔波尔(Walpole)收藏,后归俄国女皇叶卡捷琳娜二世(Ekaterina Ⅱ)名下,又属于一座修道院所有的名画,遂使自己的名声大振。1784年,佳士得成功地拍出了法国著名间谍戴翁(D'Eon)收藏的一大批珍贵油画,又一次大出风头。1794年,佳士得成功地拍卖了英国著名画家雷诺兹(Reynolds)的遗物。1795年,佳士得成功地拍卖了两年前被送上断头台的法国国王路易十五的情妇杜巴丽伯爵夫人(Madame Du Barry)所拥有的珠宝首饰,这次拍卖吸引了包括俄国沙皇在内的社会名流竞拍。

总的来看,18世纪的拍卖业已经发展成了一个国际性的行业,并且达到了世界拍卖发展史上的第二个高峰。

第一,拍卖公司日益增多。除了成立于1744年和1766年世界两大拍卖公司——苏富比和佳士得以外,奥地利陶洛士拍卖公司和英国菲利普斯拍卖公司等世界拍卖业巨头也分别于1705年和1796年正式成立。

第二,拍卖法规逐渐完善。例如,1677年的英国《禁止欺诈法》就明确规定:"拍卖商可同时代表卖家和买方签署经双方要求,或者为顾及双方利益而设立的任何合同,以便合同之履行。这类合同涉及土地或商品拍卖标的价值,应该在10英镑以上。"

第三,拍卖市场初步形成。随着拍卖业的迅速发展,拍卖市场也初步形成。"初步形成"的重要标志是,专业性的拍卖中心开始出现。例如,以拍卖农副产品闻名的荷兰拍卖市场,以拍卖收藏品见长的英国拍卖市场,等等。

美国纽约公共图书馆曾经出版过两部美国历年的拍卖目录:《1713—1934年美国图书拍卖目录》和《1785—1942年美国艺术品拍卖目录》。这两本拍卖目录涉及的专业拍卖会接近2万次。由此可见当年美国的拍卖盛况。我们不妨以苏富比200多年的发展史为个例,以小见大地简要回顾一下200多年来的世界拍卖发展史:

1744年,苏富比在伦敦举办了首场图书拍卖会,公司正式成立。

1778年,贝克去世之后,他的外甥苏富比及其家族成为了这家公司的合伙人,"苏富比"则成为了公司的字号。公司开始涉足除图书以外的油画、珠宝、家具等物品的拍卖。

1863年,由于苏富比家族后继无人而使苏富比不得不再次易主。

1917年,苏富比总部迁往伦敦的邦德街(Bound Street),公司的经营范围扩充到了版画、勋章和钱币等。

1936年,威尔森(Wilson)加入苏富比。他的加盟是苏富比迅猛发展的重要推动力。苏富比初步确立了拍卖业的龙头老大地位。

1955年,苏富比在纽约设立办事处,为苏富比全球战略的实施奠定了基础。

1958年,苏富比举办了收藏家哥德施密特(Goldschmidt)的收藏品拍卖会,总成交额高达781000英镑,刷新了收藏品拍卖会的总成交额纪录。

1964年,苏富比收购了美国最大的收藏品拍卖商——帕克-博涅特(Parket-Bernet)公司。整合后的苏富比在北美拍卖市场,以及全球拍卖市场上的业绩,都开始大幅度迅速增长。这次收购可以算是苏富比发展史上具有里程碑意义的事件。

1973年,苏富比在香港设立办事处,同时举办了苏富比在亚洲地区的第一场拍卖会,并且首场告捷,旗开得胜。香港办事处的惊人业绩,使得苏富比相继在东京、新加坡、台北、上海、吉隆坡、马尼拉、曼谷等地成立了办事处。

1977 年，苏富比在纽约证券交易所上市，得到了 22 倍的超额认购，股价在 18 个月内翻了一番。

1983 年，苏富比陷入了收购危机，美国的陶伯曼（Taubman）等人成为了公司的新东家。苏富比再次以迅猛的势头快速发展。许多引人注目的专场拍卖会和屡创新高的收藏品价格都开始不断出现在苏富比。

1987 年，苏富比在日内瓦湖畔为温莎公爵夫人举办了珠宝专场拍卖会，世界各地的买家千里寻来，甚至用卫星传送竞价表格，拍卖会的氛围也气象万千，成为"最震撼人心的一场拍卖会"，也为日后筹建"苏富比之钻"凿出冰山一角。

1988 年，苏富比再次上市。

1992 年，苏富比将卖家佣金从 10% 提高到 15%，佳士得公司随后也如法炮制。

2000 年，苏富比与美国最大的在线拍卖商电子湾（eBay）公司合作，成立了拍卖网站，开始探索新的业务模式。美国《独立宣言》的第一版印刷品通过网上拍卖，以 800 万美元的高价顺利成交。

2001 年，因为订立的佣金涉嫌合谋垄断，苏富比受到了美国司法部的指控。美国联邦地区法院宣判，苏富比前主席陶布曼触犯反垄断法令的罪名成立，判处入狱 1 年，罚款 750 万美元。这场官司对苏富比乃至整个拍卖业都是一次沉重的打击。

随着拍卖业务一度陷入低潮，苏富比开始了变革之路。在此后的 5 年间，苏富比将成本削减了 19%，并且停止了利润较少的家具和装饰品拍卖业务。随着全球经济的日渐繁荣，作为周期性行业的收藏品拍卖业也迎来了复苏，苏富比股票价格从每股几美元一路上涨到了每股 50 美元（见图 4.1）。

长期以来，人们普遍认为："欧美拍卖之风影响中国，始于近代鸦片战争前后，特别是清道光年间（1821—1850 年），在此之前，拍卖在中国一直是空白。"（李沙，1995）但事实上，中国拍卖活动的历史其实也很悠久。

1931 年，敦煌学家向达发现，国立北平图书馆馆藏敦煌写本"成字 96 号"《目莲救母变文》卷子的背面，有一则手抄本的资料：

法律德荣唱紫罗鞋两，得布伍百捌拾尺，支本分一百五十尺，支索延定真一百五十尺，支索政会一百五十尺，支图福盈一百五十尺，赊二十尺……僧政愿清唱绯绵绫被，得布壹仟伍百贰拾尺，旧口壹仟尺，支图海明一百五十尺……金刚唱扇，得布伍拾伍尺……法律道英唱白绫袜，得布叁佰尺，又唱黄画帔，得布伍百尺，支图道明一百五十尺，支本分一百五十尺……

清·伊秉绶《行书七言联》

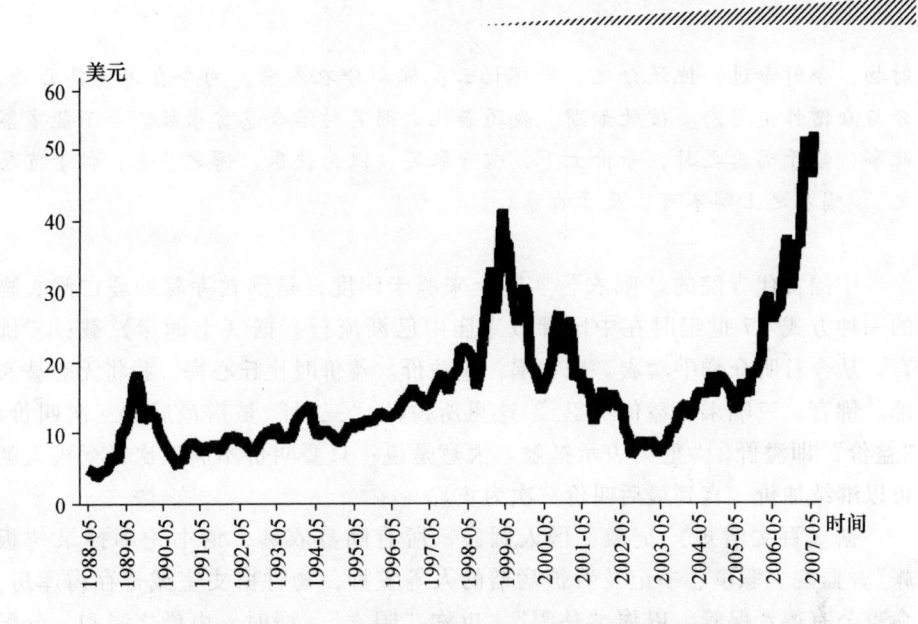

图 4.1　1988—2007 年苏富比股票价格的走势情况
资料来源：梅建平、马晨薇：《苏富比 百年标本》，《新财富》2007 年第 8 期。

向达（1957）认为，这是"当时僧人书为人唱曲所得布施同分配的账目"。他指出："账内记有所唱各种小曲的名目，如紫罗鞋两……唐代僧人为人作法事以外，并也唱一种小曲，以博布施"，云云。不过，张永言（1975）却认为，这实际上是一篇"唱衣历"，而不是"僧人之唱小曲"。这里的"唱"字并不是歌唱的"唱"，而是估唱的"唱"，涉及的内容，实际上是在分卖亡僧遗物时，唱出所卖物品的名目、数量和价格等信息，也就是所谓的"唱衣"。

佛学家丁福保（1984）在他编纂的《佛学大辞典》中曾这样解释"唱衣"条目：

比丘等五众死亡时，其遗物别为轻重之二，金银田园房舍等之重物以之归入常住物，三衣百一众具为轻物，以之分配于现前之僧众，就此分与而不得分与之均等时，则集僧众而竞卖之，平分其价，此竞卖云唱衣。以先定价而唱呼几许也。释氏要览下曰："唱衣。律云：僧轻物差一五法比丘分与现前僧，为分不均故。佛听集众，先以言白众，和许可卖共分。目得迦云：佛言：初准衣时可处中，勿令大贵大贱，不应待其价极方与之。若不买者故增价，犯恶作罪，大毗婆沙论。问：命过比丘衣钵等云何得分？答：彼于昔时亦曾分他如是财物，今时命过，他还分之。增辉记云：佛制分衣本意，为令在者见其亡物，分与众僧作是思念。彼既如斯，我还若此。因其对治令息贪求故。今不能省察此事，翻于唱卖之时，争价上下，喧呼取笑，以为快乐。愕之甚也，仁者宜忌之。"唱衣之上解不可，反于古意。

中国古代寺院的"唱衣"实际上来源于印度，是佛教寺院处理亡僧衣物的一种方式。7世纪时在中国佛教寺庙中已渐流行。据《十诵律》载："佛言。从今日听众僧中卖衣。未在唱，应益价。益价时比丘心悔。我将无夺彼衣耶。佛言。三唱未竟益价不犯。"这里所说的"三唱"是指最后的三次叫价，"益价"即溢价，"犯"表示抵触。大意是说：只要叫价不满三次，竞买人就可以继续加价，直到最后叫价三次为止。

据《百丈清规》记载：僧人圆寂，所有随身衣钵，请书记师抄录"板帐"，监院、职事、书记及看护病僧的人等签押，物件留丈室或寄存内库房，命秉公有德者保管，以俟"估唱"，也称"唱衣"。届时，由僧之唱和，分配亡僧三衣等物。亡僧生前若负债，或为给付疗养、丧葬等费用时，一般皆由维那预先评定遗物价格，集合僧众而竞售让渡之，称为估唱、提衣、估衣，或称卖衣。

在1136—1138年（元至和2年到至和4年）刊印的，由德辉法师编修的《敕修百丈清规》卷六中，清楚地记载了寺院唱卖的具体操作规则：

茶毕，后堂司行者覆住持、两序侍者。斋罢，僧堂前唱衣，仍报众挂唱衣牌……维那解袈裟安磬中，却换挂络。堂司行者依次第抬衣物，呈过递与。维那提起云：三"某号、某物、一唱若干"。如估一贯，则从一百唱起。堂司行者接声唱，众中应声，次第唱到一贯。

《敕修百丈清规》卷三还记载了僧亡之后"唱衣"的具体程序：

至期僧堂前。或法堂上下间设大众坐位。中间向里里安长卓。置笔砚大磬其上。鸣僧堂钟集众。首座与主丧分手。两序大众次第而坐。丧司维那知客圣僧侍者向主丧位坐。维那念诵云（留衣表信。乃列祖之垂规。以法破悭。禀先达之遗范。今兹估唱用表无常。仰凭大众。念清净法身昆卢遮那佛。云云）毕开笼出衣钵。依号排席上。请提衣佛事毕。维那鸣磬一下。白云（扶唱衣之法盖禀常规。新旧短长自宜照顾。磬声断后不得翻悔。谨白）若法衣多添留遗嘱。次第呈衣。维那拈唱丧司合干人贵在公心主行。维那定价打磬。行者瞻顾前后。唱定名字。知客写名上单。侍者依名发标。唱衣毕。结定钞数主丧金单。交钞取衣不得徇私减价。主丧力主其事。今多作阄拈甚息喧争。其法用小片纸。以千字文次第书字号。每一号作三段。写于上仍用印记关防。量众多少。与丧司合干人封定。至期呈过主丧。两序首座开封知客分依堂司行者捧盘随侍者。侍者剪取其半。置盘内毕。以盘置首座侧。安水盆于下抖匀。维那拈衣唱价讫。首座临时呼一童行。信手拈盘中半阄。递与首座。开看字号分晓。说与堂司行者。喝某字号。众人各开所执半阄。字号同者即应。如不愿唱此号衣物则不应。三唱不应。首座以半阄投水盆中。再令攒起半阄。复唱起。应者堂司行者往收半号。到首座处对同。报与维那称云。某物唱与某人。鸣磬一下。知客上单。侍者发标。供头行者递与唱得人。衣物仍旧入笼次第唱毕。维那鸣磬一下。回向云（上来唱衣念诵功德。奉为示寂堂头和尚增崇品位。十方三世云云）众散各自照价持标取衣。三日后不取者依价出卖。造单帐。

显而易见，这种"唱衣"活动的内容与现代拍卖是非常类似的。事实上，法国汉学家谢和耐（Jacques Gemet，1987）早已注意到了中国古代寺院经济中的唱卖活动，并且明确地指出，这是拍卖性质的交易行为。他根据公元7世纪道宣和尚在《四分律删繁补阙行事钞》中的有关记述，认为"这种习惯在那里流行的时间要早得多，很可能是从五世纪就开始了"。如果按照谢和耐的论断，中国寺院的唱卖（拍卖）活动，应该肇始于南朝，迄今已有约1500多年的历史了。但遗憾的是，时至今日，仍然没有发现能够证明这一论断的相关历史文献。不过，在现存的历史文献中，关于唐代以来寺院唱卖的记载，还是比较多的。因为长期以来，唱卖活动一直是中国古代寺院处理亡僧遗留财物的重要方式。

例如，我们刚才提到过的，现存国家图书馆的《目连救母变文》（编号成字96号）背面的那段关于当时寺院唱卖亡僧遗留衣物情形的记述就清楚地表明，当时的寺院在唱卖亡僧遗留的衣物时，是由"法律"、"僧政"等寺院中的"管事"僧人分类唱卖的。而且，竞买的众僧多是以属于私产的布匹，通过以物易物的方式进行交易，有时还会有少量的赊欠。又如，现存国家图书馆的，五代的《清泰三年（公元936年）河西都僧统算会账》（编号伯2638）中也记载："巳年官施衣物唱得布贰阡叁佰贰拾尺"。事实上，敦煌文献中保存了相当多的名为"唱衣历"或"析唱账"的这类唱卖账目，例如，《各寺布施及僧人殁后唱衣历》（编号伯3410）、《僧人析唱账》（编号伯269），等等

(高国藩，1989)。

　　据唐代的杜佑在《通典》中的记载，737年（开元25年）发布了一道提到"拍卖"二字的诏书："诸以财务典质者，经三周年不赎即行拍卖。"这里出现的"拍卖"，其含义已经同现代意义上的拍卖相差无几了。

　　经济史学家杨联陞（1998）曾在《佛教寺院与国史上四种筹措金钱的制度》一文中指出："可以推断元末以来，拍卖已在寺院中日渐销声匿迹了"，"中国市集的估衣贩子在将衣物展示于手上的同时，通常也都唱出货品的性质与价格以便引人注目。这就叫做'唱故衣'……唱故衣很可能是受到佛教寺院的唱衣的影响"，同寺院的"唱卖"、"分卖"的性质颇为相近。不过，寺院的"唱卖"、"分卖"的交易对象主要是寺院的僧众，而上述的"唱故衣"则属于市场交易活动了。

　　明代文学家冯梦龙曾在《醒世恒言》卷八中提到：明代嘉靖年间（1522—1566年），江苏吴江县有一位缫丝、织绸技艺颇高的工匠名叫施复，每当他把产品"拿上市去，人看时光彩润泽，都增价竞买，比往常每匹平添许多银子"。虽然这里涉及了"竞买"和"增价"，但实际上仍然只是讨价还价的一种方式，而不是现代意义上的拍卖交易方式。

　　现代意义上的拍卖活动和拍卖业在中国的出现确实比较晚。一直到近代鸦片战争前后，才在欧美拍卖之风的影响下出现。1819年，时客广州的英国商人泰勒（Tyler）和马地臣（Matheson）在一封寄往加尔各答麦金太尔公司（MacIntyre & Co.）的信中写道：

　　（1819年）7月18日拍卖（英制棉布），（广州）本城各处小贩赶来的相当多……市布好像十分难卖——他们说那是模仿他们的夏布的织品。条子布没人喜欢。他们对于这些布匹的美好好像全没有感觉似的 [格林伯格（Greenberg），1951]。

　　摩斯（Morse，1926）在他的重要著作《东印度公司对华贸易编年史》中也提到：

　　（1821年）英制印花布509匹，又剪绒与天鹅绒416匹在广州拍卖脱手……亏本60%以上。很明显的，销售英国棉制品的时代还没有到来……

　　这些都是关于中国拍卖活动的较早记载。而中国的第一家专业拍卖机构则出现在19世纪中后期。1874年（清同治十三年），英商鲁意斯摩拍卖公司在上海成立了子公司。从此，在中国大地上出现了蓝白方格旗。随后，英商瑞和洋行、法商三法洋行、日商新泰洋行、丹麦罗商宝和洋行也先后挂牌开展拍卖业务。在此之前，虽然中国没有专门的拍卖机构，但并不影响拍卖活动的开展。

清末文人葛元煦在1876年（清光绪二年）出版的《沪游杂记》中曾经对当时的拍卖活动进行过生动的描述：

丙子春间，华人亦仿外国拍卖物件。先期悬牌定于何日几点钟，是日先悬外国旗，届时一人摇铃号召，拍卖者高立柜上，手持物件令看客出价，彼此增价竞买，直到无人再加，拍卖者以小木槌拍桌一声为定，卖与加价最后之客。一经拍定，不能反悔。（葛元煦，1989）

据署名为"羊城旧客"者在刊于1898年（清光绪二十四年）的《津门纪略》卷九中记载，当时的天津也出现了由外商经营，被老百姓称为"卖叫货"的拍卖机构：

拍卖亦曰"叫卖"。凡华洋家什货物，俱可拍卖。先期粘贴告白，定于某日几点钟。是日先悬旗于门。届时拍卖者为洋人，高立台上，以手指物，令看客出价，彼此增价争买，直至无人再加，拍卖者以小锤拍案一声为定，即以价高者得货耳。俗名"卖叫货"。（羊城旧客，1988）

此外，清光绪年间的船政大臣裴荫森曾在《购置练船疏》中提到："其船托英商天裕洋行拍卖，洋平番银四千元"的史实（徐波，2006）。清末维新派的代表人物郑观应也曾在《盛世危言》中提到："合同各执，载明气先，如过期不换，即将所押之物拍卖偿抵"等内容。这些史料都反映了中国当时的拍卖活动和拍卖业的发展情况。

中国拍卖业的发展轨迹，正如曲彦斌（2005）总结的那样："发端于古代寺院，辗转于唱卖、估衣，创始于穗沪外商，式微于计划经济。"中国拍卖业经历了唐代寺院"唱衣"向世俗的转化，这是中国拍卖业的漫长的"早期启蒙"时期。在这个时期，出现了与"唱衣"类似的"估衣业"。清代中叶以后，随着"卖叫货"和外资拍卖公司的出现，中国近现代拍卖业开始了"第二次启蒙"。

不过，由于清末和民国时期的政局相对动荡，经济发展缓慢。因此，中国近现代拍卖业的发展也比较迟缓。即使是当时经济最为繁荣的上海，直到新中国成立初期也只有25家拍卖公司，而且规模普遍很小。1952年，上海最大的拍卖公司——鲁意斯摩拍卖公司老板苏鸿生自杀，整个公司停业整顿，并入了上海市古玩市场。1958年，中国内地最后一家拍卖公司在天津停业。对于中国近现代拍卖业而言，这宣告着一个旧时代的终结。

改革开放以后，中国拍卖业也进入了一个新时代。1986年是中国拍卖发展史上非常重要的一年。因为在这一年11月，新中国第一家拍卖公司——国营广州拍卖行正式成立，已经中断了近30年的中国拍卖业得以恢复。此后，中国拍卖业开始了迅速发展。按照以上的线索，我们可以将中国拍卖业的发展划分为两个阶段：第一个阶段从19世纪70年代，中国近现代第一家拍卖公司的成立（1874年，英商鲁意斯摩拍卖公司在上海设立子公司）到20世纪50年代末，中国内地最后一家拍卖公司停业（1958年，天津最后一家拍卖公司停业）；第二个阶段则从20世纪80年代中期，中国拍卖业的复苏（1986年，国营广州拍卖行）至今。1986年以后的中国拍卖业走过了一条波澜壮阔的发展之路。对于中国收藏品拍卖业而言，它的发展道路实际上是由一系列具有里程碑意义的事件组成的：

1986年11月，随着国营广州拍卖行的正式成立，中国恢复了中断近30年的拍卖业。

1989年3月，国务院在批转国家体改委《1989年经济体制改革要点》中明确要求，要在若干个中心城市试办拍卖市场，开展各类公物的拍卖业务。随后，国家体改委决定，在沈阳、北京、广州、天津、上海、哈尔滨、大连、重庆等城市进行试点，恢复拍卖业。这是我国政府第一次在正式文件中对拍卖业予以承认。

1992年10月，深圳市动产拍卖行在深圳博物馆举办了"首届当代中国名家字画精品拍卖会"，这是新中国第一次举办的中国书画拍卖会，也是收藏品拍卖业在中国内地销声匿迹30多年来的第一场收藏品拍卖会。由北京市文物局等单位主办，北京拍卖市场承办了一场国际收藏品拍卖会，这是当时国内规模最大的收藏品拍卖会。

1993年2月，上海朵云轩艺术品拍卖公司在上海成立，这是中国内地成立的第一家专门从事收藏品拍卖的公司。

5月，中国嘉德国际文化珍品拍卖有限公司在北京成立。同年12月，更名为中国嘉德国际拍卖有限公司。北京聚雅斋集邮社在北京举办了"中国邮票设计家画稿拍卖会"，这是国内第一次举办邮票图稿拍卖活动。而《蓝军邮》水粉画稿以3.3万元成交，创下了邮品拍卖会上的单幅作品最高价。

6月，上海朵云轩艺术品拍卖公司举办"首届中国书画拍卖会"，这是上海开埠150多年来举办的首场大型国际收藏品拍卖会。

1993年9月，受中国书店委托，北京拍卖市场在北京劳动人民文化宫举办了"首届稀见图书拍卖会"，这是新中国成立以来举办的第一场古旧书刊拍卖会。

10月，上海朵云轩艺术品拍卖公司与香港永成古玩拍卖有限公司联手举办拍卖。其中，一幅署名吴冠中的国画《炮打司令部》以52.8万港元易主。成交之后，引起了诉讼。吴冠中状告上海朵云轩和香港永成古玩拍卖有限公司侵犯其姓名权、名誉权。山东青岛举办了"珍奇特报纸拍卖会"，这是国内第一次举办以报纸为主题的专场拍卖会。

1994年2月，国内首家由文物经营单位设立的拍卖公司——北京翰海艺术品拍卖公司成立。同年9月18日举办了首场拍卖会，总成交额为3338万元。

3月，中国嘉德在北京举办了首场春季拍卖会，总成交额为1420万元。其中，张大千的《石梁飞瀑》以209万元成交，创下了中国书画拍卖的最高成交纪录。

7月，国家文物局颁布了《文物境内拍卖试点暂行管理办法》。

8月，北京拍卖市场在新加坡文物馆举办了"中国书画和古旧相机拍卖会"，这是中国拍卖机构第一次在海外举槌。

11月，在中国嘉德举办的秋季拍卖会上，齐白石的国画《十二开山水册页》以517万元成交，创下了齐白石作品的最高成交纪录。与此同时，陈逸飞的油画《山地风》也以286万元的价格创下中国内地油画拍卖的最高成交纪录。在北京邮星贸易总公司信托部举办的邮票拍卖会上，一枚《蓝军邮》邮票以80万元拍出，创下国内单件邮品和同类邮票拍卖的最高成交纪录。

1995年4月，海关总署和国家文物局颁布《暂时进境文物复出境管理规定》。北京翰海艺术品拍卖公司春季拍卖会的成交额第一次突破"亿元"大关。其中，明永乐青花绶带葫芦瓶以1331万元的价格易主，创造了中国内地瓷器拍卖的最高成交纪录。

1995年6月，中国拍卖行业协会在北京成立。

10月，在北京翰海举办的秋季拍卖会上，北宋张先的《十咏图》以1980万元的价格被北京故宫博物院购藏，创下国内中国古代书画的最高成交纪录。

在中国嘉德举办的秋季拍卖会上,设立了"杨永德藏齐白石作品"专场,这是国内首次举办画家专场拍卖会。在秋季拍卖会上,海外回流的宋周必大刻本《文苑英华》以143万元成交,创下了中国古籍善本的最高成交纪录;与此同时,刘春华的油画《毛主席去安源》以605万元成交,创下了中国油画的最高成交纪录。在浙江国际商品拍卖中心有限公司举办的拍卖会上,署名为张大千的《仿石溪山水图》以110万元成交。后因作品的真伪问题开始了长达3年多的诉讼、申诉和调解之路。因为该案的影响重大,被称为"中国拍卖第一案"。

1995年12月,经国家文物局批准,在中国嘉德、北京翰海、北京荣宝、中商盛佳、上海朵云轩、四川翰雅六家拍卖公司实行文物拍卖直管专营试点。

1996年2月,广东省古今拍卖有限公司在广东大厦举办了首场"书画珍品周日巡回拍卖会"。

3月,太平洋国际拍卖有限公司在新加坡举行了中国书画、古董相机拍卖会,这是中国内地的拍卖师第一次在国外主持拍卖会。

7月,八届全国人大第二十次全体会议审议通过《中华人民共和国拍卖法》(1997年1月1日正式实施)。

9月,上海国际商品拍卖有限公司拍卖了极具收藏价值的国产第一表——金刚细马手表,该表以11.1万元的价格成交。

10月,在中国嘉德举办的秋季拍卖会上,傅抱石的巨作《丽人行》以1078万元成交,创下了当时中国现代书画拍卖的最高成交纪录。北京翰海拍卖公司推出了"鼻烟壶专场拍卖会"。其中,一件清乾隆粉彩轧道西番莲纹鼻烟壶拍出了104.5万元的价格,创下了瓷质鼻烟壶拍卖的最高成交纪录。

12月,在太平洋国际拍卖有限公司举办的"岁末艺术精品拍卖会"上,68组"文化大革命"期间为毛泽东设计和制造的"7501"瓷器第一次上拍。

1997年1月,《中华人民共和国拍卖法》正式实施。

3月,由中国拍卖行业协会、中国商报社和中国收藏家协会主办的《中国商报·收藏拍卖导报》创刊,这是国内首家收藏品拍卖领域的专业报纸。

5月,北京中商盛佳拍卖公司(中贸圣佳国际拍卖有限公司)率先在国内推出"西方艺术品专场"拍卖会。总成交额为831.7万元,总成交率为63.3%。

6月,北京太平洋拍卖公司天津分公司通过国际互联网公布了1997年"春季艺术精品拍卖会"的信息,这是中国拍卖业第一次"触网"。

1998年5月,在北京海王村拍卖公司举办的春季拍卖会上,《镇江沦陷记》手稿以 12.6 万元成交，创造了当时抗战史料拍卖的最高成交纪录。

1999 年 4 月，共青团中央、国家内贸局授予中国嘉德国际拍卖有限公司"青年文明号"单位称号，这是国内至今唯一获此荣誉的拍卖企业。

8 月，中国嘉德、北京翰海、中商盛佳、上海朵云轩、北京荣宝、广东古今等七家拍卖公司联合发出了"行业自律倡议书"。

9 月，由天津国际拍卖有限公司和天津市友谊职业专科学校共同创办的拍卖与典当专业开始招生，这是中国第一家在国家教育计划内开设的拍卖专业。

11 月，中国拍卖行业协会文化艺术品拍卖专业委员会成立。

2000 年 5 月，在天津蓝天国际拍卖行有限公司主持的"天津文物公司春季展销会"上，一件清乾隆年古月轩玻璃胎画珐琅鼻烟壶以 242 万元的价格成交，改写了中国内地鼻烟壶的最高成交纪录。在中国嘉德举办的春季拍卖会上，"黎元洪像中国银行兑换券印样全组"以 42.9 万元成交，创下了中国近代单套纸币拍卖的最高成交纪录。

9 月，天津蓝天国际拍卖行有限公司与南开大学职业技术学院联合创办了中国第一个大专层次的拍卖与典当专业。

11 月，在中国嘉德举办的秋季拍卖会上，宋高宗赵构的《养生论》以 990 万元的价格拍出，创下了中国书法作品的最高成交纪录。与此同时，唐代怀素的草书《食鱼贴》起拍价为 880 万元，但由于"定向拍卖"而最终流标。在嘉德在线网站上，徐悲鸿的油画《愚公移山》以 250 万元的价格成交，创下了中国收藏品网上拍卖的最高成交纪录。

12 月，在北京翰海举办的秋季拍卖会上，一款红山文化兽形玉以 264 万元的价格拍出，创下了中国内地玉器拍卖的最高成交纪录。

2001 年 12 月，中国拍卖行业协会召开特别会员大会，会议期间举办了文化艺术品拍卖论坛和捐资助学义拍。所得款项用于建立江西靖安中拍希望小学。

2002 年 4 月，在中国嘉德 2002 春拍会上，海外回流的宋徽宗《写生珍禽图》以 2530 万元成交，这一价格创造了当时中国书画拍卖的世界最高纪录。在北京华辰举办的春季拍卖会上，"庚戌春季云南造宣统元宝库平七钱二分银币样"以 108.9 万元成交，创下了单枚中国钱币拍卖的最高成交纪录。

4—8 月，中国拍卖行业协会举办了首届中国文化艺术品联合拍卖活动，以此庆祝《中华人民共和国拍卖法》颁布实施 5 周年和中国恢复艺术品联合拍卖 10 周年。中国拍卖行业协会文化艺术品拍卖专业委员会的 22 家成员单位与全国 100 多家拍卖企业参加了这次活动，共举办了 260 多场拍卖会，拍品数量达到了 32000 多件，总成交额为 15.35 亿元。

7月，国家文物局公布了 385 名书画家作品限制出境标准。

10月，九届全国人大第三十次常委会审议通过修订后的《中华人民共和国文物保护法》自公布之日起施行。

11月，在中国嘉德举办的秋季拍卖会上，《钱镜塘藏明代名人尺牍》以 990 万元被上海博物馆购藏，创造中国古籍善本拍卖的最高成交纪录；与此同时，一对清初黄花梨雕云龙纹大四件柜也以 943.8 万元的价格刷新了中国明清古典家具拍卖的最高成交纪录。

12月，在中贸圣佳举办的秋季拍卖会上，北宋米芾的书法《研山铭》以 2999 万元的价格被北京故宫博物院购藏，创下了中国收藏品拍卖的最高成交纪录。

2003 年 6 月，国家文物局颁布了《文物拍卖管理暂行规定》。

7月，在中国嘉德举办的春季拍卖会上，北京故宫博物院行使"优先购买权"，购得了晋代索靖的书法《出师颂》，成交价格为 2200 万元。在北京华辰举办的春季拍卖会上，清代康熙御用碧玉玺以 660 万元的价格成交，刷新了单枚皇家印章拍卖的最高成交纪录。

11月，中国中央电视台连续两天对中贸圣佳国际拍卖公司的秋季拍卖会进行了 4 个小时的现场直播。在这场拍卖会上，傅抱石的《毛主席诗意八开册页》以 1980 万元的高价成交，刷新了中国近现代书画拍卖的最高成交纪录。与此同时，齐白石的《山水八开册页》也拍出了 1661 万元的高价，改写了齐白石个人作品的最高成交纪录。在中国嘉德举办的秋季拍卖会上，美国印钞公司印刷的中国纸钞样本三巨册以 316.8 万元成交，创下了中国纸币单项拍卖的最高成交纪录；与此同时，唐代"大圣遗音"伏羲式古琴也以 891 万元的价格刷新了中国古琴拍卖的最高成交纪录。在北京华辰举办的秋季拍卖会上，郎静山于 1921 年拍摄的照片《愿做鸳鸯不羡仙》以 4.4 万元成交，创下了中国艺术摄影作品拍卖的最高成交纪录。

12月，中国嘉德以 49612 万元的收藏品拍卖总成交额荣登业内榜首，超过了香港苏富比和香港佳士得。

2004 年 1 月，在北京翰海举办的迎春拍卖会上，元代管道升的绣画《十八尊者册》以 1980 万元的价格成交，刷新了中国刺绣拍卖的最高成交纪录。

5月，在中国嘉德举办的春季拍卖会上，清代乾隆年间的《钦定补刻端石兰亭图帖缂丝全卷》以 3575 万元的价格成交，创下了中国缂丝作品拍卖的最高成交纪录。与此同时，一枚宣统三年的"大清银币长须龙壹圆金质呈样币"

程十发《秋山古木图》

也以176万元的价格成交，创下了中国钱币拍卖的最高成交纪录。

6月，在北京翰海举办的春季拍卖会上，陆俨少的国画《杜甫诗意百开册页》以6930万元的价格成交，改写了中国书画拍卖的最高成交纪录；与此同时，元代书法家鲜于枢的书法《石鼓歌帖》也以4620万元的价格成交，刷新了中国书法拍卖的最高成交纪录。

5月，在中国嘉德举办的春季拍卖会上，海内孤品辽代的"会同通宝"以55万元的价格成交，创下了中国古钱币拍卖的最高成交纪录。在中鸿信国际拍卖有限公司举办的春季拍卖会上，重达约500公斤的翡翠原石以8800万元的价格成交，打破了翡翠原石拍卖的最高成交纪录。

6月，在北京翰海举办的春季拍卖会上，明代永乐年间的一只青花折枝花卉八方烛台以2035万元的价格成交，创下了中国内地瓷器拍卖的最高成交纪录。

11月，在中国嘉德举办的秋季拍卖会上，陈衍宁的油画《毛主席视察广东农村》以1012万元的价格成交，打破了中国油画拍卖的最高成交纪录。在北京保利举办的秋季拍卖会上，徐悲鸿的油画《珍妮小姐像》以2200万元的成交价，再次刷新了中国油画拍卖的最高成交纪录。与此同时，吴冠中的巨幅水墨画《鹦鹉天堂》也以3025万元的价格成交，创造了吴冠中作品的最高成交纪录，同时也创下了中国在世画家作品的最高成交纪录。

12月，在北京翰海举办的秋季拍卖会上，一尊明代的铜药师佛坐像以1100万元的价格成交，刷新了中国铜器拍卖的最高成交纪录。

2006年1月，在上海崇源举办的秋季拍卖会上，西周青铜器"周宜壶"以2640万元的价格创下了中国内地青铜器拍卖的最高成交纪录。

6月，在中国嘉德举办的春季拍卖会上，清乾隆年间的"粉彩开光八仙过海图盘口瓶"以5280万元的价格成交，创下了中国收藏品拍卖市场有史以来的最高成交纪录。此外，清乾隆年间官绘，被称为"地图中的清明上河图"的全长74米的《金沙江全图》五卷本以280万元的价格成交，刷新了中国古代地图的最高成交纪录。马定祥旧藏的"民国十五年张作霖像陆海军大元帅纪念壹圆金币"也以319万元的价格打破了中国钱币拍卖的最高成交纪录。在北京翰海举办的春季拍卖会上，徐悲鸿的油画代表作《愚公移山》以3300万元成交，不仅创下了徐悲鸿作品拍卖的最高成交纪录，而且刷新了中国油画拍卖的最高成交纪录。

7月，在北京嘉信举办的秋季拍卖会上，虽然傅抱石的巨幅山水画《雨花台颂》受到了包括傅抱石之子傅二石在内的业内人士的质疑，但还是以4620

万元价格创下了中国单幅书画的最高成交纪录。

11月，在北京华辰举办的秋季拍卖会上，开辟了"影像艺术专场拍卖会"，这场拍卖会被认为是中国影像艺术市场正式启动的开端。其中，解海龙于1991年拍摄作为"希望工程"标志的影像作品《希望工程——大眼睛》以28万元的价格创下了这个专场的最高成交价。在北京保利举办的秋季拍卖会上，刘小东的巨幅油画《三峡新移民》以2200万元的价格成交，创下中国当代艺术的最高成交纪录。

12月，在北京翰海举办的秋季拍卖会上，吴冠中的油画长卷《长江万里图》以3795万元的高价，打破了吴冠中作品拍卖的最高成交纪录。

2007年5月，在中国嘉德举办的春季拍卖会上，陈逸飞成名巨作《黄河颂》以4032万元的价格成交，不仅创下了陈逸飞油画作品的最高成交纪录，而且打破了中国内地油画作品的最高成交纪录。此外，1929年铸造的"孙中山像背嘉禾图壹圆银币金质呈样试铸币"以616万元的价格成交，刷新了由中国嘉德保持的中国钱币拍卖的最高成交纪录。而"宣统辛亥年陕西官银钱号拾两"纸币也以69万元的价格创下了中国单枚纸币拍卖的最高成交纪录。在北京保利举办的春季拍卖会上，吴冠中的最具有里程碑意义的扛鼎力作《交河故城》以4070万元的价格，不仅创造了吴冠中作品的最高成交纪录，而且刷新了中国内地油画作品拍卖的最高成交纪录。

6月，在北京匡时举办的春季拍卖会上，曾著录于《石渠宝笈》初编的明代文徵明的行书卷以1111万元的价格成交，创下了明代书法作品拍卖的最高成交纪录。

11月，在中国嘉德举办的秋季拍卖会上，明代仇英的《赤壁图》以7952万元的价格成交，刷新了中国书画的最高成交纪录。此外，清乾隆年间御制的"西湖十景集锦色墨"（十锭）以448万元的价格成交，创下了中国古代文房用品拍卖的最高成交纪录。明代"永乐六年银作局"五十两银锭也以157万元的价格，打破了银锭拍卖的最高成交纪录。

第三节 拍卖的特点

一、收藏品拍卖与其他交易方式的最大区别

事实上，拍卖的具体方式有很多。对于收藏品拍卖而言，在拍卖方式的选择上，既可以选择英国式拍卖，也可以选择荷兰式拍卖；既可以选择公开式拍卖，也可以选择密封式拍卖；既可以选择有底价拍卖，也可以选择无底价拍卖。不过，在收藏品拍卖实践中，英国式拍卖是最主要和最常见的拍卖方式。经验地看，收藏品拍卖与其他交易方式的最大区别在于透明度高和竞争性强。

（一）透明度高

从理论上讲，收藏品拍卖应该恪守"公开、公平、公正、价高者得"的"三公一高"基本原则，严格杜绝幕后交易。这就是说，所有的拍卖标的都要公开展示。不管是什么样的收藏品，竞买人都可以事先看样见货，鉴赏品评，从而做到心中有数。拍卖公司的全部拍卖活动都要公开进行，例如，拍卖会现场公开竞价，公开落槌，当众成交，等等。同时，所有的竞买人在拍卖会上的竞买资格平等，竞买机会平等，竞买规则平等。拍卖公司不承认任何特权，也不偏袒任何一位收藏品的竞买人。谁出价最高，拍卖师就为谁敲槌，该件收藏品也就理所当然地归其所有。

（二）竞争性强

收藏品拍卖是一种独特的销售方式，它是在收藏品的数量较少，收藏品的竞买人多，收藏品的卖家不直接参与的情况下，使众多竞买人围绕自己希望购买的某一件收藏品，在价格上进行的较量。拍卖以竞争带动价格，以价格平息竞争，从而不断推动收藏品拍卖价位的上涨，形成收藏品市场上的新一轮行情。这与其他收藏品交易方式是大不相同的。后者往往是在收藏品较少，购买方也少，收藏品的买卖双方直接参与的条件下进行的，竞争氛围相对缺乏。再加上买卖双方对收藏品的价值判断不一，讨价还价的能力不尽相同，以及"先来后到"的传统行规，因此，其结果大多要么难以最终成交，要么难以达到令双方都满意的成交价位。

二、收藏品拍卖的优势

从理论上讲，收藏品拍卖之所以受到普遍地欢迎，在很大程度上是因为收藏品拍卖具有三大优势：

（一）发现价格

众所周知，在地摊交易市场和门店交易市场上，稀世珍品很难卖出一个"合理"的价格。因为在地摊交易市场和门店交易市场上，收藏品的卖家寻找潜在买主的信息搜寻成本非常之高，逐一讨价还价的交易成本同样异常高昂。但是，在拍卖槌下，这些"好东西"却能被敲出一个个高不可测的拍卖价格，即所谓的"天价"（见表 4.1）。但是，如果希望在地摊交易市场和门店交易市场上卖出这样的价位，无疑会被人认为是痴人说梦。事实上，发现价格的功能正是收藏品拍卖的主要功能之一。

表 4.1　　世界收藏品拍卖市场成交价最高的 20 幅名画排行榜

排名	成交时间	拍卖公司	作者	作品名称	成交价（万美元）
1	2006 年	纽约苏富比	波洛克	1948 年第 5 号	14270
2	2006 年	纽约佳士得	克利姆特	鲍尔夫人肖像	13500
3	2004 年	伦敦苏富比	毕加索	拿烟斗的男孩	10400
4	2006 年	纽约苏富比	毕加索	多拉·马尔与猫	9520
5	1990 年	纽约佳士得	梵高	加歇医生的肖像	8250
6	1990 年	纽约苏富比	雷诺阿	红磨坊街的舞会	7810
7	2002 年	伦敦苏富比	鲁本斯	对无辜者的屠杀	7670
8	2007 年	纽约苏富比	罗斯科	白色中心	7280
9	2007 年	纽约佳士得	沃霍尔	撞毁的绿车	7172
10	1998 年	纽约佳士得	梵高	未蓄胡子的艺术家	7150
11	1999 年	纽约苏富比	塞尚	窗帘、小罐和高脚盘	6050
12	2000 年	纽约佳士得	毕加索	双臂抱胸的妇女	5560
13	1987 年	纽约苏富比	梵高	鸢尾花	5390
14	1989 年	巴黎拍卖公司	毕加索	皮耶瑞特的婚礼	5165
15	1999 年	纽约苏富比	毕加索	坐在花园中的女人	4950
16	1997 年	纽约佳士得	毕加索	梦	4840
17	1989 年	纽约苏富比	毕加索	毕加索自画像	4788
18	1999 年	纽约佳士得	毕加索	坐在黑椅子上的裸美人	4500
19	1997 年	纽约佳士得	莫奈	日出印象	4445
20	1990 年	纽约佳士得	毕加索	灵兔酒馆	4070

资料来源：根据历年的相关资料整理，截止时间：2007 年 12 月。

（二）来源可靠

一般来说，从事收藏品拍卖的拍卖公司都比较看重自己的声誉。虽然纠纷的出现常常在所难免，但是，较之地摊交易市场和门店交易市场，拍卖交易市场上的收藏品要可靠得多。而且，总的来看，越是珍罕的收藏品，受到的关注程度就越高。例如，1995 年，北京翰海拍卖公司在秋季拍卖会上费尽周折才征集到的旷世珍品——北宋张先的《十咏图》就是经过了著名书画鉴定专家徐邦达、启功、刘九庵等人的全面考证才获得最终认定的。即使是一般的收藏品，按照正规的拍卖程序（见图 4.2），在上拍之前也会经过拍卖公司专家的初步鉴定。

（三）成交率高

在地摊交易市场和门店交易市场上，由于收藏品的买卖双方在成交价格问

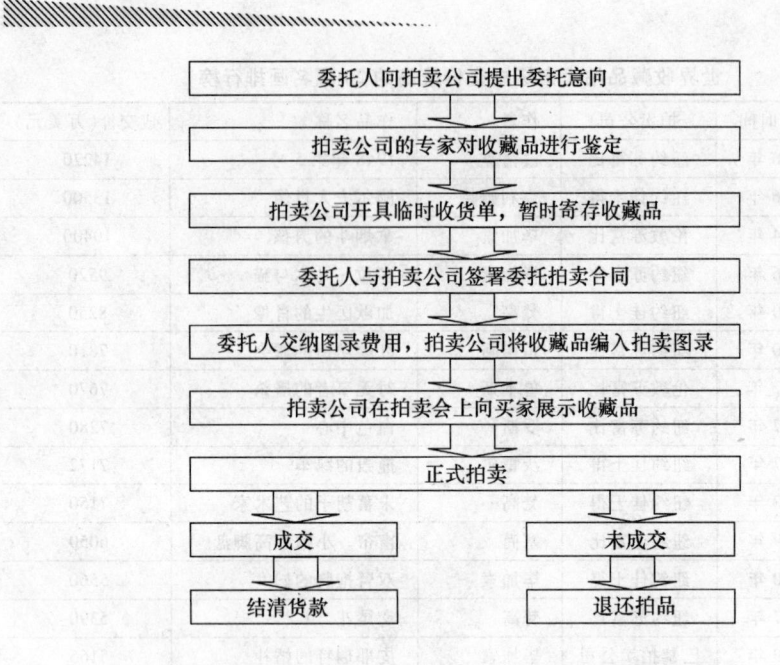

```
委托人向拍卖公司提出委托意向
          ↓
拍卖公司的专家对收藏品进行鉴定
          ↓
拍卖公司开具临时收货单，暂时寄存收藏品
          ↓
委托人与拍卖公司签署委托拍卖合同
          ↓
委托人交纳图录费用，拍卖公司将收藏品编入拍卖图录
          ↓
拍卖公司在拍卖会上向买家展示收藏品
          ↓
         正式拍卖
        ↙      ↘
      成交      未成交
       ↓         ↓
     结清货款   退还拍品
```

图 4.2 从委托拍卖到完成拍卖的主要流程示意图

资料来源：马健：《收藏投资学》，中国社会科学出版社 2007 年版，第 82 页。

题上的矛盾，以及"一对一"的交易方式，收藏品的买卖双方往往都不愿意真实地表达自己对收藏品的价值判断和心理价位。因此，漫长的讨价还价过程通常在所难免。但是，在拍卖交易市场上，情况就大不一样了。收藏品的竞买人可以把自己对收藏品的价值判断转化为价格信号，较为全面地显示在拍卖交易市场上。而收藏品的委托人对收藏品的价值判断则部分地反映在了收藏品拍卖的保留价上——一般来说，在有底价拍卖中，大部分拍品都设有保留价，该价格由委托人与拍卖公司通过协商来确定。在收藏品拍卖市场上，几乎每分钟都能拍卖出一件甚至几件收藏品。从这个角度来看，收藏品拍卖可以极大地降低买卖双方讨价还价的交易成本，提高收藏品交易的效率。当收藏品市场的总体行情看涨，市场资金充裕的时候，在那些大型拍卖公司举办的拍卖会上，收藏品拍卖的成交率还会在此基础上高出许多（见表4.2）。

需要指出的是，中国的收藏品拍卖实际上也存在着不少非常严重的问题。

（一）收藏品拍卖的真赝纠纷多

随着经济大环境的改变，拍卖机构林立，竞争日趋激烈，"生意难做，赚钱不易"。在这种情况下，一些拍卖公司在利益的驱动下走上了邪门歪道，不是在加强自身实力、提高拍品质量、搞好拍卖服务上面下工夫，而是从以次充

表 4.2　　　　部分拍卖公司 2007 年秋季拍卖会的成交情况

公司及专场	拍品数量（件）	成交额（万元）	成交率（%）
佳士得香港有限公司	2381	208494.0	84
东南亚现代及当代艺术专场	112	6368.6	96
亚洲当代艺术专场	327	46250.7	95
中国二十世纪艺术专场	137	30737.5	86
中国古代书画专场	180	14971.7	77
中国近现代书画专场	350	12946.5	83
瑰玉清雕专场	104	19567.3	78
西暎东晖专场	15	12913.1	67
重要中国瓷器及工艺精品专场	204	16784.8	64
瑰丽珠宝及翡翠首饰专场	367	36456.1	79
精致名表专场	585	11497.9	88
中国嘉德国际拍卖有限公司	5747	69857.1	71
良工美玉——明清玉器雅集专场	102	342.2	36
文房清韵——清代砚墨笔印专场	111	1460.4	89
灵犀聚珍——明清犀角雕刻专场	27	305.8	30
瓷器工艺品专场	232	2134.2	51
中国古代书画专场	256	19129.3	79
中国近现代书画（一）专场	213	7397.7	81
中国近现代书画（二）专场	230	5894.9	84
中国当代书画专场	102	1924.3	78
南张北齐——张大千齐白石精品专场	12	3522.4	100
丹青铸颜斋藏明清书画精品专场	13	3218.9	100
中国油画及雕塑专场	138	11202.7	67
当代艺术专场	126	8389.8	88
影像艺术专场	89	527.0	56
古籍善本专场	103	940.9	66
近现代机制币专场	956	912.1	71
古钱、金银锭专场	957	1127.7	66
铜镜专场	200	595.9	83
纸币专场	902	456.0	71
邮品专场	978	375.2	75

续表

公司及专场	拍品数量（件）	成交额（万元）	成交率（%）
西泠印社拍卖有限公司	1605	25717.3	82
中国书画古代作品专场（明代及明以前）	112	5610.9	87
中国书画古代作品专场（清代）	349	6587.5	91
文房清玩——历代名砚专场	142	1300.9	80
西泠印社部分社员作品专场	119	1665.9	87
中国书画海上画派作品专场	180	3401.2	81
中国书画成扇专场	127	409.1	83
中国书画近现代名家作品专场	262	2206.1	81
文房清玩——近现代名家篆刻专场	182	706.1	64
名家西画——当代艺术专场	132	3829.6	77
上海崇源艺术品拍卖有限公司*	1082	12789.2	67
中国古代书画专场	186	1975.5	82
流派名印——田黄珍品专场	65	1604.4	95
八家藏画专场	139	2002.1	86
中国近现代书画（一）专场	153	2555.1	58
中国近现代书画（二）专场	239	1021.5	56
金不换——明清御用及名家制墨专场	91	81.8	92
法相庄严明清金铜佛像专场	92	1984.1	75
中国古董专场	117	1564.8	41
罗芙奥艺术集团	203	16767.4	86
20与21世纪华人艺术、韩国当代艺术专场	203	16767.4	86

* 上海崇源艺术品拍卖有限公司举办的2007年秋季拍卖会全称是"上海崇源上海工美2007年大型秋季艺术品联合拍卖会"。

资料来源：根据2007年的相关资料整理。

好走向鱼目混珠、以假乱真的邪路，在如何拍假方面大做文章，企图以欺骗的方式攫取商业利润。有人甚至认为："目前大的拍卖公司中拍卖的赝品达到20%的比例，在小的拍卖公司中拍卖的赝品比例则达到了80%。"面对这样的传言，即使是中国拍卖行业协会会长张延华也坦言："这是个敏感话题"，"在这方面我们压力很大，这也是国内各拍卖公司之所以积极网罗人才的原因。"（胡劲华，2005）

众所周知，收藏的最大风险是收藏品的品质风险，即不慎买到赝品所带来的风险。在很多情况下，收藏品的竞买人实际上并不是收藏品鉴定的专家。因此，当收藏品拍卖在国内刚刚兴起的时候，一些竞买人便寄希望于拍卖公司，企盼国内的拍卖公司有一套比较健全、严格、高效的拍卖鉴定机制，使每次上拍的收藏品都能够"保真"，以此规避购买收藏品所带来的品质风险。但是，这只是竞买人的一相情愿而已。因为收藏品鉴定确实是一门十分高深的学问，即使是专家也有不少"打眼"的时候。作伪和造假实在是让人防不胜防，有时候甚至令人束手无策。在这种情况下，任何拍卖公司在客观上都不可能做到对其上拍的所有收藏品保真。近年来，由于一哄而起的收藏品拍卖公司数量太滥，员工太杂，更是使得国内拍卖公司的拍卖鉴定机制显得越来越不完善，或者虽然鉴定机制完善，大家却普遍地违规。因此，许多拍卖公司对收藏品的鉴定能力或实际鉴定水平都不高。收藏品拍卖公司或者根本不重视拍卖鉴定，或者把拍卖鉴定视为可有可无的"过场"来走。在这种情况下，没有拍卖鉴定肯定不行，有了拍卖鉴定也未必一定就行。不仅如此，一些拍卖机构还知假拍假，企图通过违法手段，达到恶意操纵拍卖的目的。这种短视行为，无疑给收藏品拍卖蒙上了一层阴影，也导致了收藏品拍卖的纠纷不断。

（二）收藏品拍卖的规则不合理

一般来说，拍卖规则是拍卖公司单方制定，在拍卖活动中要求拍卖公司和买卖双方都要共同遵守的具有格式合同性质的行为规则。它对于规范各方的行为，保证拍卖的正常进行，显然具有至关重要的作用。尽管1996年7月5日，第八届全国人民代表大会常务委员会第二十次会议通过了《中华人民共和国拍卖法》。2004年8月28日，第十届全国人民代表大会常务委员会第十一次会议也做出了《关于修改〈中华人民共和国拍卖法〉的决定》，并随后颁布了经过修改的《中华人民共和国拍卖法》。国家文物局等相关职能部门则先后颁布了《文物拍卖管理暂行规定》等管理法规。有关部门还特别强调："拍卖规则不得与本法（《拍卖法》）的规定相抵触。"但是，国内的一些拍卖公司仍然置广大竞买人的利益于不顾，制定一些明显的不合理规则，使广大竞买人处于不平等地位，致使他们在收藏品交易中的切身利益蒙受了不同程度的损害。

让我们以中国拍卖行业协会制定的《中国拍卖行业拍卖通则（文化艺术品类）》为例来说明这个问题。《中国拍卖行业拍卖通则（文化艺术类）》第26条规定："自拍卖日起三十日内，买受人向拍卖人出具两位或两位以上相应专业的国家级鉴定专家关于该拍卖标的为赝品的书面鉴定意见，拍卖人则认为该拍卖标的真实性出现争议，同意取消交易并向买受人退款。"但是，该条款同时又规定："（一）拍卖标的图录对该拍卖标的的说明符合当时有关专家普遍接受的意见,已经清楚表明专家对于该拍卖标的的鉴定意见存有争议;(二)只能够用科学方法证明该拍卖标的为赝品,而该科学方法是在拍卖结束后才被普遍使用;或仅能用某种方法证明该拍卖标的为赝品,而该种方法的鉴定费用昂贵,不合实际或可能对该拍卖标的造成损害;买受人无权要求拍卖人取消交易。"

众所周知,收藏品鉴定是一个相当复杂的过程,属于传统的言传身教和个人的经验积累的产物。正如国家文物鉴定委员会副主任委员史树青指出的那样,过去在琉璃厂买卖古玩字画的人,都需要凭借个人的眼力去鉴别器物的真伪优劣。在去粗取精、去伪存真的长期过程中,这些人不断地提高着自己的鉴赏水平。时间一长,就慢慢地钻研出门路来了,由外行变成了内行,这就是所谓的"眼学"。但是,由于眼学是在经验中积累起来的,因此,专家也难免有"打眼"的时候。换句话说,收藏品鉴定在很大程度上是仁者见仁,智者见智的。收藏品鉴定的经验方法也很难被证明为"科学方法"。虽然有很多人认为"眼学"不科学,是一种主观经验。但是,即使在这个问题上,也同样是见仁见智的。例如,中国科技大学校长朱清时就认为:"眼学本身就是科学,看器物的造型、文饰、胎釉、工艺、款式,这些经验不是凭主观臆断的,是建立在科学基础上的,因为鉴定专家的头脑里有数据库。"但是,不管怎样,既然在这个问题上存在着不少争议,那么,最终的结果显然很可能是"买受人无权要求拍卖人取消交易"。

另外,拍品的某些瑕疵,即使是委托人和拍卖人自己也并不一定完全知道,因此,也就无从告之。《中国拍卖行业拍卖通则(文化艺术品类)》第22条规定:"拍卖人或其代理人对任何拍卖标的用任何方式(包括图录、幻灯投影、新闻载体等)所作的介绍及评价,均为参考性意见,不构成对拍卖标的的任何担保。拍卖人为买受人出具的有关拍卖标的的发票上所载明的标的名称等说明性文字,不构成对拍卖标的的担保。"这对于竞买人或买受人而言,显然也是一个不可忽视的风险。因为根据现有的法律法规,只要委托人和拍卖人在主观上没有故意隐瞒的事实,而且尽到了告之的义务,那么,这种风险就只能由竞买人或买受人来承担。

(三)收藏品拍卖的违规操作多

《中华人民共和国拍卖法》第22条规定:"拍卖人及其工作人员不得以竞买人的身份参与自己组织的拍卖活动,并不得委托他人代为竞买。"第23条规定:"拍卖人不得在自己组织的拍卖活动中拍卖自己的物品或者财产权利。"第30条规定:"委托人不得参与竞买,也不得委托他人代为竞买。"第37条规定:"竞买人之间、竞买人与拍卖人之间不得恶意串通,损害他人利益。"

不过,对于拍卖人、委托人和竞买人违规的惩罚,则相对较轻。《中华人民共和国拍卖法》第62条规定:"拍卖人及其工作人员违反本法第22条的规定,参与竞买或者委托他人代为竞买的,由工商行政管理部门对拍卖人给予警告,可以处拍卖佣金1倍以上5倍以下的罚款;情节严重的,吊销营业执照。"第63条规定:"违反本法第23条的规定,拍卖人在自己组织的拍卖活动中拍卖自己的物品或者财产权利的,由工商行政管理部门没收拍卖所得。"第64条规定:"违反本法第30条的规定,委托人参与竞买或者委托他人代为竞买的,工商行政管理部门可以对委托人处拍卖成交价30%以下的罚款。"第65条规定:"违反本法第37条的规定,竞买人之间、竞买人与拍卖人之间恶意串通,给他人造成损害的,拍卖无效,应当依法承担赔偿责任。由工商行政管理部门对参与恶意串通的竞买人处最高应价10%以上、30%以下的罚款;对参与恶意串通的拍卖人处最高应价30%以上、50%以下的罚款。"

刘宁元(1998)发现,在拍卖会上,恶意曲解并利用"价高者得"规则的现象,例如相互串通、哄抬价格,时有发生。另一个值得注意的现象是拍卖师的误导或诱导。一些拍卖师在主持拍卖会时,经常运用过分夸张或挑逗的语言,甚至"不择手段达成高价"。更为严重的是,由于"取证"的困难,真正能够搜集到确凿的证据,而对违规操作的拍卖人、委托人和竞买人予以惩罚的案例,实在是凤毛麟角。寒光(2005)曾经将拍卖会上的畸形利益操纵关系归纳为以下四个方面:

1. 拍卖公司与委托人联手哄抬价格。如果鸿运当头,拍品被其他竞买人买走,委托人便达到了哄抬价格的目的;如果时运不济,委托人自己成了买受人,实际上也没有太大损失。因为一些拍卖公司,尤其是中小拍卖公司,对于委托人没有真正卖出的拍品,通常会降低甚至免除佣金。

2. 委托人、竞买人与拍卖公司联手串通哄抬价格。一些拍卖公司为了增加总成交额,经常与委托人、竞买人联手,事先商量好拍品的成交价格和所付佣金。等到真正拍卖时,成交价自然很高。拍品实际上还是按照原来商定的价格成交。此外,一些新成立的拍卖公司,为了增加总成交额或者宣传公司形象,会通过支付"出场费"的方式,从收藏家那里"借"一些引人注目的拍品前来"捧场",不过,这些拍品并不会真正易手。

3. 拍卖公司与鉴定专家联手诱骗竞买人。在拍品资源的竞争日趋激烈的现在,拍卖公司对收藏品真伪的"把关"开始日趋松动。一些鉴定专家碍于情面或者出于利益关系,通常也会睁一只眼闭一只眼,结果常常惹出争议甚至鉴定错误。北京某拍卖公司的高级管理人员曾私下透露："以前就是想不开，还计较什么真伪，现在彻底想开了，不就是卷钱吗？""早些年，我们这个圈子里的人会为得到真品而雀跃不已，也会为了拍品是否为真品而争得面红耳赤。但如今在利益的驱动下，大家心照不宣的是，怎么才能以假乱真。"

4. 拍卖公司与拍卖师联手操纵拍品价格。由于拍卖公司数量日渐增多，一些资深拍卖师也逐渐成了市场上的"香饽饽"。一般来说，每件拍品都有一个底价，拍卖的过程，就是一个按照一定的幅度，不断往上竞价的过程。然而，从某种意义上讲，这个不太固定的幅度，实际上掌握在拍卖师手中。对一些经常出入于该拍卖公司的竞买人，拍卖师的叫价往往会口下留情，对于新买家则不然，而对那些与拍卖公司有"过节"的买家，情况又大不一样。

让我们来看一个比较典型的案例。2005年7月，北京传是国际拍卖有限公司举办了一场名为"黄胄书画精品专场"拍卖会。这次拍卖会共有黄胄的35幅书画精品参加拍卖。但是，黄胄的夫人郑闻慧却在开拍前明确指出："这些作品多是赝品。"当然，北京传是国际拍卖有限公司和提供收藏品的委托人，均表示不能认同郑闻慧的说法，并认为在拍卖前夕她就得出这样轻率的结论是"十分不负责任"的（刘江华和王岩，2005）。7月29日，拍卖会如期进行。在整场拍卖会中，没有出现冷场的现象，反而是一个高潮接着一个高潮。当拍卖师刚刚报出几万元底价的时候，立刻就有人喊出一声10万元。紧接着，价格便在两三个竞买者之间反复被刷新（见表4.3）。他们互相鼓动着，买走了大部分拍品。有时候，他们甚至对拍品看也不看，就兴奋地举起了手中的号码牌。拍卖会上不断有人离开，但这丝毫没有影响到竞买人的热情。在拍卖会现场，有人疑惑地问道："这些不对的东西，怎么大家买得还那么起劲呢？"旁人则悄悄地答道："别说话，当来看戏的。"这场拍卖会最终以100%的成交率结束。不过，耐人寻味的是，虽然弄了个"满堂红"，却没有按照惯例为拍卖师颁发"白手套"，也没有任何表示祝贺的掌声。整场拍卖会在一种"有些娱乐有些尴尬"的场面中结束（静其，2005）。值得一提的是，开拍之前，北京传是国际拍卖有限公司特意宣读了一个公告，提醒竞买者仔细阅读某媒体在2005年7月27日的相关报道。从某种意义上讲，这还算是一种负责任的态度，至少敢于面对不同的意见，哪怕这种意见来自于权威媒体的报道和画家家属的质疑。

一些心存侥幸的收藏者，也许会天真地认为，虽然中国的拍卖公司问题多多，但是，那些历史悠久、信誉卓著的外国著名拍卖公司总应该是值得信任的吧？不幸的是，包括苏富比拍卖公司和佳士得拍卖公司在内的国际顶级拍卖公司的情况，同样"好不到哪儿去"。例如，20世纪80年代，时任纽约佳士得拍卖公司董事长的巴特赫斯特（Bathurst）声称，在一场令人瞩目的拍卖会上，由该公司推出的收藏品出现了抢购热潮。但事实上，只有少数几幅作品最终成交。他后来承认，自己之所以误导媒体，是因为他想制造一个假象："收藏品市场欣欣向荣，大家尽可以放心投资"[华生（Watson），1999]。

表4.3　北京传是国际拍卖有限公司"黄胄书画精品专场拍卖会"的竞买情况

竞买者号码牌	购买数量（件）	总金额（万元）
797号	8	18＋13＋13＋20＋20＋2＋19＋36＝141
189号	7	5＋6＋6＋15＋12＋5＋6.7＝55.7
25号	4	5＋5.8＋5.5＋16＝32.3
753号	4	6＋110＋26＋6.8＝148.8
918号	2	4.2＋15＝19.2
199号	2	12＋1.8＝13.8
568号	2	5.8＋5.8＝11.6
731号	1	8.5
33号	1	4.2
369号	1	5.5
329号	1	24
197号	1	20
139号	1	10

资料来源：静其：《当拍卖成为一种游戏》，载《艺术市场》2005年第9期。

第五章　拍卖学理论

第一节　拍卖的四种方式

在拍卖实践中，被广泛运用的拍卖方式主要有增价拍卖、减价拍卖、第一价格密封拍卖和第二价格密封拍卖四种。这四种拍卖方式也被称为标准拍卖方式。

增价拍卖（ascending-bid auctions），也叫做英国式拍卖（English auctions）。这是世界上最古老，并且一直占据主导地位的拍卖方式。这种拍卖方式的特点是，拍卖标的从起拍价开始，竞价由低向高依次递增。在报价不断升高的过程中，很多竞买人会陆续退出竞价，也可能会有竞买人加入竞价。但是，任何报价都必须根据拍卖规则所规定的竞价幅度要求，高于前一次的报价，才能得到拍卖师的确认。竞买人的报价一旦得到了拍卖师的确认，就成为了不可撤回的"立定出价"（standing bid）。在竞买人的竞价达到最高价，并且这一报价等于或高于委托人事先设立的保留价（底价）时，击槌确认成交。当然，并不是每一个委托人都必须设立保留价。不过，委托人通常会设立保留价，以避免拍卖标的的成交价与自己的预期成交价相差太大的情况发生。在增价拍卖的过程中，所有的竞买人都可以清楚地观察到竞争对手的报价。在拍卖实践中，增价拍卖是收藏品拍卖市场上最主要和最常见的拍卖方式。

与增价拍卖相对应的拍卖方式是减价拍卖（descending-bid auctions），也叫做荷兰式拍卖（Dutch auctions）。这种拍卖方式的特点是，拍卖标的从一个"绝对高"的起拍价开始，竞价由高到低依次递减，直到第一位竞买人报价。在减价拍卖中，经常使用"荷兰钟"来显示不断降低的报价。竞买人一旦按下按钮，指针停止时的价格即为拍卖标的的成交价格。减价拍卖的竞价方式往往是一次性竞价。因此，这种拍卖方式的成交速度通常是比较快的。特别适合于那些品质良莠不齐或者比较容易腐烂的农产品和水产品的大宗交易，例如，鲜花、水果、蔬菜、烟草、鱼虾，等等。事实上，这种拍卖方式最早就起源于荷兰的鲜花交易市场。不过，在拍卖实践中，减价拍卖很少运用在收藏品拍卖市场上。

值得一提的是，减价拍卖的竞价过程并非总是一次性竞价。不仅如此，在减价拍卖中，也会遇到增价的情况，而并非总是减价的。举例来说，当不止一位竞买人同时在同一价位报价时，拍卖师就会立即转入增价拍卖。拍卖标的会从竞买人报价的这个价位开始，由低向高依次递增，直到无人竞价为止。在有些时候，减价拍卖的过程实际上是减价拍卖和增价拍卖混合进行的。这种拍卖也被称为混合式拍卖。

增价拍卖和减价拍卖都是公开拍卖，而第一价格密封拍卖和第二价格密封拍卖则是密封拍卖（sealed-bid auctions）。竞买人在参加第一价格密封拍卖或第二价格密封拍卖的过程中，虽然他们的报价在时间上有早晚之分。但是，竞买人报价的时候，并不知道其他竞买人的报价情况。因此，从某种意义上讲，这种竞价方式与同时出价并没有什么本质的区别。从博弈论的角度来看，我们可以将增价拍卖和减价拍卖称为"动态拍卖"，而将第一价格密封拍卖和第二价格密封拍卖称为"静态拍卖"。

在第一价格密封拍卖（first-price sealed-bid auctions）中，各竞买人在无法获得其他竞争对手出价信息的情况下，根据自己的预算约束、价值判断和心理价位，单独向拍卖人提交报价。在竞买人的这些报价中，出价最高的竞买人赢得拍卖标的，这个最终的成交价格被称为"第一价格"。第一价格密封拍卖被广泛运用于国有资产的处置，资源开采权的转让，土地使用权的出让，以及政府采购或工程项目的招投标过程中，有时候也会被运用在收藏品拍卖上。第一价格密封拍卖的最大优点在于，严格执行的第一价格密封拍卖可以使拍卖标的的价格通过自由竞争来确定。这样，既可以减少对拍卖标的价值评估的主观性，又可以在很大程度上防止谈判过程中的暗箱操作，从而避免内部人控制和寻租行为所导致的诸多问题。当然，第一价格密封拍卖的优势能否真正发挥，还取决于四个先决条件：（1）拍卖制度要健全；（2）竞买人数足够多；（3）信息应真实透明；（4）监管措施要得力。

第二价格密封拍卖（second-price sealed-bid auctions）同第一价格密封拍卖非常类似：各竞买人在无法获得其他竞争对手出价信息的情况下，根据自己的预算约束、价值判断和心理价位，单独向拍卖人提交报价。在竞买人的这些报

黄宾虹《渡口归渔图》

价中，出价最高的竞买人赢得拍卖标的。唯一的不同之处在于，买受人最终支付的价格并不是他自己所出的最高价（第一价格），而是次高价，这个次高价被称为"第二价格"。因为这种拍卖方式最早是在1961年，由1996年度诺贝尔经济学奖获得者维克瑞（Vickrey, 1961）提出的，所以，这种拍卖方式又被称为"维克瑞拍卖"。

维克瑞认为，第二价格密封拍卖的主要优点是可以激励竞买人在竞价过程中"讲真话"。在第二价格密封拍卖中，竞买人以密封的方式进行竞价，其中，报价最高的竞买人将成为买受人。但是，买受人最终支付的价格并不是他自己所出的最高价，而是次高价。这种拍卖制度安排显然有助于鼓励每一个竞买人以价格信号的方式"讲真话"。因为如果竞买人企图使自己的"竞买人剩余"（竞买人的最高估价与落槌价之差）最大化的话，那么，他很可能会由于自己报价太低，隐瞒信息的行为而同拍卖标的失之交臂；反之，假如竞买人"讲真话"，报出自己的最高估价，而恰好这个报价又是所有报价中最高价的话，那么，他在竞拍成功的同时，却只需要支付所有竞买人报价中的次高价，而不是自己报出的最高价。最高价和次高价之间的差额是第二价格密封拍卖制度对竞买人"讲真话"的奖励。在这种制度安排下，对于每个竞买人而言，无论竞争对手如何行事，最佳竞价策略显然都是"讲真话"——报出自己愿意，并且能够支付的最高价。

按照这个思路，我们有理由猜测，既然有第二价格密封拍卖，那也可能出现第三价格密封拍卖、第四价格密封拍卖……乃至第 n 价格密封拍卖。显而易见，在第 n 价格密封拍卖中，买受人最终支付的价格就是第 n 高的报价。当然，在拍卖实践中，还很少运用到第三价格密封拍卖和更高阶的价格密封拍卖。在国外，第二价格密封拍卖经常被运用于邮票拍卖中，一些网络拍卖也会运用这种拍卖方式。但总的来看，同另外三种拍卖形式相比，第二价格密封拍卖很少运用到拍卖实践中，而更多地是出现在经济学家们的理论研究中。

第二节　拍卖学基本原理

经济学家普遍认为，只要人们弄懂了四种标准拍卖方式和一个拍卖学基本原理，就可以大致理解所谓的拍卖学理论。因为拍卖实践中各种各样的拍卖方式，实际上都来自于这四种标准拍卖方式。这四种标准拍卖方式奠定了拍卖方式的基本格局，由此衍生出的拍卖方式不过是四种标准拍卖方式的演变或者组合而已。这里所说的拍卖学基本原理，实际上就是维克瑞推导出的等价收入定理（revenue equivalence theorem）。

1961年，维克瑞（1961）发表了被誉为拍卖学理论开山之作的经典论文《反投机、拍卖与竞争性密封投标》。维克瑞的研究证明，在私人价值（private values）、类型独立（independent types）、对称性（symmetry）和风险中性（risk neutrality）等前提假设下，减价拍卖与第一价格密封拍卖在策略上是完全等价的，增价拍卖与第二价格密封拍卖能够产生相同的预期收入，而委托人通过第一价格密封拍卖或第二价格密封拍卖所获得的预期收入实际上是相等的。这意味着，在给定的条件下，这四种标准拍卖方式给委托人带来的预期收入是没有差异的。换句话说，对于委托人而言，只要拍卖标的既定，竞买人既定，无论选择哪种拍卖方式，最终的收入都一样。这就是所谓的等价收入定理。

1981年，迈尔森（Myerson，1981）证明了这个等价收入定理在更为一般的情形下也成立。几乎与此同时，赖利和萨缪尔森（Riley & Samuelson, 1981）也证明了这个定理的一般性。他们的研究发现：如果竞买人数量既定，所有竞买人都是风险中性者，所有竞买人都相互独立地对拍卖标的进行私人估价，而且这些估价取自同一个严格递增的连续分布。那么，任何符合以下两个特征的拍卖机制都会产生相同的期望收入：（1）拍卖标的总是归报价最高的竞买人所有；（2）如果一个竞买人的报价是所有可能出现的价格信号中最低的，那么，他的期望剩余为零。

等价收入定理的这个结论让人备感惊讶。因为它意味着，无论委托人选择四种标准拍卖方式中的哪一种，所获得的收入都是相等的。而这显然同拍卖实践中，增价拍卖和第一价格密封拍卖更受人们青睐的现实形成了鲜明的对比。之所以会这样，原因非常复杂。简单举例来说，等价收入定理的前提假设之一是"私人价值"。所谓私人价值，指的是竞买人对拍卖标的的价值判断是完全私人的判断，并且这个价值判断不受其他竞买人的影响。对于密封拍卖而言，通常就是这种情况。但是，对于公开拍卖来说，情况就大不相同了。在拍卖会现场，竞买人可以观察到竞争对手的报价情况。竞买人的心理难免受到现场气氛的影响，并因此而怀疑自己的价值判断是否准确，从而调整对拍卖标的的价值判断和实际报价。从某种意义上讲，拍卖公司之所以倾向于采用增价拍卖作为收藏品拍卖的方式，就是希望利用现场竞拍时所产生的这种特殊效果，拍出更高的价格。

巴泽曼和萨缪尔森（Bazerman & Samuelson，1983）曾经做过一个非常著名的实验，实验对象是美国波士顿大学（Boston University）的 MBA 学生。他们在一个罐子里装满了总价值为 8 美元的硬币，然后以拍卖的方式出售给这些学生。当然，罐子中硬币的总价值是保密的。在正式开始实验之前，先告诉学生实验规则：竞买人以密封的方式提供自己的报价。出价最高的竞买人将得到自己的出价与拍卖标的的真实价值之间的差额。与此同时，还要求竞买人独立估计罐子中的硬币价值。每个班里估价最准确的竞买人都将获得 2 美元的奖金。这个实验一共进行了 48 次。实验的结果是：所有竞买人的平均报价是 5.13 美元，而每次实验中出价最高的竞买人的平均报价是 10.01 美元。对于所有的买受人而言，他们的平均损失为 2.01 美元。显而易见，因为买受人的报价高于拍卖标的的实际价值而蒙受了损失。这也就是人们常说的"福兮祸所伏"（winner's curse，通常被直译为"赢者的诅咒"）：每个竞买人都明白，只有出价最高才能胜出。因此，拍卖的最终结果很可能是：买受人的报价高于，甚至远远高于拍卖标的的实际价值，并因为出价太高而蒙受损失。

当然，我们也许会猜测，如果竞买人经常参加拍卖，并且不断总结经验，吸取教训，或许就能避免被"诅咒"了。但遗憾的是，很多实验的结果都表明，激励竞买人学习如何避免被"诅咒"的努力，几乎无一例外地是白费工夫。当他们在参与竞价的时候，仍然对如何采取策略，避免被"诅咒"一无所知，其结果只能是重复地被"诅咒"（Ball, Bazerman & Carroll, 1991）。弗尔曼和莫尼罕（Foreman & Murnighan, 1996）的研究更是发现，福兮祸所伏的现象几乎是无法避免的。虽然竞买人有足够的时间和精力，通过亲身经历、冷眼旁观、总结经验，来深入了解其中的是是非非。但是，当他们真正参与竞价的时候，最终的"赢者"（买受人）依然无一例外地被"诅咒"了。而且，令人遗憾的是，到目前为止，人们还没有发现能够改变这个状况的灵丹妙药。

不过，如果我们将等价收入定理的前提假设放松，会发现这个定理随之失灵，而不同拍卖方式的优势也会随之体现。于是，我们有理由问，随着前提假设的逐渐放松和接近现实，在各种拍卖机制中，委托人究竟应该选择哪一种呢？迈尔森（1981）的研究证明，在寻找最优机制的时候，只考虑一类直接机制同考虑全部机制的结果实际上是等价的。不仅如此，这类直接机制还可以用一些数学表达式来描述。这就使得在激励相容的约束条件下设计最优机制的复杂问题，简化为了一个相对简单，并且有可能解的数学问题。迈尔森等人的这个发现被称为显示原理（revelation principle）。他也因为在机制设计理论方面的杰出贡献，同另外两位学者一起分享了 2007 年度诺贝尔经济学奖。最优拍卖机制的设计，实际上可以借助于第二价格密封拍卖和三级价格歧视

(third-degree price discrimination）来进行分析。

米格罗姆和韦伯（Milgrom & Weber, 1982）将私人价值因素和共同价值因素有机地结合起来，建立了一个关联价值模型（affiliated value model），并且借助于这个模型，推导出了一个非常重要的期望收入排序关系

$$AA \geqslant SPA \geqslant FPA = DA$$

其中，AA 表示增价拍卖，SPA 表示第二价格密封拍卖，FPA 表示第一价格密封拍卖，DA 表示减价拍卖。

这个发现很好地解释了，在拍卖实践中，为什么增价拍卖最为常见的原因。这里涉及了同私人价值相对应的另一个重要概念：共同价值（common value）。如果在所有的竞买人眼里，拍卖标的的价值都相差无几，也就存在所谓的共同价值。在引入共同价值的因素之后，增价拍卖就具有了收入优势。因为在公开竞价的过程中，竞买人可以实时地观察到竞争对手通过报价所传递出的价格信号。对于每一个竞买人而言，其他竞买人关于拍卖标的共同价值的私人信息都是很有价值的信息。在公开竞价的过程中，这些信息通过信号显示的方式被披露出来，从而实现了信息共享。这种信息共享机制可以在很大程度上减少被"诅咒"的程度，从而部分地解决福兮祸所伏的问题。

第三节 拍卖理论的应用

作为拍卖学基本原理的等价收入定理，是在一系列前提假设下才能成立的。一旦改变前提假设，这个定理就会失灵。可是，这并不意味着，等价收入定理毫无价值。事实上，对于拍卖机制的设计而言，等价收入定理是至关重要的。因为很多拍卖学原理都可以用这个定理来解释。当然，前提假设与现实情况的差异提醒我们，在应用拍卖理论解决实际问题的时候，必须重点关注拍卖实践中的约束条件。我们不妨以世界拍卖发展史上规模最大的拍卖——欧洲各国的第三代移动通信业务经营许可证（简称3G牌照或UMTS牌照）拍卖为例，来说明应用拍卖理论解决实际问题时应该注意的问题。事实上，对于收藏品拍卖而言，这也是很有启发的。

2000—2001年，欧洲部分国家举行了3G牌照拍卖。专家们普遍认为，在西欧各国，3G牌照的人均价值相差无几。当然，在其他条件相同的情况下，富国的3G牌照显然会更值钱。这意味着，瑞士的3G牌照应该比很多国家的都值钱。有意思的是，虽然这些国家的3G牌照拍卖总共筹集到的资金超过了1000亿欧

元,但是,各国之间的情况却大相径庭。抛开所筹集资金的总额不谈,人均筹资数额的差异之大,也是令人瞠目结舌的。一个典型的例子是,英国的3G牌照拍卖,人均筹资数额高达650欧元;而瑞士的3G牌照拍卖,人均筹资数额却只有20欧元。二者之间相差竟达30余倍(见表5.1)。这到底是怎么回事?

表 5.1　　　　　2000—2001 年欧洲部分国家 3G 牌照拍卖情况

国家或地区	拍卖时间	牌照数量(张)	总共筹集资金(亿欧元)	人均筹集资金(欧元/人)
英国	2000 年 3—4 月	5	385	650
荷兰	2000 年 7 月	5	27	170
德国	2000 年 7—8 月	6	505	615
意大利	2000 年 10 月	5	122	240
奥地利	2000 年 11 月	6	8	100
瑞士	2000 年 11—12 月	4	0.8	20
比利时	2001 年 3 月	3	10	45
丹麦	2001 年 9 月	4	5	90
欧共体 15 国	2000—2001 年	61	1171	323

资料来源:根据国际电信联盟(International Telecommunication Union)的相关数据整理。

同其他的因素相比,时间因素对3G牌照拍卖的影响也许是最大的。因为随着时间的推移,在短短的一年之内,以英国和德国的3G牌照拍卖为转折点,竞买人对3G牌照的热情在迅速减退(见图5.1)。例如,当英国政府用5张3G牌照凭空筹来385亿欧元的时候,专家们预测,瑞士的3G牌照的人均价值约为1000欧元。但是,在几个月后,在瑞士的3G牌照拍卖开始前一周,这个估计值已经下降到了400—600欧元。当然,这个估计值仍然同人均20欧元的实际拍卖结果相去甚远。

除了时间因素和3G泡沫以外,拍卖机制的设计也是至关重要的影响因素。2000年3—4月,英国率先举行了3G牌照拍卖。当时的情况是,英国的市场上已经有4家采用第二代移动通信技术(2G)的在位运营商。同潜在进入者相比,它们在品牌和客户等方面显然拥有更为明显的先入优势。对于英国政府而言,最坏的情况就是,一共只拍出了4张3G牌照,4家在位运营商各得一张。因此,对于3G牌照拍卖而言,吸引潜在进入者就变得非常重要了。

在刚开始的时候,英国政府准备发放的是4张3G牌照。面对市场上已经

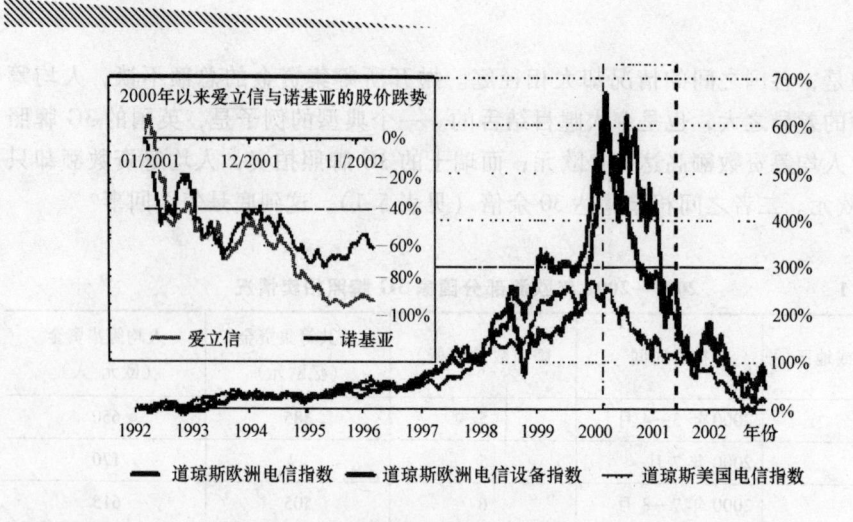

图 5.1　道琼斯欧洲电信指数的 3G 泡沫

资料来源：道琼斯指数。

有 4 家在位运营商的现状，简单地采用增价拍卖，显然不是一个好主意。因为这可能会在很大程度上阻止潜在进入者参与竞价。而价格密封拍卖的优点在于，它给潜在进入者提供了胜过具有先入优势的在位运营商的机会。在综合考虑各种因素之后，英国政府准备选择的拍卖方案是：将增价拍卖和价格密封拍卖相结合的混合式拍卖。在第一个阶段，采用增价拍卖，当报价上升到只剩下 5 位竞买人的时候，转入到第二个阶段。在第二个阶段，采用价格密封拍卖，在前一个阶段胜出的 5 位竞买人开始密封报价。而且，他们的报价不得低于前一个阶段已经产生的价格水平。在第二个阶段，报价最高的 4 位竞买人将获得这 4 张 3G 牌照。但是，他们最终支付的价格，并不是各自的报价，而是第四高的价格。这也就是所谓的第四价格密封拍卖。读者也许会问，在本章第一节，我们不是提到，在拍卖实践中，还很少运用到第三价格密封拍卖和更高阶的价格密封拍卖吗？一点没错。因为这个拍卖方案只是英国政府的备选方案之一。

在正式拍卖之前，英国政府将拍卖的标的由 4 张 3G 牌照增加到了 5 张。其中，最大的是 A 牌照，由两组 15 兆赫兹的波段和一组 5 兆赫兹的波段组成。B 牌照略小一点，由两组 15 兆赫兹的波段组成。C 牌照、D 牌照和 E 牌照的大小相当，都由两组 10 兆赫兹的波段和一组 5 兆赫兹的波段组成。为了更好地吸引潜在进入者参与竞价，英国政府在拍卖规则中规定，4 家在位运营商只能参与 B 牌照、C 牌照、D 牌照和 E 牌照的竞价，并且每位竞买人最多只能获得一张3G牌照。这个规定的重要性在于，它保证了至少会有一张最大的3G牌照归潜在进入者所有。同时又在很大程度上避免了竞买人之间的合谋问题。这个拍卖规则的实际作用也是立竿见影的：9位潜在进入者与4家在位运营商参与了3G牌照拍卖，并就此展开了激烈的竞争。

随着3G牌照数量的变化，英国政府的拍卖方案也随之调整。他们最终选择的是美国联邦通信委员会（FCC）曾经在1994年采用过的，最早由维克瑞提出的同步增价拍卖的修正方案。在第1轮竞价中，每一位竞买人各自选择一张3G牌照，并且参与这张牌照的竞价。拍卖规则规定，每一位竞价人都必须在每一轮竞价中保持"活跃状态"，否则就将被取消竞价资格。拍卖规则对活跃状态的解释是，竞价人要么是某张牌照的当前最高出价人，要么正处于加价的过程中。在整个竞价过程中，每位竞买人都拥有三次虽然不够活跃，但允许保留竞价权利的所谓豁免资格。另外，当竞买人数量等于或少于8位时，每位竞买人还可以通过选择为期一天的休会机会来保持自己的活跃状态。在每一轮竞价的最后，拍卖人会公布所有竞买人的报价情况，从而确认每张3G牌照的最高报价人，并且确定下一轮竞价的最小加价幅度。当竞买人只剩下5位时，拍卖结束。每一位竞买人按照他们各自的报价获得3G牌照。

这个拍卖方案的优点在于，它鼓励了潜在进入者竞争两张最大的3G牌照，而在位运营商会根据每一轮竞价的结果，在B牌照、C牌照、D牌照和E牌照之间进行套利，从而实现自己的利益最大化。与此同时，由于信息透明，大牌照的价格和小牌照的价格还会出现相互影响，从而真正实现竞争性的价格。

2000年3月6日，第1轮3G牌照竞价正式举行，竞买人的总报价达到了5亿英镑，略高于5张3G牌照的保留价之和。在3G牌照拍卖进行到第94轮的时候，第1位竞买人退出了竞价。当时，最便宜的一张3G牌照的价格都超过了20亿英镑。不久之后，另外4位竞买人也选择了退出竞价。2000年4月27日，在经过了150轮竞价之后，英国的3G牌照拍卖终于圆满结束：5张3G牌照一共筹集了225亿英镑（385亿欧元），最便宜的一张3G牌照的价格也超过了40亿英镑。

事实上，英国政府早在1997年的时候，就开始未雨绸缪了。他们花了相当多的时间和精力来设计拍卖机制，讨论具体方案，宣传拍卖事宜。这显然是非常明智的做法。其直接结果是，截至2000年2月15日，有诚意参与竞拍的竞买人数量达到了最高峰——13位竞买人获得了参与竞价的资格。当时的各大媒体普遍相信，这次3G牌照拍卖将筹集到20亿—50亿英镑的资金，而最终的结果则是225亿英镑,相当于英国国民生产总值(GNP)的2.5%。英国政府用这笔巨额收入偿还了国债(Binmore & Klemperer, 2002)。

英国政府在3G牌照拍卖方面所取得的成功极大地刺激了欧洲其他国家的政府(见表5.2)。3个月后,荷兰也邯郸学步地照搬了英国的拍卖方案。问题是,虽然荷兰同样准备发放的是5张3G牌照,但荷兰市场上的在位运营商数量有5家。换句话说,3G牌照的张数与在位运营商数量相同。在这种情况下,所有的潜在进入者都不得不认真考虑一下自己胜算几成。荷兰政府在拍卖机制的设计上,不仅没有考虑到自己的实际情况与英国的完全不同,而且在拍卖前吸引买家的工作也做得非常不够。其结果是,几乎所有的潜在进入者,例如Deutsche Telekom、Hutchison Whampoa和NTT DoCoMo都选择了与荷兰的在位运营商合作。只有一位潜在进入者——德国的电信运营商Versatel准备参与竞价。不过,这位潜在进入者很快就受到了荷兰的在位运营商Telfort的威胁:"如果Versatel继续参加竞价,它将对由此导致的一切后果负责。"更为糟糕的是,尽管Versatel及时向荷兰政府报告了这件事,但遗憾的是,荷兰政府却袖手旁观,无动于衷。因为对于荷兰政府而言,如果因此惩罚在位运营商Telfort,甚至取消它的竞拍资格,那么,荷兰的3G牌照拍卖也就没有什么意义了。在这种情况下,荷兰的拍卖结果可想而知,最终只筹集到了27亿欧元,而不是他们此前预测的近百亿欧元。人均筹资数额只有英国的1/4左右。

表5.2　　　　　2000—2001年欧洲部分国家3G牌照发放情况

运营商	发放时间	网址
英国		
Hutchison 3G UK Limited	2000年4月	http://www.three.co.uk
Vodafone Limted	2000年4月	http://www.vodafone.co.uk
O2	2000年4月	http://www.o2.co.uk
T-Mobile	2000年4月	http://www.t-mobile.co.uk
Orange 3G Limited	2000年4月	http://www.orange.co.uk
荷兰		
T-Mobile	2000年7月	http://www.t-mobile.nl
Orange	2000年7月	http://www.orange.nl
Vodafone	2000年7月	http://www.vodafone.nl
KPN	2000年7月	http://www.kpn.com
Telfort Mobiel B.V.	2000年7月	http://www.telfort.nl

续表

运营商	发放时间	网址
德国		
E－Plus Mobilfunk GmbH & Co. KG	2000年7月	http：//www.eplus.de
Vodafone D2 GmbH	2000年7月	http：//www.vodafone.de
MobilCom Multimedia GmbH	2000年7月	http：//www.mobilcom.de
Quam（Group 3G）	2000年7月	http：//www.quam.de
T－Mobile	2000年7月	http：//www.t-mobile.de
O2 Germany	2000年7月	http：//www.o2online.de
意大利		
Vodafone	2000年10月	http：//www.vodafone.it
Ipse	2000年10月	http：//www.ipse.com
H3G	2000年10月	http：//www.h3g.it
Wind	2000年10月	http：//www.wind.it
TIM	2000年10月	http：//www.tim.it
奥地利		
3G Mobile Telecommunications	2000年11月	http：//www.3gmobile.at
Gesellschaft fur Telekommunication	2000年11月	http：//www.prozesse.at
Hutchison 3G Austria	2000年11月	http：//www.h3g.at
Mannesmann 3G Mobilfunk	2000年11月	http：//www.mannesmann.de
Max. mobil Telekommunikation	2000年11月	http：//www.t-mobile.at
Mobilkom Austria AG	2000年11月	http：//www.mobilkomaustria.com
瑞士		
Swisscom	2000年12月	http：//www.swisscom.com
Orange	2000年12月	http：//www.orange.ch
Diax	2000年12月	http：//www.sunrise.ch
Team 3G	2000年12月	http：//www.telefonica.com
比利时		
Proximus	2001年3月	http：//www.proximus.be
Mobistar	2001年3月	http：//www.mobistar.be
KPN	2001年3月	http：//www.kpn.com

续表

运营商	发放时间	网址
丹麦		
TDC Mobile International A/S	2001年9月	http://www.tdc.dk
Hi3G Denmark ApS	2001年9月	http://www.hi3gdenmark.dk
Telia Mobile AB	2001年9月	http://www.telia.dk
Orange	2001年9月	http://www.orange.dk

资料来源：根据相关资料整理。

事实上，如果荷兰政府选择英国政府的第一个备选方案，也就是将增价拍卖和价格密封拍卖相结合的混合式拍卖，而不是生搬硬套在英国的拍卖实践中大获成功的方案，效果会好得多。因为价格密封拍卖给潜在进入者提供了胜过具有先入优势的在位运营商的"希望和梦想"。价格密封拍卖在吸引更多买家的同时，还有效避免了竞买人之间的合谋问题。尽管最终的拍卖结果也许仍然是5家在位运营商胜出，然而，荷兰政府筹集到的资金显然会远远超过27亿欧元。

虽然德国的3G牌照拍卖方案也选择了同步增价拍卖，但相比之下，他们的方案也许是最为复杂的。德国政府推出的拍卖标的并不是3G牌照，而是组成牌照的12组波段。每一位竞买人可以选择2—3组波段组成一张3G牌照。但是，每位竞买人最多只能获得一张3G牌照。如何吸引买家和防止合谋，也是德国的拍卖所面临的最大问题。因为增价拍卖可能会在很大程度上阻止潜在进入者参与竞价。事实正是如此，德国只吸引到了7位竞买人参与竞价。而且，拍卖伊始，就出现了合谋的苗头：竞买人MobilCom向新闻媒体透露："即使Debitel（另一位竞买人）在竞买中一张牌照也没有获得，它同样可以利用MobilCom的网络而成为'虚拟网络运营商'，同时还可以节省一大笔竞买费用。"当然，与荷兰政府的态度一样，德国政府同样对此不闻不问。原因也很类似，如果因此惩罚MobilCom，甚至取消它的竞拍资格，那么，很可能会影响到拍卖的大局。虽然Debitel没有立刻退出，但确实在8月14日退出了竞价。因为MobilCom的信号显示使得退出竞拍成为了一个更具有吸引力的选择。

在最后的几天里，竞争的焦点集中在了3组波段上，6位竞买人拼命争夺，竞相抬价。因为一旦拥有这3组波段，就可以建立一个覆盖全国的强大网络。当然，有证据表明，拼命抬价，报价最高的竞买人Deutsche Telekom的政府控股背景在一定程度上左右了公司的行为。但是，不管怎样，德国的3G牌照拍卖总算是取得了成功，最终筹集到了 505 亿欧元，打破了 3G 牌照拍卖的总成交额纪录，人均筹集资金也高达 615 欧元。

而在欧洲各国的 3G 牌照拍卖中，最为失败的国家应该算是瑞士了。专家们普遍认为，作为富国的瑞士，其 3G 牌照应该是非常值钱的。但是，由于拍卖方案的设计问题，拍卖结果却令瑞士政府十分尴尬。瑞士也模仿了英国的拍卖方案，准备以同步增价拍卖的方式出售 4 张 3G 牌照。不过，非常奇怪的是，拍卖规则规定，竞买人可以在拍卖结束前的 1 分钟进行联合竞价。这意味着，竞买人可以公开地合谋。面对这样的拍卖规则，在正式拍卖前的一周，包括 Deutsche Telekom、Hutchison Whampoa 在内的竞买人都选择了退出，竞买人数量也由 9 位减少到了 4 位——恰好等于拍卖标的的数量。更为糟糕的是，瑞士政府最初设立的保留价非常之低。当然，随着时间的推移，瑞士政府似乎也意识到了问题的严重性。他们将拍卖时间向后推迟了 1 个月，并且企图改变拍卖规则。但是，这种做法遭到了强势竞买人的激烈反对。最终的拍卖结果可想而知：瑞士政府只筹集到了 0.8 亿欧元，人均筹集资金 20 欧元，同英国政府 650 欧元的人均筹资数额相去甚远，也仅为瑞士政府期望值的 1/50。事实上，如果瑞士政府选择将增价拍卖和价格密封拍卖相结合的混合式拍卖，可以在很大程度上避免联合竞价带来的问题（Klemperer, 2002）。

宋·米芾《研山铭》（局部）

欧洲各国 3G 牌照拍卖的鲜活案例，提醒我们在应用拍卖理论解决实际问题的时候，必须重点考虑拍卖实践中的约束条件：在位运营商的现状如何，潜在进入者的情况怎样，拍卖标的的数量有多少，都会最终影响拍卖结果。在设计拍卖方案的时候，缺乏竞争氛围的时候，价格抬不上去；引入竞争因素的同时，又会出现合谋问题。在正式拍卖之前，是不是未雨绸缪地早做准备，去没去认真地调查实际情况，有没有仔细地推敲拍卖方案，都会对拍卖结果产生至关重要的影响。3G牌照拍卖是这样，收藏品拍卖又何尝不是如此呢？

第六章 收藏品拍卖市场

第一节 收藏品拍卖的主体

收藏品拍卖的主体，涉及了买家、卖家和中介三个方面。买家是希望通过拍卖赢得拍卖标的的竞买人，而卖家是希望通过拍卖转让拍卖标的的委托人，中介则是买家和卖家之间的桥梁——拍卖人。在拍卖过程中，如果买家成功胜出的话，那么，他就成为了拍卖标的的买受人。

经验地看，我们可以按照购买动机的不同，将收藏品市场上的买家分为收藏者、投资者和收藏投资者三大类。所谓收藏者，是指那些纯粹追求收藏偏好的满足所带来的精神收益的人；所谓投资者，是指那些纯粹追求收藏投资所带来的经济收益的人；所谓收藏投资者，则是指那些既追求收藏偏好的满足所带来的精神收益，又追求收藏投资所带来的经济收益的人。

显而易见，收藏者和投资者购买收藏品的动机都比较单一。他们要么仅仅追求收藏所带来的乐趣，要么仅仅追求收藏所带来的经济收益——虽然投资者在追求货币化收益的过程中，只要稍微用心感悟一下，也会或多或少地体会到收藏所带来的乐趣，获得心理上的满足和精神上的享受。不过，这样，他的动机就不"纯"了，成了一个既追求收藏所带来的经济收益，又追求收藏所带来的精神收益的收藏投资者。可是，收藏者和投资者向收藏投资者的转换是非常容易发生的。正是由于这个原因，纯粹的收藏者和投资者都为数不多，数量最多的是收藏投资者。在收藏品市场上，这三种主体的数量表现出一种大致呈"钟型"的正态分布。如果用横轴表示收藏品市场主体的分类，用纵轴表示收藏品市场上三种主体的数量，我们可以用图6.1直观地表示收藏品市场主体的数量分布情况：

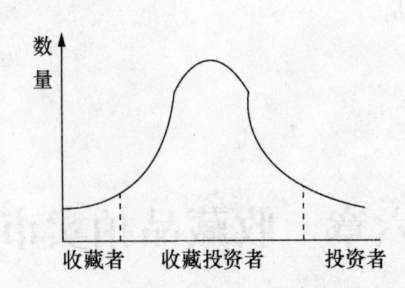

图 6.1　收藏品市场主体的数量分布

资料来源：马健：《收藏投资的理论与实务》，浙江大学出版社 2004 年版，第 177 页。

夏叶子（2005）对北京收藏品市场的入市人数、入市动机和成交金额进行过一项调查。他发现，收藏者和收藏家入市的人数，占入市总人数的 20% 左右，成交金额约占总成交金额的 65%—70%。收藏爱好者的入市人数，占入市总人数的 80% 左右，成交金额约占总成交金额的 10% 左右。另外，还有为数不多，但对市场行情具有举足轻重影响的"炒作"者。当包括收藏者、投资者和收藏投资者在内的买家参加收藏品拍卖会，准备通过拍卖的方式购买收藏品的话，就自然而然地成为了拍卖标的的竞买人。除了公民个人以外，有意通过拍卖的方式购买收藏品的法人或其他组织同样可以成为竞买人。

一般来说，拍卖公司都不会对上拍收藏品的真伪和品质承担瑕疵担保责任。所以，竞买人在参与竞价之前，显然有必要在拍卖日前，亲自前往预展现场审看拟竞购收藏品的实物，仔细判断拟竞购的收藏品是不是符合拍卖图录上的文字描述，而不应该仅仅依赖于拍卖公司的拍品图录，以及其他形式的印刷资料和影像资料做出判断。如果在仔细审看收藏品原物后决定参与竞价的话，竞买人还需要前往拍卖公司办理登记手续。

如果竞买人是自然人，应该在拍卖日前凭有效身份证、护照或中华人民共和国认可的其他有效身份证件填写并签署拍卖公司的登记文件，交纳保证金，领取竞价号牌；如果竞买人是法人或其他组织，应该在拍卖日前凭有效的注册登记文件、法定代表人身份证明或合法的授权委托证明文件填写并签署拍卖公司的登记文件，交纳保证金，领取竞价号牌。没有按规定办理登记手续的话，竞买人将丧失竞价资格，不被拍卖公司视为正式竞买人。在拍卖结束后，如果竞买人没有购得拍卖标的，拍卖公司将保证金全额无息返还竞买人；如果竞买人购得拍卖标的，保证金可以抵充购买价款的一部分。

如果由于某些原因，竞买人本人无法亲自前往参与竞价的话，他还可以委托自己的代理人参与竞价。而且，其代理人的竞价行为将被拍卖公司视同于竞买人本人的行为。除此之外，竞买人还可以采用书面形式委托拍卖公司代为竞

张大千《落日采薇归》

价。拟委托拍卖公司代为竞价的竞买人应该在规定的时间内办理相关的委托手续，向拍卖公司出具书面委托竞价授权书，并交纳保证金（见表6.1）。如果竞买人希望取消委托授权，也应该在规定的时间内书面通知拍卖公司。

表 6.1　　　　中国嘉德国际拍卖有限公司委托竞价授权书

_____专场拍卖会
__年__月__日

请邮寄或传真至：
中国嘉德国际拍卖有限公司
中国北京建国门内大街18号恒基中心二座603室
邮编：100005
电话：(010) 6518 2315
传真：(010) 6518 3915

人民币账户：
开户名称：中国嘉德国际拍卖有限公司
账　　号：808706155108091001
开 户 行：中行北京恒基中心支行

敬请注意：
1. 本图录中凡带有"＊"标记之拍卖品禁止出境，故本公司恕不办理该标记拍卖品之出境手续。
2. 填写此授权书时，须填写所有项目，包括图录号、拍卖品名称、出价等，否则无效。如两个或两个以上委托人以相同委托价对同一拍卖品竞价成功，则本公司最先收到授权委托书者为该拍卖品的买受人。如委托人以电话方式委托本公司竞价，请用信件或传真确认。

请仔细核查所填写内容：

委托人姓名_____

身份证/护照号码_____

地址_____

电话_____　　传真_____　　邮编_____

委托人签字_____　　日期_____

　　兹申请并委托中国嘉德国际拍卖有限公司就下列编号拍卖品按表列委托价格进行竞价，并承诺接受如下条件：
　　1. 若竞价成功，须自拍卖成交日起七日内向中国嘉德国际拍卖有限公司一次性支付落槌价及相当于落槌价12%的酬金及其他各项费用，并领取拍卖品（包装及搬运费用、运输保险费用、出境手续费自理）；
　　2. 中国嘉德国际拍卖有限公司对拍卖品真伪及/或品质不承担瑕疵担保责任；
　　3. 中国嘉德国际拍卖有限公司本着从客户利益出发的原则，以尽可能低的价格为委托人代为竞价，落槌价格不得高于表列委托价；
　　4. 中国嘉德国际拍卖有限公司《拍卖规则》之委托竞价之免责条款为不可争议之条款。本公司及其工作人员对竞价未成功或代理竞价过程中出现的疏忽、过失或无法代为竞价等不负任何责任；

续表

5. 为使委托人的出价得以接受而不延误,委托人须不迟于拍卖日前24小时向中国嘉德国际拍卖有限公司出具本委托竞价授权书,并同时缴纳保证金人民币5万元。如在规定时间内本公司尚未收到保证金或汇款凭证传真,恕不接受该委托。

委托人承诺已仔细阅读刊印于本图录上的中国嘉德国际拍卖有限公司《拍卖规则》,并同意遵守该拍卖规则的一切条款。

委托竞价出价表

图录号	拍卖品名称	出价(人民币元)

如果两个或两个以上的竞买人都委托拍卖公司代为竞价,并且委托价相同,同为最高的话,那么,按照"委托在先原则",拍卖公司先收到委托竞价授权书者,将成为拍卖标的的买受人。当然,拍卖公司有权决定是否接受竞买人的竞价委托。而且,拍卖公司及其工作人员对竞价未成功或代理竞价过程中出现的疏忽、过失或无法代为竞价等事件都不负任何责任。因此,如果竞买人希望确保竞价的成功,最好还是亲自出席竞价,或委托自己信任的代理人参与竞价。

值得一提的是,竞买人的竞价过程必须按照一定的拍卖竞价幅度(auction bid increment)出价,这个拍卖竞价幅度因拍卖公司和竞价情况而异(见表6.2和表6.3)。

表6.2　　　　　　　　香港佳士得拍卖公司的拍卖竞价幅度

竞价范围	竞价幅度
1000—2000 港元	100 港元
2000—3000 港元	200 港元
3000—5000 港元	200 港元、500 港元、800 港元(例如3200港元、3500港元、3800港元)
5000—10000 港元	500 港元
10000—20000 港元	1000 港元
20000—30000 港元	2000 港元

续表

竞价范围	竞价幅度
30000—50000 港元	2000 港元、5000 港元、8000 港元（例如 32000 港元、35000 港元、38000 港元）
50000—100000 港元	5000 港元
100000—200000 港元	10000 港元
200000—300000 港元	20000 港元
300000—500000 港元	20000 港元、50000 港元、80000 港元（例如 320000 港元、350000 港元、380000 港元）
500000—1000000 港元	50000 港元
1000000 港元以上	由拍卖师自行决定

表 6.3　　　　　　　　　　淘宝网的拍卖竞价幅度

竞价范围	竞价幅度
1—40 元	1 元
41—100 元	2 元
101—200 元	5 元
201—500 元	10 元
501—1000 元	15 元
1001—2000 元	25 元
2001—5000 元	50 元
5001—10000 元	100 元
10000 元以上	200 元

在竞买人的竞价过程中，当拍卖师以落槌的方式或其他公开表示买定的方式确认竞买人的最高应价时，表明竞买人的竞价成功，成为了拍卖标的的买受人。与此同时，买受人与拍卖人之间也就达成了关于这件拍卖标的的买卖合同。按照《中华人民共和国拍卖法》的规定，在拍卖成交后，买受人和拍卖人应该签署拍卖成交确认书（见表 6.4）。在拍卖实践中，拍卖成交确认书一般都是当场签订的。买受人当场缴付一定数额的定金，余款则在约定时间内付清。拍卖成交确认书，以及拍卖人出具的收款凭证和提货证明都是买受人取拍卖标的的必要凭证。

表 6.4　　　　　　　　　拍卖成交确认书（样本）

合同编号：_____
签订时间：_____

委托人：_____
拍卖人：_____

买受人于__年__月__日在拍卖人于_____举行的第__期拍卖会上，通过公开竞价成交下列拍卖标的，依照《中华人民共和国拍卖法》及有关法规的规定，双方签订成交确认书如下：

1. 成交的拍卖物：

编号	拍卖物名称	规格	数量	质量	成交价	佣金率	佣金额	总金额

合计金额（大写）：　　　　　　　　　　　（小写）：

2. 本拍卖成交确认书生效后，买受人即应向拍卖人以现金方式支付拍卖物成交金额及佣金。

　　买受人不能当场全部支付拍卖物成交金额及佣金的，应向拍卖人支付定金__元，并承诺在__年__月__日前付清余款____元。买受人逾期不付清款项，拍卖人应通知买受人在确定的期限内支付。买受人经通知后仍不能在确定的期限内支付的，则无权要求返还定金。拍卖人经委托人同意对该项成交的拍卖物再行拍卖时，买受人应承担再行拍卖所产生的费用，再行拍卖成交金额低于原拍卖成交金额的，其差价由买受人负责支付。

3. 买受人在付清全部款项后应于__天内到__（拍卖物存放地）提取成交的拍卖物；买受人过期不提取拍卖物的，应向拍卖人支付拍卖物成交金额每天__%的保管费，超过保管期限又不宜保存的物品，拍卖人可依法再行拍卖，所得款项扣除支出的费用后，多余款项退回原买受人或以其名义存入银行。

4. 拍卖人到期不能交付拍卖成交的拍卖物，应向买受人双倍返还定金，没有定金的，按拍卖物成交（总）金额的20%计算违约金；拍卖人逾期交付成交拍卖物的，应向买受人支付成交拍卖物总金额每天__%的违约金。

5. 买受人要求对其身份进行保密的，拍卖人应予保密。

6. 买受人在提取成交拍卖物时，应对拍卖物进行认真验收。若发现拍卖物与拍卖资料不符，应当场向拍卖人提出，拍卖人应予以解决。

7. 本确认书在履行中若发生争议，双方应协商解决，协商不成的，可以采取下列第（　）种方式解决：

（1）向_____仲裁委员会申请仲裁；

（2）向_____人民法院起诉。

续表

8. 买受人办理的竞买申请手续及其提供的文件和资料为本确认书的有效组成部分;拍卖人在拍卖前宣布的拍卖规则,与本拍卖成交确认书有不同规定的,以本拍卖成交确认书的规定为准。

9. 本拍卖成交确认书自双方签字盖章后生效。

10. 其他约定:

买受人(盖章):_____ 拍卖人(盖章):_____ 鉴证机关意见:_____
法定代表人(签字):_____ 法定代表人(签字):_____
委托代表人(签字):_____ 委托代表人(签字):_____

拍卖成交后,买受人应该在规定的时间内,向拍卖公司一次性付清包括佣金和其他各项费用在内的购买价款,即可获得拍卖标的的所有权。否则,将要承担相应的违约责任。

如果买受人没有按规定足额付款,那么,拍卖公司有权采取以下的一种或几种措施:

(1) 拍卖成交后,如果买受人没有按照规定时间缴付购买价款,保证金不予退还,同时还应按规定承担相应责任。

(2) 在拍卖成交日起的规定时间内,如果买受人没有向拍卖公司付清全部购买价款,拍卖公司有权将买受人的全部或部分资料提供给与拍卖公司有合作关系的第三方机构,委托该机构代为向买受人催要欠付的全部或部分购买价款。

(3) 在拍卖成交日起的规定时间内,如果买受人仍然没有足额支付购买价款,拍卖公司则从规定的时间开始,就买受人未付款部分按相关标准收取利息,直至买受人付清全部款项之日为止,买受人与拍卖公司另有协议者除外。

(4) 拍卖公司有权对买受人提起诉讼,要求赔偿拍卖公司因其违约造成的一切损失,包括因买受人迟付或拒付款项造成的利息损失。

(5) 拍卖公司有权留置该公司向同一买受人拍卖的该件或任何其他拍卖标的,以及因任何原因由拍卖公司占有该买受人的任何其他财产或财产权利,留置期间发生的一切费用和风险均由买受人承担。如果买受人没有在拍卖公司指定的时间内履行全部相关义务,则拍卖公司有权根据中华人民共和国相关法律法规的规定处分留置物。处分留置物所得不足抵偿买受人应付拍卖公司全部款项的,拍卖公司有权另行追索。

（6）在拍卖成交日起的规定时间内，如果买受人仍然没有向拍卖公司付清全部购买价款的，拍卖公司有权视具体情况撤销或同意委托人撤销在同一或任何其他拍卖中向同一买受人售出的该件或任何其他拍卖标的的交易，并保留追索因撤销该笔或任何其他交易致使拍卖公司所蒙受全部损失的权利。

（7）在征得委托人同意后，拍卖公司有权按规定再行拍卖或以其他方式出售该拍卖标的。原买受人除应该支付第一次拍卖中买受人及委托人应该支付的佣金及其他各项费用，并承担再次拍卖或以其他方式出售该拍卖标的的所有费用外，如果再行拍卖或以其他方式出售该拍卖标的所得的价款低于原拍卖价款的，原买受人应该补足差额。

买受人在全额支付购买价款以后，须在规定的时间内前往拍卖公司住所地或拍卖公司指定的其他地点领取所购买的拍卖标的。如果买受人没有在规定的时间内领取拍卖标的，那么，由于逾期所产生的相关搬运费用、储存费用和保险费用均由买受人承担。而且，买受人还将对其所购拍卖标的负有全部责任。换句话说，即使这件拍卖标的仍然由拍卖公司或其他代理人代为保存，但是，拍卖公司及其工作人员或其代理人对任何原因所导致的毁损、灭失等情况，都不负任何责任。

如果买受人没有在规定的时间内领取其购得的拍卖标的，那么，拍卖公司有权采取以下的一种或几种措施：

（1）将该拍卖标的储存在拍卖公司或其他地方，由此发生的一切费用及风险均由买受人承担。在买受人如数支付全部购买价款后，才能领取拍卖标的；

（2）拍卖公司对该拍卖标的行使留置权，若买受人延迟领取该拍卖标的超过规定的时间，拍卖公司有权根据具体情况以公开拍卖或以其他方式出售该拍卖标的，处置所得在扣除拍卖公司垫付的保管费、保险费、搬运费、公证费及拍卖公司因处置该拍卖标的而产生的全部费用后，如果还有余款，则余款由委托人自行取回。

由此可见，竞买人在拍卖前后应该注意的问题，实际上远比我们想象的要多得多！事实上，委托人在拍卖前后，也有很多事情要做。

首先，委托人应该选择一家合适的拍卖公司。所谓的"合适"，除了公司声誉等因素以外，还应该重点考察这家拍卖公司的特色。因为不同的拍卖公司都有自己的特色，有的擅长油画，有的主打书画，有的偏重瓷器，有的专做古籍。因此，根据拟上拍收藏品的种类，选择一家"对口"的拍卖公司，就显得非常重要了。在选择好拍卖公司以后，委托人还应该仔细地阅读并遵守这家拍卖公司的拍卖规则。

在正式签署委托拍卖合同之前，委托人必须向拍卖公司及拍卖标的的买受人保证，委托人对其委托拍卖公司拍卖的拍卖标的拥有绝对的所有权或享有合法的处分权，对该拍卖标的的拍卖不会侵害任何第三方的合法权益，也不违反相关法律法规的规定。除此之外，委托人还必须尽其所知，向拍卖公司全面、详尽的介绍和说明该拍卖标的的来源和瑕疵，不能存在任何隐瞒或虚构。

如果委托人是自然人，应该持有效身份证、护照或中华人民共和国认可的其他有效身份证件，与拍卖公司签署委托拍卖合同；如果委托人是法人或其他组织，应该凭有效的注册登记文件、法定代表人身份证明或合法的授权委托证明文件，与拍卖公司签署委托拍卖合同（见表 6.5）。

表 6.5　　　　　　　　委托拍卖合同（样本）

合同编号：_____
签订时间：_____

委托人：_____
拍卖人：_____

根据《中华人民共和国经济合同法》、《中华人民共和国拍卖法》和其他相关规则，经委托人与拍卖人协商一致，就委托拍卖以下拍品之相关事宜，签订本合同。

第一条　委托拍卖标的及保留价

序号	作者/年代	作品名称	形式/质地/状况	尺寸	保留价

拍卖人不得低于保留价出售拍卖标的。

第二条　如果委托人需要由拍卖人保管拍卖标的，应于__年__月__日之前将上述拍卖标的交付给拍卖人，交付地点为_____，交付方式为_____。因交付拍卖标的所引起的费用由____承担。在拍卖标的交付之后，拍卖人应妥善保管，并将拍卖标的的变动情况及时通知委托人。

第三条　拍卖人承诺在__年__月__日之前在_____举办拍卖会，对委托拍卖标的进行拍卖。

第四条　委托人应向拍卖人预付受理费____元，用于拍卖标的的估价、仓储、运输、保管、保险、公告、广告和双方商定的_____费用开支。最终受理费按照拍卖人的实际开支多退少补。

第五条　委托人同意按照以下标准向拍卖人支付佣金和其他费用，并根据国家相关规定由拍卖人代扣代缴个人所得税。

　1. 佣金和保险费。如果拍卖成交，委托人应按拍卖标的的落槌价的__%向拍卖人支付佣金，应按拍卖标的的落槌价的__%向拍卖人支付保险费；如果拍卖未能成交，委托人应按拍卖标的的保留价的__%

续表

向拍卖人支付未拍出手续费，应按拍卖标的保留价的__%向拍卖人支付保险费。
　　2. 图录费。拍卖人将制作拍卖图录，图录费：整页__元；1/2页__元；1/3页__元；1/4页__元。
　　3. 其他费用。鉴定费__元/件，装裱费/镜框费/修复费/清洗费__元/件。

第六条　如果拍卖成交，拍卖人应在收到全部款项之日起的第__个工作日内将拍卖成交款（扣除佣金后）以_____方式支付给委托人。

第七条　在约定的期限内，如果拍卖未能成交或买受人违约，委托人可以撤回拍卖标的。如果需要继续委托拍卖，则应签订新的委托拍卖合同。

第八条　委托人和拍卖人有义务对拍卖标的的保留价进行保密。如果需要的话，拍卖人应为委托人、竞买人和买受人的身份保密。

第九条　违约责任：
　　1. 如果委托人委托拍卖法律法规禁止拍卖的物品，委托人不拥有绝对的所有权或不享有合法的处分权的物品，委托人应赔偿拍卖人由此造成的损失。
　　2. 委托人对已知的拍卖标的的瑕疵未加说明的，应赔偿拍卖人由此造成的损失。
　　3. 在本合同生效之后，正式拍卖之前，如果委托人要求撤回拍卖标的，应征得拍卖人的同意，并按实际发生费用向拍卖人支付合理费用；无故撤回委托拍卖标的的，则应按拍卖标的保留价的__%向拍卖人支付违约金。
　　4. 拍卖人经核实或鉴定，在拍卖前的任何时候认为拍卖标的依法不适合进行拍卖的，可以撤除该拍卖标的；拍卖人无故撤除委托拍卖标的的，则应按拍卖标的保留价的__%向委托人支付违约金。
　　5. 拍卖人违反合同约定泄露拍卖标的保留价的，应按拍卖标的保留价的__%向委托人支付违约金；委托人违反合同约定泄露拍卖标的保留价，导致拍卖标的未能成交的，应按拍卖标的保留价的__%向拍卖人支付违约金。
　　6. 由于拍卖人保管不善，导致拍卖标的损坏的，由委托人和拍卖人按照拍卖标的的损坏程度协商解决；由于拍卖人保管不善，导致拍卖标的丢失的，拍卖人应按拍卖标的保留价负责赔偿。
　　7. 拍卖人逾期向委托人支付拍卖成交款的，应向委托人支付应付成交款万分之__/天的违约金。

第十条　因本合同发生的纠纷，由双方协商解决。如果协商不成，双方愿意选择以下第（　　）种方式解决：
　　（1）向_____仲裁委员会申请仲裁。
　　（2）向_____人民法院起诉。

第十一条　本合同经双方当事人签字、盖章后，于____年____月____日生效，有效期至____年____月____日止。

第十二条　其他约定：

委托人（签章）_____　　　拍卖人（签章）_____

事实上，在拍卖过程中，发挥核心作用的还是拍卖人。《中华人民共和国拍卖法》规定："拍卖人是指依照本法和《中华人民共和国公司法》设立的从事拍卖活动的企业法人。"这就是说，委托人和竞买人既可以是自然人，也可以是法人或其他组织。拍卖人则不可能是自然人，而一定是企业法人。

拍卖人有权要求委托人说明拍卖标的的来源和瑕疵。与此同时，拍卖人也应该向竞买人说明拍卖标的的瑕疵。拍卖人对委托人交付拍卖的物品负有保管义务。拍卖人在接受委托后，未经委托人的同意，不得委托其他拍卖人进行拍卖。委托人、买受人要求对其身份保密的，拍卖人应该为其保密。拍卖人及其工作人员不得以竞买人的身份参与自己组织的拍卖活动，并不得委托他人代为竞买。拍卖人不得在自己组织的拍卖活动中拍卖自己的物品或财产权利。在拍卖成交后，拍卖人应该按照约定向委托人交付拍卖标的的价款，并按照约定将拍卖标的移交给买受人。

拍卖企业的成立，必须具备一些基本条件：

（1）有100万元人民币以上的注册资本；
（3）有自己的名称、组织机构、住所和章程；
（3）有与从事拍卖业务相适应的拍卖师和其他工作人员；
（4）有符合本法和其他有关法律规定的拍卖业务规则；
（5）符合国务院有关拍卖业发展的规定；
（6）法律、行政法规规定的其他条件。

如果拍卖企业有意经营文物拍卖，那么，其注册资本必须在1000万元人民币以上，拥有5名以上取得高级文物博物专业技术职务的文物拍卖专业人员，并且经所在地的省、自治区、直辖市文物行政部门审核同意后，才能向国家文物局申请文物拍卖许可证。国家文物局应该自收到申请之日起30个工作日内作出批准或不批准的决定。决定批准的，发给文物拍卖许可证；决定不批准的，也会书面通知当事人并说明理由。文物拍卖许可证不得出租、出借或转让。文物拍卖企业在文物拍卖前，必须经所在地的省、自治区、直辖市人民政府文物行政部门审核。省、自治区、直辖市人民政府文物行政部门应该在拍卖公告发布日15日前将拍卖标的的资料及审核意见报国家文物局备案。值得一提的是，以下文物不得作为文物拍卖标的：

（1）依照法律应该上交国家的中国境内出土的文物；
（2）依照法律应该移交文物行政部门的文物，包括国家各级执法部门在查处违法犯罪活动中依法没收、追缴的文物；
（3）银行、冶炼厂、造纸厂以及废旧物资回收单位拣选的文物；

郭沫若《行书词》

（4）国有文物收藏单位以及其他国家机关、部队和国有企业、事业组织等收藏、保管的文物；

（5）国有文物购销经营单位收存的珍贵文物；

（6）非国有馆藏珍贵文物；

（7）物主处分权有争议的文物；

（8）其他依法律法规规定不得流通的文物。

国家文物局和省、自治区、直辖市文物行政部门有权要求拍卖企业对拍卖标的中具有特别重要历史、科学、艺术价值的文物定向拍卖，竞买人范围限于国有文物收藏单位。文物拍卖企业应该在文物拍卖活动结束后30天内，将该次文物拍卖记录报所在地的省、自治区、直辖市文物行政部门备案。国家优先购买的文物的拍卖纪录，由省、自治区、直辖市文物行政部门报国家文物局备案。

拍卖公司则对下列事宜拥有完全的决定权：

（1）通过拍卖品图录、新闻媒体或其他载体对任何拍卖品做任何内容说明和评价；

（2）是否应征询任何专家意见；

（3）拍卖品在图录中插图的先后次序、位置、版面大小等安排，以及收费标准，拍卖品的展示方式，拍卖品在展示过程中的各项安排及所应支付费用的标准；

（4）除非拍卖公司与委托人另有约定，拍卖公司对某拍卖品是否适合由拍卖公司拍卖，以及拍卖地点、拍卖日期、拍卖条件和拍卖方式等事宜拥有完全的决定权。

第二节　中外收藏品拍卖市场比较

随着中国经济20多年来的迅猛发展，中国的收藏者队伍不断壮大，收藏品拍卖市场也是从无到有，发展迅速。纵向观察，成绩斐然；横向比较，不容乐观。如果我们将视野放宽的话，那么，中外收藏品拍卖市场的差距依然是非常大的。

一、从收藏者的构成来看，中国重量级收藏家数量依然很少

尽管包括保利集团、万达集团、今典集团等企业在内的大型机构，早已纷纷试水收藏品市场，并且投入了大量的资金。当我们在提到重量级收藏家的时

候，也会联想到马未都、管艺等人。但总的来看，数量依然偏少。同西方发达国家相比，二者的差距就更明显了。我们不妨看看美国《艺术新闻》（*ARTnews*）发布的 2007 年度世界 200 位重量级收藏家排行榜（见表 6.6 和图 6.2）。

表 6.6　　　　　2007 年度世界 200 位重量级收藏家排行榜

收藏家姓名	常住国家或地区	收藏品种类
Juan Abelló	西班牙	早期大师、西班牙现当代艺术
Barbara and Ted Alfond	美国	美国艺术、家具
Paul Allen	美国	印象派艺术、早期大师、波普艺术、部落艺术
Plácido A rango	西班牙、美国	早期大师、西班牙原始绘画、现当代艺术、中国瓷器
Hélène and Bernard Arnault	法国	当代艺术
Hans Rasmus Astrup	挪威、澳大利亚、英国	当代艺术
Monique and Jean Paul Barbier-Mueller	瑞士	部落艺术、美洲原始艺术、现当代艺术
Cristina and Thomas W. Bechtler	瑞士	极简抽象主义艺术、摄影
Leonora and Jimmy Belilty	委内瑞拉、法国	美洲原始艺术、非洲艺术、当代艺术、摄影
Maria and William Bell Jr.	美国	现当代艺术
Debra and Leon Black	美国	早期大师、印象派艺术、现当代艺术、中国雕塑
Christian Boros	德国	当代艺术
Frances Bowes	美国	现当代艺术
Irma and Norman Braman	美国、法国	现当代艺术
Udo Brandhorst	德国	当代艺术
Edythe L. and Eli Broad	美国	当代艺术
Barbara and Donald L. Bryant Jr.	美国	抽象表现主义艺术、当代艺术
Melva Bucksbaum and Raymond Learsy	美国	当代艺术
Frieder Burda	德国	现当代艺术
Monique and Max Burger	瑞士	80 后艺术
Mary Griggs Burke	美国	日本艺术

续表

收藏家姓名	常住国家或地区	收藏品种类
Peggy and Ralph Burnet	美国	英国当代艺术
Blake Byrne	美国	当代艺术
Joop van Caldenborgh	荷兰	现当代艺术、摄影、雕塑
Mickey Cartin	美国	荷兰早期绘画、20世纪绘画、新生代艺术
Gilberto Chateaubriand	巴西	现代艺术、巴西艺术、摄影
Ella Fontanals Cisneros	美国	当代艺术、影像艺术
Patricia Phelps de Cisneros and Gustavo A. Cisneros	委内瑞拉、美国	现当代艺术、拉丁美洲风景画
Cherryl and Frank Cohen	英国	英国现当代艺术
Eileen and Michael Cohen	美国	当代艺术
Steven Cohen	美国	印象派艺术、现当代艺术
Douglas S. Cramer	美国	当代艺术
Michael Crichton	美国	现代艺术
Rose and Carlos de la Cruz	美国	拉丁美洲当代艺术
Dimitri Daskalopoulos	希腊	现当代艺术
Hélène and Michel Alexandre David-Weill	法国、美国	法国绘画
Beth Rudin DeWoody	美国	现当代艺术
Ulla Dreyfus	瑞士	亚洲艺术、早期大师、象征主义艺术、超现实主义艺术、当代艺术
Barney A. Ebsworth	美国	美国现当代艺术
Stefan T. Edlis and H. Gael Neeson	美国	当代艺术
Agnes and Karlheinz Essl	澳大利亚	澳大利亚现当代艺术
Harald Falckenberg	德国	德国当代艺术、美国艺术
Daniel Filipacchi	法国、美国	现代艺术
Anne and Jerome Fisher	美国	现代艺术
Doris and Donald Fisher	美国	当代艺术
Aaron I. Fleischman	美国	现当代艺术
Friedrich Christian Flick	瑞士、英国	当代艺术
Maxine and Stuart Frankel	美国	极简抽象主义艺术

续表

收藏家姓名	常住国家或地区	收藏品种类
Glenn R. Fuhrman	美国	当代艺术
Soichiro Fukutake	日本	印象派艺术、当代艺术
Kathleen and Richard S. Fuld Jr.	美国	现当代艺术
Antoine de Galbert	法国	原始艺术、当代艺术
Danielle and David Ganek	美国	当代艺术、摄影
Garza Sada 家族	墨西哥	当代艺术、20 世纪墨西哥艺术
David Geffen	美国	现当代艺术
Marsha and Jay Glazer	美国	现当代艺术
Ingvild Goetz	德国	英国当代艺术
Carol and Arthur Goldberg	美国	当代艺术
Giuliano Gori	意大利	现当代艺术、雕塑
Geraldine and Noam Gottesman	英国	当代艺术
Laurence Graff	英国	当代艺术
Esther Grether	瑞士	现当代艺术
Kenneth C. Griffin and Anne Dias	美国	印象派及后印象派艺术
Agnes Gund and Daniel Shapiro	美国	当代艺术、非洲艺术、中国艺术
Ann and Graham Gund	美国	现当代艺术
Joseph Hackmey	英国、以色列	现当代艺术
Mania and Bernhard Hahnloser	瑞士	当代艺术
Margit and Paul Hahnloser – Ingold	瑞士	现当代艺术
Christine and Andrew Hall	美国	德国当代艺术
Princess Marie and Prince Hans – Adam II	列支敦士登	早期大师
Elizabeth and Richard Hedreen	美国	现当代艺术
Ydessa Hendeles	加拿大	当代艺术、摄影
Annick and Anton Herbert	比利时	当代艺术
Donald Hess	阿根廷、瑞士	当代艺术
Marieluise Hessel	美国	当代艺术
Ronnie and Samuel Heyman	美国	现当代艺术
Janine and J. Tomilson Hill	美国	现当代艺术

续表

收藏家姓名	常住国家或地区	收藏品种类
Marguerite Hoffman	美国	现当代艺术、中国水墨艺术
Erika Hoffmann	德国	当代艺术
Cindy and Alan Horn	美国	西部艺术
Susan and Michael Hort	美国	当代艺术
Frank Huang	中国台湾	中国瓷器、印象派及现代绘画
Audrey Lrmas	美国	当代艺术、摄影
Dakis Joannou	希腊	当代艺术
Nasser David Khalili	英国	伊斯兰艺术、瑞典织物、西班牙金属器
Kim Chang-Ⅱ	韩国	当代艺术
Jeanne and Michael L. Klein	美国	现当代艺术
Uli Knecht	德国	波普艺术、德国当代艺术
Robort P. Kogod	美国	美国现当代艺术
Alicia Koplowitz	西班牙	早期大师、现代艺术
Sarah-Ann and Werner H. Kramarsky	美国	美国现代艺术、当代艺术
Pamela and Richard Kramlich	美国	当代艺术
Marie-Josée and Henry R. Kravis	美国	早期大师、印象派艺术、现当代艺术、法国家具
Myron Kunin	美国	美国现代艺术
Barbara and Jon Landau	美国	早期大师、现当代艺术
Emily Fisher Landau	美国	美国当代艺术
Marc Landeau	法国	当代艺术
Joseph Lau	中国香港	现当代艺术
Evelyn and Lennard Lauder	美国	现代艺术
Jo Carole and Ronald S. Lauder	美国、法国	早期大师、澳大利亚艺术
Barbara Lee	美国	女性主义现当代艺术
Anneliese and Gerhard Lenz	澳大利亚	欧洲当代艺术
Elizabeth and Rudolf Leopold	奥地利	表现主义艺术
Joseph Lewis	巴哈马	印象派艺术、现代艺术
Andam Lindemann	美国	当代艺术、部落艺术

续表

收藏家姓名	常住国家或地区	收藏品种类
Andrew Lloyd Webber	英国、美国	现代艺术
Margaret and Daniel S. Loeb	美国	现当代艺术
Vicki and Kent Logan	美国	当代艺术
Eugenio López	墨西哥、美国	当代艺术
Ninah and Michael Lynne	美国	当代艺术
Linda and Harry Macklowe	美国	当代艺术
Susan and John Magnier	爱尔兰、瑞士、西班牙	现代艺术
Sherry and Joel Mallin	美国	现当代艺术、雕塑
Jane and Richard Manoogian	美国	现代艺术
Martin Z. Margulies	美国	现当代艺术、摄影
Anne and John Marion	美国	现当代艺术
Donald B. Marron	美国	现当代艺术
Dinos Martinos	希腊	古董、现当代艺术
Frances G. and James W. McGlothlin	美国	美国印象派艺术
Henry S. McHeil	美国	当代艺术
Gabi and Werner Merzbacher	瑞士	现代艺术
Julie and Edward J. Minskoff	美国	现代艺术
Peter Moores	英国	近现代艺术、中国青铜器、英国当代艺术
Raymond D. Nasher	美国	雕塑
Victoria and Samuel I. Newhouse Jr.	美国	现当代艺术
Philip S. Niarchos	法国、英国	早期大师、印象派艺术、现当代艺术
Peter Norton	美国	当代艺术
Maja Oeri and Hans U. Bodenmann	瑞士	当代艺术
Sammy Ofer	英国、摩纳哥、以色列、美国	印象派艺术、现代艺术
Thomas Olbricht	德国	现当代艺术
George Ortiz	瑞士、法国	古董、部落艺术、近现代艺术
Judy and Michael Ovitz	美国	当代艺术、中国明代家具、现代绘画、非洲艺术

续表

收藏家姓名	常住国家或地区	收藏品种类
Countess and Count Giuseppe Panza di Biumo	意大利、瑞士	当代艺术
Mary and John Pappajohn	美国	现当代艺术
Bernardo Paz Adriana Vareö	巴西	巴西当代艺术
Marsha and Jeffrey Perelman	美国	现当代艺术
Francois Pinault	法国	当代艺术
Ron Pizzuti	美国	现当代艺术
Elizabeth and Harvey Plotnick	美国	早期大师、伊斯兰陶艺、古籍善本
Miuccia Prada and Patrizio Bertelli	意大利	当代艺术
Véronique and Louis-Antoine Prat	法国	法国素描
Lisa S. and John A. Pritzker	美国	摄影
Emily Pulitzer	美国	立体派艺术、后印象派艺术、抽象表现主义
Cindy and Howard Rachofsky	美国	当代艺术
Mitchell Rales	美国	现当代艺术
Steven Rales	美国	印象派艺术、现当代艺术
Patrizia Sandretto Re Rebaudengo	意大利	当代艺术
Louise and Leonard Riggio	美国	当代艺术
Ellen and Michael Ringier	瑞士	当代艺术
Sharon and Jay Rockefeller	美国	美国印象派艺术
Inge Rodenstock	德国	当代艺术
Aby J. Rosen	美国	现当代艺术、摄影
Elie de Rothschild	法国、英国	早期大师、印象派艺术、现代艺术
Eric de Rothschild	法国	早期大师、现当代艺术
Mera and Donald Rubell	美国	当代艺术
Betty and Isaac Rudman	多米尼加、美国	拉丁美洲艺术
Charles Saatchi	英国	英国当代艺术
Sakip Sabanci	土耳其	土耳其艺术、现代艺术
Kathy and Keith Sachs	美国	当代艺术
Lily Safra	英国	现代艺术

续表

收藏家姓名	常住国家或地区	收藏品种类
Sainsbury 家族	英国	印象派艺术、现当代艺术
Ida and Piet Sanders	荷兰	现当代艺术、非洲艺术
Jeannette and Martijn Sanders	荷兰	现代艺术
Marieke and Pieter Sanders Jr.	荷兰	当代艺术、雕塑
Fayez Sarofim	美国	古埃及雕塑、早期大师、美国印象派艺术、现当代艺术
Louisa Stude Sarofim	美国	现当代艺术
Tatsumi Sato	日本	当代艺术、原始艺术
Denise and Andrew Saul	美国	美国现当代艺术、中国青铜器
Ute and Rudolf Scharpff	德国	当代艺术
Chara Schreyer	美国	现当代艺术、摄影
Helen and Charles Schwab	美国	现当代艺术
Marianne and Alan Schwartz	墨西哥	早期大师、现代艺术
Adam D. Sender	美国	当代艺术
Mary and Jon Shirley	美国	现当代艺术
Lila and Gilbert B. Silverman	墨西哥	概念艺术
Peter Simon	英国	当代艺术
Carlos Slim Helö	墨西哥	早期大师、墨西哥原始艺术、现代艺术
Jerry I. Speyer and Katherine G. Farley	美国	当代艺术
Blema and Arnold Steinberg	加拿大、美国	现当代艺术
Jeffrey Steiner	英国	印象派艺术、现当代艺术
Judy and Michael H. Steinhardt	美国	古典雕塑、现代艺术
Gayle and Paul Stoffel	美国	当代艺术
Lisa and Steve Tananbaum	美国	现当代艺术
Toby and Joey Tanenbaum	加拿大、美国	欧洲艺术、新石器时代艺术
Benedikt Taschen	德国	当代艺术
David Teiger	美国	当代艺术
Ann Tenenbaum and Thomas H. Lee	美国	现当代艺术、埃及艺术

续表

收藏家姓名	常住国家或地区	收藏品种类
David Thomson	加拿大	当代艺术
Ruth and William True	美国	当代艺术
Dean Valentine	美国	当代艺术
José Luis Várez Fisa	西班牙	古董、早期大师、西班牙现当代艺术
Alice Walton	美国	美国艺术
Alain Wertheimer	法国、美国	现代艺术
Abigail and Leslie H. Wexner	美国、英国	现当代艺术
Shelby White	美国	古董
Reba and Dave Williams	美国	美国艺术
Virginia and Bagley Wright	美国	当代艺术
Reinhold Würth	德国	现当代艺术
Elaine and Stephen A. Wynn	美国	法国印象派艺术、现当代艺术
Anita and Poju Zabludowicz	英国	当代艺术

资料来源：根据 The Editors of ARTnews. The ARTnews 200 Top Collectors. ARTnews, 2007 (7) 的相关资料整理。

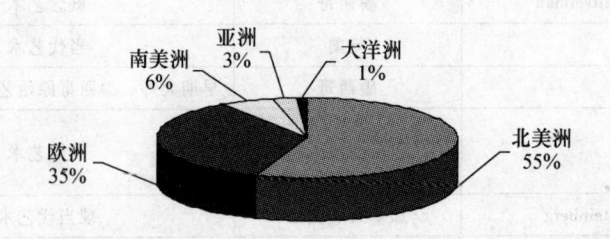

图 6.2　2007 年度世界 200 位重量级收藏家的区域分布情况

在 2007 年度世界 200 位重量级收藏家排行榜上，来自欧美地区的收藏家占到了上榜收藏家总数的 90%。上榜的中国收藏家只有两位：一位是来自中国台湾的力晶集团董事长黄崇仁（Frank Huang），另一位是来自中国香港的华人置业集团主席刘銮雄（Joseph Lau）；而来自中国内地的收藏家则一位也没有。这意味着，从世界范围来看，中国的重量级收藏家数量依然很少。

二、从拍卖业的现状来看，中国收藏品拍卖业违规操作严重

总的来看，目前的中国收藏品拍卖业依然处于一个混乱和无序的状态。拍卖公司的违规操作现象相当严重，有时候甚至已经到了完全肆无忌惮、令人触目惊心的地步了。我们不妨来看一个"恶意串通、自卖自买、抬高价格"的典型案例。

2006年5月，朱绍良与北京传是国际拍卖有限公司签订了一份委托拍卖合同，准备上拍一幅乾隆皇帝的国画《岁寒三益》（长86.5厘米，宽62.5厘米）。这幅画钤有"乾·隆"、"五福五代堂古稀天子宝"、"八徵耄念之宝"、"太上皇帝之宝"、"三友轩"、"松竹一庭道心"、"新藻发春妍"和"石渠宝笈所藏"八印，并被《石渠宝笈续编》著录，确为乾隆皇帝的真迹。

几年前，这幅画曾经出现在一场拍卖会上，当时的保留价只有3000多元，最终的成交价也仅为8000多元。此后，朱绍良通过朋友的介绍，花费6万多元购得了这幅画。为了吸引更多的人气，在与拍卖公司协商以后，定下了5万元的保留价，而拍卖预展期间的估价也仅为4万—6万元。随后，北京传是国际拍卖有限公司将这幅画编入了《北京传是2006年春季拍卖会》图录，拍卖会定于6月25日举行。6月21号，拍卖会开始预展。可是，就在拍卖会的预展期间，朱绍良接到了拍卖公司的电话。拍卖公司的工作人员告诉他，有人愿意出价4.5万元，希望在场前（拍卖会之前）买断这幅画。

朱绍良称，由于未达到保留价，他不同意交易。他坦言："乾隆的画和书法不可能便宜的，所以我（当初）定的5万是为了往上招人的。（拍卖）经常有这种事，定那么高，定5万可能吸引10个人来买，定500万可能没有人来了。"可是，拍卖公司的工作人员随后还是通知他，买家陈冲在支付了4.5万元的买断价后拿走了这幅画，扣除佣金后的钱已打到了他的账户上。朱绍良当然拒绝收钱，他要求拍卖公司追回这幅画。拍卖公司则以他同意交易为由予以拒绝。在这一点上，拍卖公司的说法与朱绍良的说法大相径庭。拍卖公司称，这次交易得到了朱绍良的同意。但是，拍卖公司无法出示朱绍良的签字确认书。

6月25日，拍卖会如期举行。有意思的是，虽然拍卖公司拿不出原委托人的签字确认书来证明这次交易确实是在朱绍良本人同意的前提条件下发生的。但是，这丝毫不影响这幅画如期出现在拍卖会上。不过，这幅画的委托人已经由朱绍良变为了陈冲。北京传是国际拍卖有限公司在拍卖会结束以后发布的题为《传是春拍 稳健迈进》的2006年春季拍卖会总结中，曾经这样描述过《岁寒三益》的竞价过程："在拍卖会行将结束时，1265号乾隆御笔《岁寒三益》图以3万元起价，三位买家即开始竞价，一路飙升至80万元时，一位藏家退出竞价，另两位继续激烈竞争，最后以134万元的价格落槌，引得场

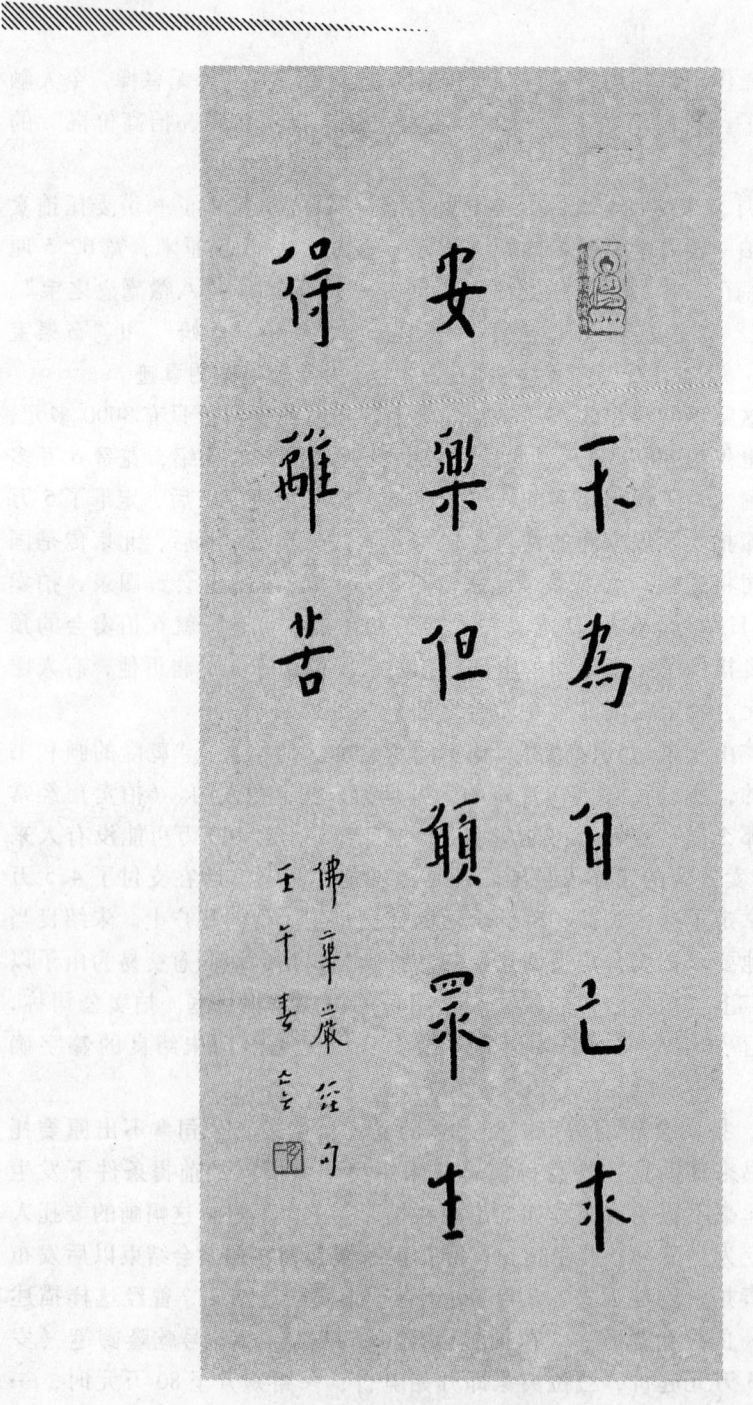

弘一法师《行书华严经句》

上热烈掌声。在书画行情有所调整的春季拍卖会，这种场面实属罕见，是本次拍卖会的闪亮一幕。"

值得一提的是，各大媒体在报道这一事件的时候，所采用的叙述是"以122万元的价格落槌"或者是"获得了122万元的高价"。事实上，拍卖中的落槌价和成交价是两个完全不同的概念。落槌价指的是，拍卖师在拍卖会上，通过敲击拍卖槌等方式，对竞买人应价的最高价予以确认时的价格。"落槌"意味着竞价过程的结束和拍卖标的的易主。而成交价指的是，落槌价加上佣金和其他各项费用之后的价格，也就是买受人应该向拍卖人支付的价格。在收藏品拍卖中，成交价和落槌价的区别是非常明显的。按照以上的定义和逻辑线索，我们可以推断，拍卖公司的意思应该是，《岁寒三益》的落槌价为122万元，成交价为134万元。

当然，对于这个案例来说，委托人付出了多少钱，买受人获得了多少钱，实际上都是无足轻重的。因为陈冲在场前买断这幅画之后，依然以委托人的身份委托北京传是国际拍卖有限公司上拍。并且在拍卖会上出价122万元买走了这幅画。11月10日，这幅画似乎又易其主。在拍卖会上身兼委托人和买受人双重身份的陈冲以120万元的价格将这幅画卖给了宁波金昌隆线材制品有限公司。耐人寻味的是，陈冲正是这家公司的法人代表。

2007年5月，这幅画又出现在了中国嘉德国际拍卖有限公司的春季拍卖会图录上，估价为220万—280万元。拍卖公司在这幅画的说明中写道："此件作品据《石渠宝笈续编》3912页记载应为圆明园方壶胜境处存放。或可能于1860年英法联军火烧圆明园时散出，属于圆明园重要遗物。"在按语中则点评道："乾隆是个以风雅自赏的君主，他能诗、善书，也爱好画画，万机之暇，每以笔墨自遣。此图写松、竹、梅三友，近乎文人游戏，用笔生拙，墨色腴润。曾著录于《石渠宝笈续编》，确是他的真迹无疑，且保存如新，很难得。"

在得知事情的真相之后，朱绍良认为，北京传是国际拍卖有限公司在没有征得自己同意的条件下，没有通过正规的拍卖程序，就私下擅自将自己委托其上拍的这幅画出售给了他人，并因此损害到了自己的利益。所以，他决定用法律的武器维护自己的合法权益。由于中国嘉德举行春季拍卖会的地点北京嘉里中心属于北京市朝阳区。因此，原告朱绍良及其代理人立刻向北京市朝阳区人民法院申请了诉前财产保全，法院随后冻结了这幅画。在这幅画被法院冻结以后，他们又在规定的时间内向法院提起了诉讼。朱绍良的代理人认为："不管朱绍良是否同意，相关法规明确规定，不经拍卖竞价程序处分拍卖标的属于恶意串通行为。"他们认为,第一被告北京传是国际拍卖有限公司、第二被告陈冲和第三被告宁波金昌隆线材制品有限公司的恶意串通行为,买卖应属无效,而他们在拍卖会正式举行之前将拍卖标的买断的做法也是违法的。因此,他们要求法院确认北京传是国际拍卖有限公司将《岁寒三益》出售给陈冲的行为无效,并判令三被告返还原物。

8月14日,北京市东城人民法院公开审理了此案。法庭上,第一被告北京传是国际拍卖有限公司的代理人否认了原告朱绍良对他们"私自转让"的指责。第一被告的代理人表示,将这幅画以4.5万元的价格卖给第二被告陈冲是征得朱绍良同意的。虽然没有落实到合同上,但在拍卖会后,他们已经将钱打到了朱绍良的账户里,朱绍良和陈冲之间形成了事实上的买卖关系。在法官的进一步追问下,第一被告的代理人承认,陈冲在买到这幅画后,委托他们将这幅画在拍卖会上上拍,而陈冲本人又以122万元的价格从拍卖会上将这幅画买走。当法官问第一被告:"'自己委托自己拍卖'这种做法合法吗?"第一被告的代理人含糊其辞地回答:"这样做只能说不是特别的妥当,但是是行业内普遍的做法。"

而第二被告陈冲解释说,在拍卖会之前,他就已经将这幅画买下了。本来不准备再上拍卖会。但是,第一被告让他再"走个过场"。于是,双方签订了委托拍卖合同,而拍卖佣金和实际款项,双方都已经约定好了。他只需要按照4.5万元的落槌价支付佣金。陈冲认为,他是通过正常途径从拍卖公司购买的这幅画,是合法的。他在接受记者采访时表示:"过了一年,(朱绍良)发现我又查到了宝贝了,这个是真迹,嘉德大拍也能上了,他就反悔了,天下哪有这种小人,东西已经卖了,钱也领了,现在发现这个宝贝了,他就来告你,诬告我们串通什么的。"

第三被告宁波金昌隆线材制品有限公司的代理人则认为,他们是以120万元的价格从陈冲手中购得这幅画,并成为了这幅画的合法所有权人。因此,不应该成为此案的被告。

在法院调解的时候,朱绍良同意补偿陈冲20万元,以取回这幅画,但被陈冲拒绝。当然,他之所以不同意法院的调解,也有自己的理由。因为他为了鉴定《岁寒三益》这幅作品为乾隆皇帝的真迹,仅仅鉴定费就花了20多万元。经过法院的再次调解,原告和被告最终达成了和解:原告朱绍良以支付80万元给第三被告宁波金昌隆线材制品有限公司作为补偿的方式取回了这幅画。

原告自愿补偿被告的案例,本来就非常罕见。而被告拒绝原告补偿的事情，更是闻所未闻。事实上，这个"恶意串通、自卖自买、抬高价格"的典型案例只是冰山一角而已。中国收藏品拍卖业的规范，还有相当长的路要走（陈俊杰，2007；陈俊杰和戴鑫，2007；郭晓明，2007）。

三、从公司经营理念来看，中国拍卖公司短视现象比较严重

近 20 多年来，中国社会一直处于转型期。由于缺乏关于未来的明确预期，因此，短视的机会主义现象非常普遍。这种短视的机会主义发展观反映到拍卖公司的经营理念上，就是拍卖公司经营中出现的比较严重的短视现象，例如，在中国收藏品拍卖业中非常突出的，以"假货、假价、假拍"为代表的"三假"现象。一些拍卖公司甚至在刚刚成立的时候，就树立了看似高瞻远瞩，有助基业长青；实则好高骛远，只是耍小聪明的经营理念。

2007 年 4 月 28 日出版的《香港商报》"特刊"刊登了一篇题为《拥有 13 亿人口市场的中国苏富比——寻求战略合作伙伴共同携手进军美国纳斯达克》的文章：

拥有 13 亿人口市场的中国苏富比
——寻求战略合作伙伴共同携手进军美国纳斯达克

2007 年 4 月 29 日，中国苏富比拍卖集团策划的神六搭载《神州颂》世界巡展"和平之旅"将在北京起航。此次巡展在前期准备过程就已经创下了首次以 56 个民族大团结为主题进行创作、首次由中国当代 168 位著名书画家联合创作、首次由中国三位宇航员联合题词签名、首次沐浴千年佛教禅院宝光寺佛祖加持、首次进行海内外互动巡展等多个"第一"，无疑将成为苏富比发展历程中的又一经典之作！中国市场经济的建立和逐步完善，以及国际上拍卖业的发达，使中国拍卖业实现了高速发展。特别是近十年来，几乎是一年一个大跳跃，并逐渐与国际拍卖业接轨。同时，随着中国拍卖业逐渐成熟，并成为商品流通服务领域中一个重要行业，它又在促进中国经济发展、市场繁荣、社会稳定，优化资源配置和文化的传承等方面发挥了积极的作用。走出国门、走向世界，与国际接轨成为中国拍卖界的梦想与愿望。回望近几年的拍卖行业，中国这一拥有 13 亿人口的巨大市场无疑是全球范围内的最大亮点，而坐拥这一巨大资源的中国苏富比拍卖集团则以其独特的理念、诚信的宗旨，为快速发展的中国拍卖行业带来了新风。本着开拓创新、品牌经营的发展宗旨，着眼于加入 WTO 机遇下的西部蓝筹投资环境，中国苏富比拍卖集团蓄势待发！

拥有 13 亿人口大市场硕果累累的苏富比目标直指纳斯达克。

2005年1月6日，中国总人口达到13亿。

13亿意味着什么？意味着中国具有巨大的一个潜在市场！13亿不仅仅是一个沉甸甸的数字，还告诉我们一个意味深长的方程式：一个很小的机遇，乘以13亿，就会变成一个大机遇；一个很大的总量，除以13亿，就会变成一个很小的数目。13亿既有"放大效应"，也有"缩小效应"。

苏富比集团深刻地体会到13亿人口这一市场所带来的巨大机遇，敏锐地捕捉着行业资讯，迅速拓展业务发展领域，并与境内外多家知名媒体进行广泛的战略合作，在充分发挥无形资产运作的同时，积极挖掘有形资产拍卖的优势，组织运作能力及企业资信度均得到了社会的认可与赞誉，其规范的操作与品牌的服务赢得了客户的信赖与支持。

因此，成立仅数年的中国苏富比拍卖集团一直都与中国拍卖行业中的多个"第一"相关联：

1998年，中国苏富比拍卖集团在西藏敲响"青藏高原第一槌"。

从2000年开始，在川投资创办《中国拍卖》期刊，并陆续编辑出版了《中国西部美术作品选》、《巴蜀写韵》、中国画长卷神六搭载《神州颂》等19本美术专籍。在西部地区首次提出"原创作品拍卖"的先行理念，打破了一直以来传统艺术品拍卖的"真伪"尴尬，成为传统艺术品拍卖划时代的革新之笔。

2003年12月，经过长达三年的市场考察与预热，中国苏富比拍卖集团利用传统优势项目"艺术品拍卖"的成功运作模式推动新型业务的发展，注册四川苏富比拍卖有限公司，正式进驻西部，标志着集团在内地市场的全面拓展。

2004年3月1日起，集团与《金融投资报》合作，独家投资创刊了中国拍卖领域第一个拍卖专版"第一拍卖"，这也是中国拍卖企业首家专业媒体平台和运作实体。

2004年7月30日，备受社会各界瞩目与期待的"600年老窖珍品五粮液"在苏富比拍卖集团的精心策划与运作下，以50万元的高价成功拍卖，成为迄今为止世界白酒拍卖成交额最高的单瓶酒！

2004年11月30日，"神五搭载邮票捐资助学拍卖会冠名权"的拍卖正式拉开序幕，这是中国拍卖企业首次将自己拍卖会的冠名权以公开拍卖方式出让。

2005年9月，在中国第三届攀西石榴节上，苏富比将一颗荣获吉尼斯世界纪录的"石榴王"拍得25万元的"铂金价"，创造了人类有史以来单个果品拍卖的最高价格。

2006年10月18日，搭载"神六"升空的"中国飞天第一图"《长征万里图》以5500万元的天价成交，一举刷新《和平颂》拍卖5000万元的纪录。更难能可贵的是，苏富比集团将所得佣金捐出480万元，在长征途中十六个转折点捐建了十六所"长征七十小学"，为西部的教育事业贡献了自己的力量！

2007年2月6日，苏富比将千年古刹宝光寺"新年第一炷香"拍出99万元的天价，创人类有史以来第一炷香拍卖的世界纪录……

正是这些中国拍卖史上的众多"第一"，使苏富比拍卖集团的总裁李绍宁近年来备受关注。在采访他时亦能时时处处感受到那种难得的创新意识和长远目标："作为拍卖公司，我们的很多做法都与人们想象的传统拍卖行业有很大差距，甚至有很多经营理念和拍卖活动都被社会公众认为是不可思议或者不可能，包括石榴拍出25万元天价和"新年第一炷香"的公开授让都受到了社会方方面面的置疑和阻力，但任何不可能、不可思议、敏感的事情都需要有一个突破。正如1987年霍英东向深圳政府建议出让国有土地以筹集资金一样，深圳拍卖了第一块土地，也拉开了中国房地产拍卖的序幕。从1987年到今天，中国的房地产拍卖市场已经走过20年，并逐步迈入良性循环的轨道，这不能不说是霍老先生理念创新的一个结果。如果每个人都能为推动社会的一点进步贡献一个创新的理念或点子，那我们的国家将发展得非常迅速。我们也希望通过这种创新的意识，改变人们固有的思维模式，把人们固有思维里认为不可能、不可思议的事情变为事实！"

背靠13亿人口的巨大市场、改变固有思维模式的创新理念、秉承"诚信是金"的经营宗旨、创造引人注目的突出业绩，中国苏富比集团希望能与志同道合的战略伙伴、合作伙伴携手，成为中国第一家上市美国纳斯达克的拍卖集团！

这篇文章给我们的感觉似乎是，世界拍卖业巨头苏富比实际上早就悄无声息地进入中国内地市场了。不仅如此，早在1977年就已经在纽约证券交易所（NYSE）上市的苏富比还雄心勃勃，不安于现状，希望寻求战略合作伙伴，以便"共同携手进军美国纳斯达克（NASDAQ）"，"成为中国第一家上市美国纳斯达克的拍卖集团"。

中国苏富比集团的"公司简介"（www.hkssb.com）是这样介绍该公司的：中国苏富比集团是"一家集资本运作、拍卖、报业、出版、发行、经纪、展览、文化、艺术交流、捐资助学、资产整合为一体的经济实体"。中国苏富比集团的"子机构"包括：中国苏富比出版集团有限公司、中国苏富比拍卖行业协会、香港苏富比国际拍卖公司、香港苏富比金融投资有限公司、四川苏富比拍卖有限公司、四川索斯比文化传播有限公司、四川·中国西部助学中心、广西北海索斯比商务有限公司、中国画研究院、《中国拍卖》编辑部、《中国美术作品选》编辑部。网站上的"中国苏富比集团组织机构图"显示，该集团下属的全资企业包括：中国拍卖集团有限公司、四川苏富比拍卖有限公司、四川索斯比文化传播有限公司、重庆纳高拍卖有限公司、广西北海索斯比商务有限公司、中国画研究院、《中国拍卖》编辑部、《中国美术作品选》编辑部。

面对"苏富比"、"索斯比"、"纳高"、"中国画研究院"、"《中国拍卖》"这些如雷贯耳的名字，我们不得不倍感疑惑：不仅世界拍卖业巨头苏富比（Sotheby's，也被译为"索斯比"）悄无声息地进入了中国内地市场，成立于1922年的欧洲老牌拍卖公司——德国纳高（Nagel）拍卖公司也无声无息地进入了中国内地市场？不仅如此，中国苏富比集团还将文化部直属的中国最高国画学术研究机构——中国画研究院（2006年更名为中国国家画院），以及中国拍卖行业协会主办的机关刊物——《中国拍卖》编辑部都纳入了"苏富比"的旗下？这让我们感到非常惊讶。事实上，此苏富比（Softbill）并非彼苏富比（Sotheby's）。而重庆纳高拍卖有限公司、中国画研究院、《中国拍卖》编辑部也同德国纳高（Nagel）拍卖公司、中国国家画院及其前身中国画研究院、《中国拍卖》杂志社毫无关系！

2007年6月，苏富比（Sotheby's）亚洲区行政总裁程寿康公开表示，一家名为"四川苏富比"和"中国苏富比"的内地公司，在中国香港报刊大肆刊登全版广告，表示近日将于北京一家酒店举行国画《神州颂》投保签署仪式，而且将于2007年9月30日拍卖这幅曾经由"神舟"号搭载上太空的艺术品，参考价为960万元人民币。程寿康指出，苏富比从来没有在四川成立公司，而且也没有《神州颂》要拍卖。但是，四川苏富比拍卖有限公司及其关联公司却在各大报刊上刊登广告。例如，他们在《拍卖报》刊登了"中国苏富比拍卖集团祝'两会'圆满成功"；在《香港商报》刊登了"中国苏富比寻找战略合作伙伴，共同携手进军美国纳斯达克"。而刊登的配图却是苏富比当时即将在香港上拍的拍品——徐悲鸿的油画《放下你的鞭子》和乾隆御制扳指。这让苏富比的许多老客户在看到广告之后，感到莫衷一是，难以分辨真假。程寿康认为："这分明是一个以'苏富比'之名来鱼目混珠的行为。"

因此，苏富比对中国苏富比集团旗下的三家注册地址均为香港铜锣湾告士打道 255 号信和广场 12 楼 1205 室的以"苏富比"为名注册三家"空壳公司"——香港苏富比国际拍卖有限公司、香港苏富比金融投资有限公司和中国苏富比出版集团有限公司提起了诉讼。但是审理期间，被告均未出席。2007年5月23日，香港特别行政区法院批准了苏富比（Sotheby's）的索偿申请，并对被告处以强制令："强止各被告人，以任何方式，利用名称'苏富比'或任何与前述名称混淆性地及误导性地近似之名字影射或企图或致使，促使协助或令他人或以任何其他方式影射非原告人之业务或生意为原告人之业务及生意。"随后，为中国苏富比集团刊登过广告的香港《大公报》和《香港商报》的律师也向苏富比去函致歉，表示绝不再为任何以"苏富比"名义运作的公司刊登广告。

对于法院的判决，程寿康表示满意。但是，对于中国内地抢注商标的问题依然感到忧心忡忡。他认为："内地公司利用现时国家不允许外资在内地从事拍卖业务的规定，以'苏富比'的名称做生意。"因为"内地曾经有人告诉我们，如果要取回名称，便要高价购回，但我们不会接受、更不会妥协"。对此，他明确表示，将委托内地律师准备进行诉讼。

2007年11月15日，北京市第二中级人民法院开庭受理了苏富比诉四川苏富比拍卖有限公司商标侵权和不正当竞争纠纷案。这是中国内地的拍卖公司首次因为商标侵权问题而对簿公堂。在法庭上，原告苏富比认为，被告四川苏富比拍卖有限公司未经许可，在其拍卖经营活动、宣传材料、网站和名片中大量突出性地使用与自己的商标相同或近似的标识，与苏富比的未注册驰名商标"苏富比"构成了混淆性近似。四川苏富比拍卖有限公司在拍卖活动中使用的"Softbill"，与苏富比拍卖公司注册商标"Sotheby's"构成了混淆性近似，侵犯了苏富比的涉案商标权，构成了不正当竞争，严重侵犯了原告对"苏富比"和"Sotheby's"商标的专用权。因此，请求法院判令被告停止不正当竞争行为，在名称和经营活动中停止使用"苏富比"、"中国苏富比"、"苏富比拍卖"、"苏富比集团"等标识，进行公开道歉，并赔偿100万元的经济损失。

四川苏富比拍卖有限公司则表示，该公司是依法设立，合法存续的中国公司。依法、善意地使用其企业名称和字号，不具有侵权故意，客观上也未造成相关公众的混淆和误认。该公司从未实施过侵犯原告注册商标专用权和不正当竞争的行为。而且，原告苏富比并没有在第35类拍卖服务上注册"苏富比"商标，也没有在中国内地实际商业性地使用过该商标。不仅如此，原告与被告并不构成市场竞争关系，"苏富比"也不是原告或其关联公司的字号或者涉案注册商标"Sotheby's"在中国国内公认的翻译。据中国苏富比集团的一位副总经理介绍:"中国苏富比拍卖集团是一个独立的企业,其商标,包括'苏富比'与'索斯比'已经在国家相关机构注册过,是完全合法的。至于为什么会取这个名字,是因为我们老总特别喜欢三苏的诗词,当时给公司取名的时候,用了'诗三苏,词曲富,堪可比'这三句话的尾字,所以给公司取名为'苏富比'。这也是对公司的一种憧憬,希望公司像三苏的诗词一样源远流长。对于现在的一些公司滥用'苏富比'和'索斯比'两个名称的问题,我们会交给相关的律师去处理。"(孔令强,2007)

北京市第二中级人民法院一审认为,苏富比的服务标识"苏富比"自1988年起就开始在中国持续使用,宣传的持续时间和覆盖地域范围较广,在中国相关公众中已经具有了较高的知名度。依据现有证据,对拍卖公司主张涉案"苏富比"文字商标为未注册驰名商标的事实予以确认。拍卖公司对涉案"Sotheby's"注册商标所享有的专用权,应该受到中国法律的保护。法院一审认为,被告四川苏富比拍卖有限公司的涉案行为已经侵害了苏富比的商标专用权,属于擅自使用他人知名企业名称,构成不正当竞争。判令被告停止侵权,并赔偿原告11万元人民币。

面对这个判决,被告四川苏富比拍卖有限公司法定代表人李绍宁表示,他们将继续向北京市高级人民法院上诉,"一定要利用法律武器保护中国的知识产权"。他们的上诉理由主要有两个:

第一,不正当竞争的说法站不住脚。李绍宁指出,《中华人民共和国文物保护法》第55条明确规定:禁止设立中外合资、中外合作和外商独资的文物商店或者经营文物拍卖的拍卖企业。"英国Sotheby's拍卖行在中国并没有公司,只有一个办事处,而办事处是没有经营权的,既然在中国没开展拍卖业务,我们与他又怎能构成不正当竞争?"

第二,质疑判决书中"未注册驰名商标"的提法。李绍宁认为,根据《中华人民共和国商标法》,在中国的驰名商标都是要经国家工商总局的批准,获准之后才可以叫"驰名商标"。Sotheby's在英国本土都没有获得驰名商标的称号,怎么在中国却变成"未注册驰名商标"?

值得一提的是,成都当地的部分媒体在报道这一案件的时候,与北京各大媒体的态度差别不小,颇为微妙。例如,成都的一家报纸在关于这一案件的报道结尾处写道:"世界著名拍卖行苏富比是在四川苏富比拍卖公司成立4年之后,才选择与其打官司的。业内人士认为,近两年内地艺术品投资市场日益火暴,拍卖场上频频爆出的惊人成交价和成交率,让全球拍卖巨头眼红。不过,从近年的成交情况看,苏富比都略逊于佳士得。要在内地市场重拾信心,苏富

比显然会将四川苏富比视作一大障碍。"(晓辰，2007；安健，2007)

这句"要在内地市场重拾信心，苏富比显然会将四川苏富比视作一大障碍"尤其让人哭笑不得。无论是从公司规模来讲（见表6.7），还是就利润来源而言（见图6.3），将四川苏富比拍卖有限公司同世界拍卖业巨头苏富比相提并论，一较高下，都是需要很大勇气的举动。

表6.7　　　　　　　　2006年苏富比公司的主要财务指标

市值	33亿美元
员工数量	1497人
盈利销售收入	6.65亿美元
资产收益率（ROA）	10.6%
净资产收益率（ROE）	50.03%
投资回报率（ROI）	25.6%
市盈率（P/E）	18.03
市净率（P/B）	8.59%

资料来源：Thomson Financial Survey，转引自梅建平、马晨薇《苏富比　百年标本》，《新财富》2007年第8期。

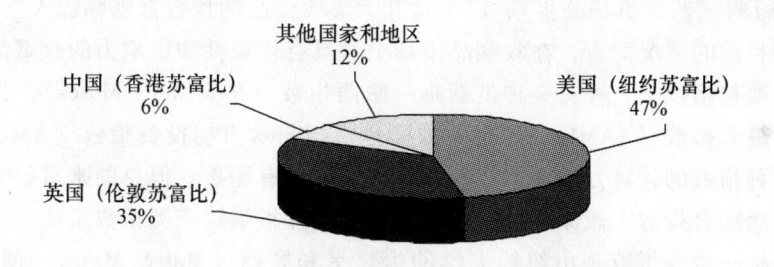

图6.3　2006年苏富比公司的利润来源

资料来源：梅建平、马晨薇：《苏富比　百年标本》，《新财富》2007年第8期。

第三节　收藏品拍卖指数的利与弊

所谓收藏品拍卖指数，是指反映一定时期内收藏品拍卖市场的整体价格水平或某件（类）收藏品的价格变动情况的统计指标。

一、收藏品拍卖指数的历史与现状

历史上最早的收藏品拍卖指数,或许当数由苏富比编制的艺术市场综合指数（Art Market Index）。1985年9月,苏富比创办了《艺术市场公报》（Art Market Bulletin）,并且定期在《艺术市场公报》上发布艺术市场综合指数,该综合指数的构成包括早期绘画、现代油画、欧洲瓷器、中国瓷器、古董家具等十个类别。以1975年为基数100进行计算（即1975＝100）。

负责《艺术市场公报》编务的是两位统计专家：科布（Corb）和艾克斯坦（Eckstein）。他们在创刊号的发刊词中这样写道："本刊旨在探索艺术市场的发展趋势。我们将分析艺术市场的整体表现,向现有的和潜在的收藏者提供相关的市场信息,诸如当前艺术市场的供求状况,汇率和利率的变动情况对艺术市场的影响,等等。为了向读者提供完整的信息,《艺术市场公报》将编制和发布收藏品拍卖指数一览表,将一段时期以来的艺术市场行情提供给读者。"

从某种意义上讲,编者的主要目的,是想通过收藏品拍卖指数呈现出收藏品市场的"景气"行情。因为到了1988年,该综合指数已经上涨到了740,相当于每年以21%的涨幅上升。按照这个统计结果,收藏品的投资收益率绝不亚于,甚至超过了股票、债券和房地产等投资品种。根据苏富比于1990年7月出版的《艺术市场公报》,以上这几大类收藏品的指数都涨幅惊人。

就目前的情况而言,在收藏品市场上最具有代表性和影响力的收藏品拍卖指数主要包括以下三种：一种是新梅—摩西指数（New Mei – Moses）,另一种是雅昌综合指数（AAMI）,还有一种则是中国艺术市场投资指数（AMI）。虽然这三种指数的计算方法大不相同,涵盖领域各有侧重。但总的来看,它们大都由市场综合指数、流派分类指数和艺术家个体指数这三类指数组成。

新梅—摩西指数是由纽约大学的梅建平和摩西（Mei & Moses）创建的。梅建平和摩西曾经对1875—1999年美国收藏品市场的数千件收藏品进行过一项具有针对性的统计研究,这些收藏品的研究样本主要包括不同时代创作的美国本土派绘画作品、印象派绘画作品和现代派绘画作品。在此基础上,他们以1875年为基数1.000,编制出了这个新梅—摩西指数。该指数大致反映了1950年以来美国收藏品市场上的美国本土画派、印象派和现代派绘画作品的价格变动情况（见表6.8）。而雅昌综合指数是由雅昌艺术网创建的。该指数大致反映了2000年以来的整个收藏品市场、重要绘画流派和重要艺术家作品的价格变动情况。中国艺术市场投资指数则是由中艺指数监测调查中心创建的。该指数大致反映了2003年以来整个收藏品市场和部分艺术家绘画作品的价格变动情况。

表 6.8　1875—1999 年新梅—摩西指数的变动情况（1875 = 1.000）

年份	指数	年份	指数
1875 年	1.000	1938 年	14.030
1876 年	0.996	1939 年	16.826
1877 年	2.197	1940 年	14.295
1878 年	4.223	1941 年	22.538
1879 年	3.551	1942 年	20.263
1880 年	1.276	1943 年	22.924
1881 年	1.127	1944 年	29.746
1882 年	0.330	1945 年	21.311
1883 年	0.771	1946 年	24.105
1884 年	0.469	1947 年	21.213
1885 年	0.801	1948 年	19.227
1886 年	1.293	1949 年	16.305
1887 年	2.968	1950 年	19.502
1888 年	1.408	1951 年	22.334
1889 年	3.744	1952 年	29.365
1890 年	4.151	1953 年	39.933
1891 年	2.828	1954 年	27.782
1892 年	2.247	1955 年	36.741
1893 年	2.835	1956 年	59.051
1894 年	1.782	1957 年	55.351
1895 年	3.302	1958 年	67.850
1896 年	1.256	1959 年	87.462
1897 年	1.839	1960 年	78.351
1898 年	3.050	1961 年	127.345
1899 年	2.046	1962 年	132.238
1900 年	2.546	1963 年	130.569
1901 年	2.484	1964 年	152.155

续表

年份	指数	年份	指数
1902 年	3.529	1965 年	166.068
1903 年	5.795	1966 年	192.539
1904 年	2.616	1967 年	188.614
1905 年	9.473	1968 年	266.613
1906 年	4.449	1969 年	358.526
1907 年	7.264	1970 年	285.117
1908 年	9.590	1971 年	412.032
1909 年	5.323	1972 年	487.115
1910 年	8.283	1973 年	713.655
1911 年	17.153	1974 年	591.168
1912 年	13.205	1975 年	479.239
1913 年	16.790	1976 年	690.213
1914 年	12.023	1977 年	725.746
1915 年	11.050	1978 年	873.930
1916 年	16.145	1979 年	1038.362
1917 年	25.759	1980 年	1462.642
1918 年	32.117	1981 年	1605.836
1919 年	16.397	1982 年	1536.404
1920 年	11.061	1983 年	1709.575
1921 年	5.346	1984 年	2014.648
1922 年	10.105	1985 年	2850.073
1923 年	19.283	1986 年	2738.594
1924 年	10.116	1987 年	3930.414
1925 年	11.365	1988 年	6290.526
1926 年	11.702	1989 年	7893.540
1927 年	12.535	1990 年	8640.364
1928 年	17.678	1991 年	5508.788
1929 年	10.916	1992 年	6452.997
1930 年	12.370	1993 年	5927.157
1931 年	9.775	1994 年	5360.433

续表

年份	指数	年份	指数
1932 年	4.599	1995 年	7103.906
1933 年	7.402	1996 年	7705.580
1934 年	7.009	1997 年	6582.698
1935 年	10.793	1998 年	7810.311
1936 年	8.933	1999 年	8728.947
1937 年	6.311		

资料来源：Mei, J. & Moses, M. Art as an Investment and the Underperformance of Masterpieces. American Economic Review, 2002, 92, (5): 1656-1668。

二、收藏品拍卖指数：收藏品市场的疑似晴雨表

正如许多评论家指出的那样，从某种意义上讲，收藏品拍卖指数似乎确实成为了收藏品市场的晴雨表。以雅昌综合指数为例，该指数描述了最具有代表性的艺术家作品的整体市场行情，以及收藏品市场的整体发展趋势。例如，国画 400 成分指数和油画 100 成分指数（见图 6.4 和图 6.5）中的 400 位国画家

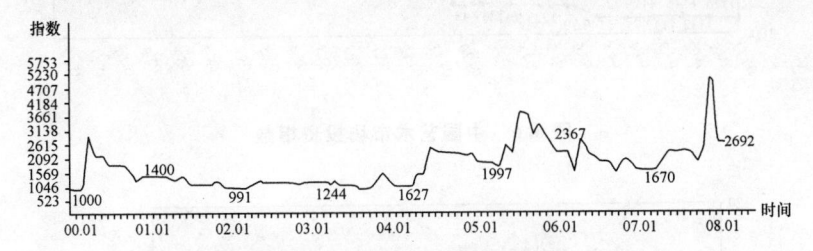

图 6.4 雅昌国画 400 成分指数

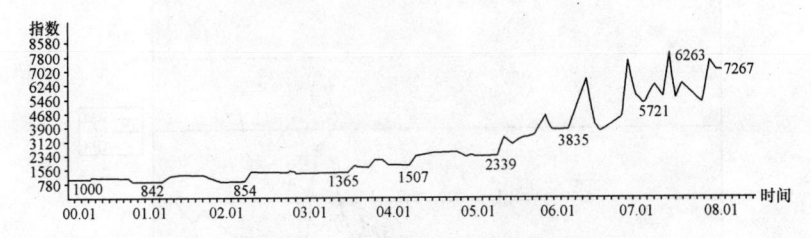

图 6.5 雅昌油画 100 成分指数

和 100 位油画家的作品成交量就分别占到了国画市场和油画市场总成交量的 80%，基本上反映出了收藏品市场的整体趋势。与此相似，中国艺术市场投资指数和新梅—摩西指数也具有类似的特点（见图 6.6 和图 6.7）。据调查，包

括《福布斯》(Forbes)、《纽约时报》(New York Times)、《金融时报》(Financial Times)、《商业周刊》(Business Weekly)和《华尔街日报》(Wall Street Journal)在内的200多家媒体都把新梅—摩西指数作为代表世界收藏品市场整体行情走势的重要参照指标。此外，瑞士银行（UBS）、摩根士丹利集团（Morganstanley）、巴克莱银行（Barclays Bank）等著名金融机构也已经开始利用新梅—摩西指数对他们的高端客户进行个人理财指导。毫无疑问，"翔实的数据，清晰的曲线，分明的价格"将收藏品市场行情演绎得淋漓尽致。问题是，看似准确、貌似客观的收藏品拍卖指数真的是名副其实的晴雨表吗？

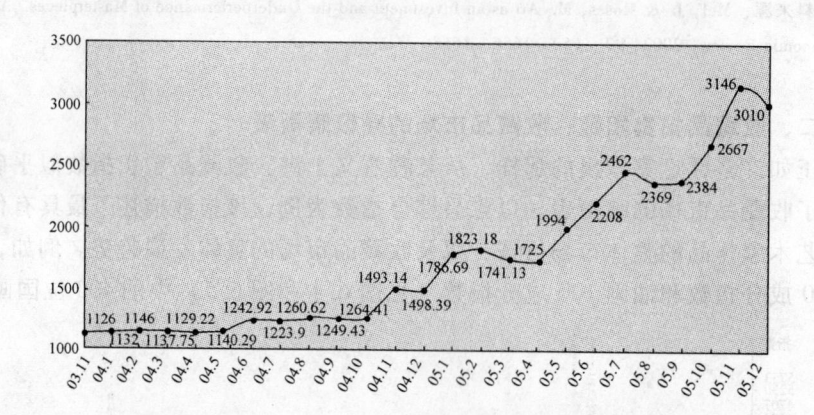

图6.6　中国艺术市场投资指数

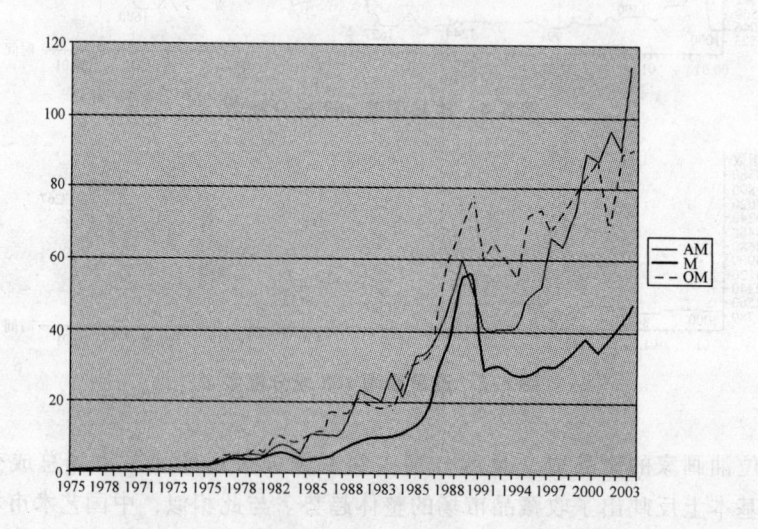

图6.7　新梅—摩西指数

三、收藏品拍卖指数的可信度

尽管目前我们还没有确凿的证据来对中国收藏品拍卖指数的准确性和客观性提出质疑，然而，"信誉卓著、值得信赖"的国际收藏品拍卖指数的情况对我们显然不无参考价值。按照《时代》杂志社的艺术评论家休斯（Hughes）的看法，由苏富比编制的艺术市场综合指数使收藏品交易"从表面上看起来更加准确，更加客观，影响十分深远"。许多评论家也指出："收藏品价格竟然能以如此准确的方式加以表示，显然是一件令人欣慰的事情。"因为传统的观点认为，每一件收藏品都是独一无二的东西。收藏品拍卖指数的出现，让人们逐渐接受了这样一种新观念："收藏品投资是一门非常准确的科学。收藏品的价格就是它的价值。"《巴伦氏》（Barron's）甚至一字不改地逐期刊登苏富比公布的收藏品拍卖指数。可是，表面上看似准确的收藏品拍卖指数，实际上大有手脚可做。

根据沃森（Watson）对苏富比进行秘密调查后发现的一份秘密文件显示，收藏品拍卖指数在《巴伦氏》上刊登时，曾经发生过搞错数据的怪事。据说，这是由于办事人员的一时疏忽，竟然将一组错误的数据送到了《巴伦氏》杂志社。耐人寻味的是，苏富比在得知事实的真相后，依然未做任何更正，因为"这组数字所呈现出来的市场繁荣程度，比实际情况要好得多"。所以，苏富比也就乐得将错就错，装作一无所知。不过，更为重要的还是文件的另一段内容所披露的事实：有一次，银器类收藏品的销售业绩很不理想，结果被剔除出了收藏品拍卖指数的统计范围。因为纽约苏富比的部门经理泰尔尼（Tierney）感到"非常沮丧"，"打死都不愿意将它计算进指数"。负责《艺术市场公报》编务工作的统计专家艾克斯坦认为"情况特殊"，因此"只好同意"。

由此可见，只要统计数字所反映出来的市场状况不如苏富比预期的美好，他们二话不说，干脆把它剔除出"收藏品拍卖指数"的统计范围，而且美其名曰"情况特殊"。与收藏品市场的利益密切，显然使得收藏品拍卖指数的编制机构丧失了基本的客观和公正立场，从而使收藏品拍卖指数沦为了拍卖公司手中"翻手为云，覆手为雨"的工具。换句话说，收藏品拍卖指数编制机构与收藏品市场的利益相关性强弱，在很大程度上直接影响着收藏品拍卖指数的准确性和客观性。由于目前并不存在独立的第三方机构对收藏品拍卖指数的编制方法和编制过程进行监督和检验，因此，收藏品拍卖指数的准确性和客观性实际上都值得怀疑。尤其需要指出的是，雅昌综合指数和中国艺术市场投资指数的编制机构都已经涉足了收藏品市场。如果考虑到即使是历史悠久、声誉卓著的老牌拍卖公司苏富比尚且会为了一己私利而不惜歪曲事实的话，那么，中国收藏品拍卖指数编制机构的可信度,显然同样应该打一个问号。

四、利弊参半的收藏品拍卖指数

对于收藏品市场而言,收藏品拍卖指数的重要性正在与日俱增。以雅昌综合指数为例,该指数就将自己的目标定位为:以收藏品拍卖指数的形式反映中国收藏品市场的发展变化轨迹和当前成交状况。通过客观的数据分析,准确把握中国收藏品市场的脉搏,全面分析收藏品市场的形势和热点,总结和掌握收藏品市场的发展规律,从而预测未来行情走势。为艺术家、经销商、收藏者、投资者和政府提供信息服务和决策依据。事实上,正如评论家朱浩云指出的那样:"从宏观方面看,收藏品拍卖指数能够展现出收藏品市场十多年来的走势,而对于投资者和收藏者来说,收藏品拍卖指数也的确是一个一目了然的平台,收藏品市场有指数总比没有好。"

然而,对于收藏品市场来说,收藏品拍卖指数显然是一把双刃剑。一方面,收藏品拍卖指数可以较为全面地反映中国收藏品市场的整体变化趋势和发展轨迹;另一方面,收藏品拍卖指数既无法有效区分收藏品的精粗,也无法有效辨别收藏品的真伪。此外,收藏品拍卖指数,尤其是艺术家个体指数实际上很容易被人为地操纵,从而对收藏品市场产生误导。更为严重的问题是,在大众传媒非常发达的今天,收藏品拍卖指数的出现,将大大强化收藏品市场的价格"放大效应",对收藏品市场行情产生推波助澜的重大影响。例如,收藏品市场的回落调整行情,很可能会由于收藏品市场综合指数表现出来的明显下跌走势,而使越来越多的收藏者和投资者普遍相信,收藏品市场行情正在走弱,并因此改变他们的市场预期和投资决策。如果这种"放大效应"不断得以反馈和强化,那么,对于收藏品市场而言,则很可能是致命的灾难。在很多时候,与模糊的价格信息相比,精确的价格信息对收藏品市场的影响显然更为重大而深远(马健,2008)。

清·郎世宁《平安春信图》

第七章　收藏品拍卖规则

俗话说："没有规矩，不成方圆。"对于收藏品拍卖而言，收藏品拍卖规则的确立，显然是必不可少的保证。拍卖规则的主要功能是约束包括委托人、拍卖人和竞买人（买受人）在内的当事人的委托行为、拍卖行为和竞价行为等行为。这种约束力既可能是经过立法程序并具有法律效力的强制性约束力，也可能是在长期的拍卖实践中约定俗成的习惯性约束力。

当我们在提到"拍卖规则"的时候，很容易产生误解，出现混淆。在一些语境下，例如，当我们说"合法的拍卖必须遵守拍卖规则"时，拍卖规则实际上是关于拍卖的法律法规的代名词；而在另一些语境下，例如，当我们提到"某某拍卖公司的拍卖规则"时，拍卖规则实际上指的是由拍卖公司单方面制定的行为规则。这就让我们很容易将那些由拍卖公司单方面制定的"拍卖规则"误认为是毫无疑问，必须遵守，并且具有法律效力的"拍卖规则"。

对于当事人而言，既不应该简单地把拍卖规则理解为具有法律效力的法律法规而认为拍卖规则是参加拍卖所必须遵守的"既定前提"，也不应该单纯地将拍卖规则理解为由拍卖公司单方面制定的行为规则而觉得这种立场单一的行为规范就一定问题多多。事实上，经过长期的拍卖实践和反复的探讨磋商，《中华人民共和国拍卖法》已经涵盖了几乎所有的合理和公认的习惯性规则。当然，这并不必然意味着，由拍卖公司制定的拍卖规则就一定是与《中华人民共和国拍卖法》高度一致的。下面我们就来探讨一下三个最为重要并且值得注意的拍卖规则：拍卖底价规则、瑕疵请求规则和禁止参拍规则。

第一节　拍卖底价规则

所谓底价，也就是我们通常所说的保留价，是指委托人与拍卖人共同协商确定，并且在委托拍卖合同中明确注明的拍卖标的的最低成交价格。保留价一经双方确定，就具有了法律效力。当然，在确定保留价后的一段时间内，如果委托人与拍卖人双方均书面同意的话，保留价是可以更改的。

根据拍卖中是否设立保留价，可以将拍卖分为有底价拍卖与无底价拍卖两大类。在有底价拍卖中，如果竞买人的最高应价低于保留价，那么，拍卖标的将无法顺利成交。而在无底价拍卖中，由于不设立保留价，因此，也就不存在最高应价与保留价的关系问题了——竞买人的最高应价一经产生就可以顺利成交。对于价值较高的拍卖标的，人们一般会采用有底价拍卖；而对于价值较低的拍卖标的，人们通常才选择无底价拍卖。

一般来说，保留价都是保密的。竞买人唯一能从公开渠道获得的关于拍卖标的的价格信息，只有拍卖标的的估价。从理论上讲，估价是由专业机构或专业人员，按照一定的原则、方法和标准，对拍卖标的进行价值评估之后所得出的结论。从这个角度来看，估价可以算作是保留价的基础。但是，估价和保留价之间并不具备必然的逻辑关系。估价着重反映的是拍卖标的的基本面价值，而保留价则更多地体现了委托人内心的价格底线。估价与保留价的相关性大小在很大程度上取决于这个估价是否得到了委托人的认可和接受。而估价、保留价同成交价的主要区别则在于，成交价的高低会在很大程度上受到不确定性的影响（见表7.1）。

表 7.1　　　　　　　　估价、保留价与成交价的主要区别

种类	区别
估价	偏重基本面评估指标
保留价	偏重市场面评估指标
成交价	受到不确定性的影响

一、保留价的作用

在拍卖实践中，绝大多数拍卖所采用的都是有底价拍卖方式，无底价拍卖则很少被采用。例如，美国《统一商法典》第 2-328 条规定："除非推出货物时明确表示无保留，拍卖均为有保留拍卖（即有底价拍卖）。"　［斯通（Stone），2004］《中华人民共和国拍卖法》第 50 条也规定："拍卖标的无保留价的，拍卖师应当在拍卖前予以说明。"这句话的潜台词显然是"拍卖标的有保留价"的情况是常态，而"拍卖标的无保留价"的情况则是例外。从表

面上看，这似乎是由于价值较高的拍卖标的在数量上远远多于价值较低的拍卖标的。但深层次的原因则应该从保留价的作用来理解。

在拍卖过程中，拍卖人和竞买人都拥有相当大的主动权。他们可以直接而主动地参与到拍卖中去，通过自己的行动来维护自己的合法权益。可是，委托人在拍卖过程中的角色却显得相当被动。一旦正式签订了委托拍卖合同，就只能静观其变，静候佳音了。如果拍卖中只有价高者的规则，而没有拍卖底价规则的话，那么，在不确定性因素的影响下，就很可能出现相对应价最高，但绝对价格很低的结果。如果出现了这样的结果，那么，委托人非但尝不到拍卖"发现价格"的甜头，反而会得不偿失，损失巨大。由此可见，拍卖底价规则的重要作用在于，通过设立保留价，防止成交价过低，从而保护委托人的基本权益不受侵害。换句话说，最高应价达不到保留价，最高应价不发生效力。

事实上，拍卖底价规则的这种效力已经得到了法律的认可。例如，《中华人民共和国拍卖法》第50条规定："拍卖标的有保留价的，竞买人的最高应价未达到保留价时，该应价不发生效力，拍卖师应当停止拍卖标的的拍卖。"作为一种保护性规则，拍卖底价规则实际上是对价高者的规则的必要补充。一个典型的例子是，《中华人民共和国拍卖法》第28条规定："拍卖国有资产，依照法律或者按照国务院规定需要评估的，应当经依法设立的评估机构评估，并根据评估结果确定拍卖标的的保留价。"这显然是保护国有资产的重要措施。

值得一提的是，拍卖底价规则不仅可以保护委托人的基本权益不受竞买人的侵害，而且可以保护委托人的基本权益不受拍卖人的侵害。因为如果达不到保留价的最高应价得到了拍卖师的认可，那么，牵涉其中的显然既有竞买人，也有拍卖人。例如，在我们曾经提到过的那个"恶意串通、自卖自买、抬高价格"的典型案例中，抛开"恶意串通"和"自卖自买"等问题不谈，"4.5万元的买断价"低于"5万元的保留价"的这个事实，显然是委托人（原告）最有利于自己获胜的重要事实和法律依据。

二、保留价的确定

保留价是委托人与拍卖人在共同协商之后确定的。"共同协商确定"六个字，看似普普通通，其实非常微妙，其中大有乾坤。如果委托人与拍卖人在共同协商之后，意见非常一致，自然没有问题。但这种理想状态，显然并不是常态。而委托人与拍卖人在保留价的高低问题上意见不一，各持己见，才是相当普遍的情况。如果在拍卖实践中遇到这种情况，似有三种解决之道：第一种解决方案是由委托人来确定；而第二种解决方案是由拍卖人来确定；第三种解决方案则是由具有独立评估资质的第三方来确定。

如果保留价的确定权归委托人所有，拍卖人自然有理由反对。概括起来，拍卖人的最重要理由是，绝大多数委托人显然既不是鉴定专家，又缺乏市场信息，还不熟悉拍卖流程。如果保留价定得太低，很可能导致拍卖标的成交价低；如果保留价定得过高，则可能导致拍卖标的无法成交。由于拍卖人的收益在很大程度上直接取决于成交额的多寡和成交率的高低。因此，无论是低价成交，还是无法成交，都会直接影响到拍卖人的收益。在没有其他约束条款的前提条件下，委托人"试错"的成本，却要由拍卖人承担，拍卖人自然有足够的理由反对。

如果保留价的确定权归拍卖人所有，委托人更是会全力反对。因为设立保留价的初衷，就是为了保护委托人的基本权益不受侵害。如果在保留价的确定上，委托人只具有发言权，而不具备确定权的话，不仅委托人的基本权益可能会受到侵害，而且设立保留价的初衷也会因此而变味。

如果保留价的确定权归具有独立评估资质的第三方所有，则更是一个看似美好的幻象。首先，无论第三方的评估实力有多强，它都不能保证永远正确，绝不出错。而一旦出错的话，它的评估实力就会受到委托人、拍卖人、竞买人等利益相关者，乃至社会公众的质疑。其次，即使存在这样一个可以保证在客观上绝不出错的第三方，但是，在出具或多或少带有主观色彩的第三方评估意见时，评估结论也很容易受到委托人、拍卖人、竞买人等利益相关者的影响，评估不公现象在所难免。

假如我们一定要解决保留价的确定权归属问题，就必须"两害相权取其轻"，在基本的原则性问题上毫不动摇的同时，通过相应的制度安排弥补另一方的损失。由于在很多时候，委托人面临的是损失大小的问题，拍卖人面对的是收入多少的问题。因此，在委托人与拍卖人都具有双向的自由选择权的前提下，保留价的最终确定权应该归委托人所有。但与此同时，必须制定一些切实保护拍卖人合法权益不因此而受到侵害的规则。显而易见，这些规则主要用来约束委托人滥用保留价确定权。

在拍卖实践中，为了保证拍卖标的的安全，委托人通常需要支付一定比例的保险费（例如1%），而保险费的收取标准则取决于拍卖标的的价值高低。如果拍卖标的顺利成交的话，那么，委托人需要支付占落槌价一定比例的保险费；如果拍卖标的未能成交的话，那么，委托人需要支付占保留价一定比例的保险费。此外，对于那些竞买人的最高应价低于保留价而未能成交的拍卖标的，其委托人还需要向拍卖人支付占保留价一定比例的未拍出手续费（例如

潘天寿《凝视》

2%—3%）。

如果拍卖标的以预期价格顺利易主的话，当然是委托人与拍卖人皆大欢喜的事情。但是，如果拍卖标的未能成交的话，那么，委托人确定的保留价越高，他需要支付的保险费和未拍出手续费就越多。这就使得委托人在确定拍卖标的的保留价时，不能够仅仅把关注的焦点放在预期收益上，而且还需要考虑保留价过高所带来的风险和增加的成本。这样，就在赋予委托人保留价确定权的同时，通过制度安排维护了拍卖人的合理权益。在委托人确定保留价时，他们会更倾向于听取拍卖人和第三方的合理意见，共同协商确定，而非一意孤行。

三、保留价的保密

在确定保留价后，保留价是否保密，就成了一个问题。当然，这个问题的出现，实际上是由于制度变迁所引发的。在 1997 年以前，由于《中华人民共和国拍卖法》尚未颁布实施，因此，各地的地方性法规起到了规范拍卖市场的作用。而这些地方性法规几乎无一例外地强制性要求对保留价保密。例如，上海市的《拍卖规定》第 27 条规定："委托人和拍卖人对底价应予保密。"又如，深圳市的《拍卖条例》第 31 条规定："委托人和拍卖人对保留价格应当保密。"在这种情况下，保留价的保密与否，实际上不成其为一个问题。但是，由于《中华人民共和国拍卖法》第 28 条规定："委托人有权确定拍卖标的的保留价并要求拍卖人保密。"因此，在委托人"有权"选择保留价保密的同时，也"有权"选择保留价公开。

在拍卖实践中，保留价通常是保密的，知情者数量非常有限，通常只局限于委托人与拍卖人。而委托人与拍卖人都不能向竞买人透露或暗示拍卖标的的保留价高低。如果竞买人不清楚拍卖标的的保留价，他在参与竞价的过程中，通常只能重点关注竞争对手的竞价情况，而无暇琢磨保留价的高低。一方面，志在必得的竞买人有可能直截了当地报出远远高于保留价的最高应价；另一方面，犹豫不决的竞买人也可能小心翼翼地报出大大低于保留价的最高应价。

如果保留价是公开的话，也有公开的好处。当竞买人知道拍卖标的的保留价之后，他更容易确定自己的心理价位，制定自己的竞价策略。无心恋战的竞买人会及早退出，甚至都不参拍。真有诚意的竞买人则会直接报出高于保留价的竞价，而不是按照竞价幅度慢慢加价。当然，事前公开保留价也可能会出现竞买人数量过少的情况。

虽然保留价的保密和公开，各有利弊，但是，一旦确定了保留价保密或者公开，就必须严格执行，以保证竞买人之间的信息平等，而不能人为地造成竞买人之间的信息不对称。否则，就会损害到当事人的利益。让我们来看一个典型的案例。

如果由于某种原因，例如，竞买人恰好身处国外，或者碰巧偶感风寒，或者一贯处事低调，因此不能亲自参加拍卖会的话，那么，他可以委托自己的代理人参与竞价，甚至可以直接向拍卖公司出具书面委托竞价授权书，委托拍卖公司代为竞价。这种竞价方式，很容易让拍卖公司处于一种绝对的优势地位。因为他们既知道委托人的价格底线，也明白竞买人的价格上限。我们可以设想，如果拍卖公司同时掌握了买卖双方的价格情报，利字当头，他们就很有可能会违背商业伦理，以尽可能高的价格卖出这些拍卖标的。因为显而易见的是，成交价越高，拍卖公司从买卖双方收取的佣金就越多。

当然，拍卖公司会信誓旦旦地宣称，这种事情绝对不会发生。因为他们拥有一套号称类似万里长城，并且固若金汤的严格制度。虽然几乎所有的拍卖公司都声称，他们的防范措施从来不曾被滥用。但事实显然并非如此。1985年，在苏富比举办的一场拍卖会上，就上演了类似的一幕。1986年1月27日，苏富比的尼科尔森（Nicholson）向时任伦敦苏富比总经理的卢埃林（Llewellyn）递交了一份备忘录，内容如下：

马凯（Mackay）（时任苏富比中国文物部门主管）要我向你报告，1985年12月9日（星期一）举行的古董拍卖会，斯奈尔格罗威夫（Snellgrovel）教授委托拍卖的编号为64的拍品（一只中东银碗），以8万英镑的价格成交……这件拍品的实际保留价是6.5万英镑……拍卖过程中，我手下的行政人员告诉我，有人竞价8万英镑，我们是不是应该提高保留价。我同意了。然后他建议一个数目——7.5万英镑。我也同意了……

在这个案例中，苏富比的职员巴特金（Batkin）代表一位竞买人在拍卖会上竞价，这位竞买人的竞价上限是8万英镑。不幸的是，这个情报由苏富比的一位行政人员传递给了尼科尔森。更为不幸的是，她毫不犹豫地提高了这件拍卖标的的保留价。这位行政人员还透露："我经常提供给她（尼科尔森）一本拍品目录，上面注明保留价和客户委托的标价。"不过，正如他在法庭上因此而受审时所辩称的那样：事情不能完全怪他，他只不过是一只小虾米，被一群狼狈为奸的大鱼团团包围（沃森，1999）。

第二节 瑕疵请求规则

瑕疵的原意是指玉上的斑点，后来引申为人或事物的缺点、缺陷和毛病。瑕疵请求权以及由此而产生的瑕疵请求规则，都是因为拍卖标的的缺陷而产生的。瑕疵请求权是买受人拥有的一种权利，而瑕疵请求权的相对人则是委托人与拍卖人。竞买人在参与拍卖前和参与拍卖时，有权知道他应该知道的关于拍卖标的的全部信息，尤其是拍卖标的的瑕疵。如果拍卖标的的瑕疵由于他人的过错而被掩饰了，那么，买受人就有权为自己所受到的蒙蔽和由此造成的损失主张权利。

瑕疵请求权和瑕疵请求规则的出现，依赖于两个理论基础：

一、担保责任理论

所谓瑕疵担保责任，是指委托人与拍卖人对拍卖标的的所有权或处置权的合法性，以及质量、数量等承担相应的保证责任。瑕疵担保责任的基础，显然首先来自于委托人。因为委托人有义务保证他对委托拍卖的物品拥有合法的所有权或处置权，并保证其符合有关的数量描述和质量要求。在此基础上，委托人与拍卖人有义务向竞买人及买受人承担瑕疵担保责任。因为拍卖标的的瑕疵会影响竞买人及买受人对拍卖标的的合理预期和价值判断，根据合同正义的理念，买受人有权为此主张权利。

在拍卖实践中，由于委托拍卖合同中的保密条款通常会要求拍卖人为当事人的身份保密。因此，当买受人确实有证据证明拍卖标的存在"应该被告知却没有告知"的瑕疵，而准备行使瑕疵请求权的时候，通常很难直接去找委托人，而只能去找拍卖人，拍卖人则需要"先行负责"。先行负责原则意味着，对于买受人而言，拍卖人的责任是第一位的，委托人的责任是第二位的。拍卖人不能以委托人的责任为理由，推卸或搪塞自己应该承担的责任。无论拍卖标的的瑕疵责任究竟应该由谁承担，拍卖人都必须先行负责，承担责任，予以解决。然后，再进一步向委托人追偿应该由委托人承担的责任。

当然，对于瑕疵担保责任而言，委托人与拍卖人也有应对之策。《中华人民共和国拍卖法》第61条规定："拍卖人、委托人在拍卖前声明不能保证拍卖标的的真伪或者品质的，不承担瑕疵担保责任。因拍卖标的存在瑕疵未声明的，请求赔偿的诉讼时效期间为一年，自当事人知道或者应当知道权利受到损害之日起计算。"这种"声明不能保证"意味着瑕疵担保责任的免除。一旦委托人、拍卖人做出了这种声明,买受人就将自行承担拍卖标的的瑕疵责任。例如,《中国嘉德国际拍卖有限公司拍卖规则》第 32 条"图录之不确定性"规定:"本公司及其工作人员或其代理人对任何拍卖品用任何方式(包括证书、图录、幻灯投影、新闻载体、网络媒体等)所做的介绍及评价,均为参考性意见,不构成对拍卖品的任何担保。本公司及其工作人员或其代理人无须对上述之介绍及评价中的不准确或遗漏之处负责。"第 33 条"竞买人之审看责任"规定:"本公司对拍卖品的真伪及其品质不承担瑕疵担保责任。竞买人及其代理人有责任自行了解有关拍卖品的实际状况并对自己竞投某拍卖品的行为承担法律责任。"又如,我们有时候可以在拍卖公司印制的拍卖图录上看到作者的名字后面印有一个"款"字,例如"张大千(款)"。拍卖公司对此的解释是:"在拍品作者后加'款'字样的,意指此作品与该作者传世作品风格相近,非确定之判断。"这就是拍卖人希望免除瑕疵担保责任之举。

值得一提的是,瑕疵担保责任所针对的并不是所有的瑕疵,而是针对"无未知瑕疵"。换句话说,瑕疵请求权并不是因为瑕疵本身的存在而产生的,而是产生于"应该被说明却没有被说明"的瑕疵。委托人与拍卖人应该担保的是,他们所提供的拍卖标的不存在应该被告知却没有告知的瑕疵。

二、过错责任理论

所谓过错,是指行为人在主观上存在故意或过失。而过错责任原则指的是,在基于故意或过失的前提条件下,行为人侵害到了他人的权益,并且造成了损害的后果,行为人就需要承担损害赔偿责任。《中华人民共和国拍卖法》第 18 条规定:"拍卖人有权要求委托人说明拍卖标的的来源和瑕疵。"与此同时,"拍卖人应当向竞买人说明拍卖标的的瑕疵"。第 27 条规定:"委托人应当向拍卖人说明拍卖标的的来源和瑕疵。"第 35 条规定:"竞买人有权了解拍卖标的的瑕疵,有权查验拍卖标的和查阅有关拍卖资料。"只要委托人或拍卖人事先确实知道,却故意隐瞒瑕疵,就满足了承担过错责任的基本条件。《中华人民共和国拍卖法》的规定显然建立在这样一个前提假设的基础之上:就拍卖标的的瑕疵而言,委托人与拍卖人比竞买人拥有更为明显的信息优势。

当然,在拍卖实践中,问题复杂得多。《中华人民共和国民事诉讼法》规定了 7 种证据,即书证、物证、视听资料、证人证言、当事人陈述、鉴定结论与勘验笔录。买受人在行使瑕疵请求权的时候,最重要的证据是鉴定专家的鉴定结论。例如,《香港苏富比有限公司拍卖规则》"苏富比对买家之责任"规定:"按本公司之一般政策,本公司亦有此权利可要求'买家'搜集两位行内公认之独立专业人士(须为'买家'及本公司均接纳者)之报告,载列有关物品被视为赝品之理由，有关费用由'买家'承担。'苏富比'同意其将会适当考虑该等专业人士之报告。然而，'苏富比'保留权利在最终决定该物品是否赝品时，自行寻求其他独立意见，本公司不须受'买家'提呈之专业人士报告所约束。如本公司与'买家'之意见一致，认为该物品实属赝品，本公司须向'买家'退还搜集两位独立专业人士之报告所引致之费用。"然而，鉴定专家的鉴定结论却是最容易引发证据对抗问题的。让我们来看看"中国拍卖第一案"。

1995年10月28日，浙江中澳纺织有限公司总经理王定林在1995年杭州秋季书画拍卖会上拍得了10件书画作品，其中包括成交价为105.5万元的第89号拍品——张大千款《仿石溪山水图》。但是，王定林刚把画买下来，就有人告诉他，这幅左右两侧各有著名鉴定专家徐邦达和谢稚柳题跋的画是假画。为了谨慎起见，王定林在买下画后的第3天，就去北京请徐邦达和史树青做鉴定。徐邦达在鉴定书上写道："（此画）审视乃为摹本，裱边上拙书之跋，本题在原画上，今为移装于摹本左侧。"史树青在鉴定书上写道："张大千款《仿石溪山水图》大立幅，自题参王叔明、黄子久画法，此题与本幅内容大相径庭，用笔设色毫无石溪本色，更乏王叔明、黄子久韵致。此幅所用颜料很脏，虽是大幅，内容显得琐碎。题款字体薄弱，无大千先生之神采，图章位置太高，油新、色浮，非五十年前所钤盖。谢稚柳、徐邦达二先生边跋，不做评论。"对于王定林而言，徐邦达和史树青的鉴定结论显然是当头一棒。他随即又赴上海请谢稚柳予以定夺。谢稚柳则坚持己见，鉴定书简洁明了："确定此图为真迹无疑。"

王定林立即与浙江国际商品拍卖有限责任公司交涉，拍卖公司将其中的5幅作品做了退回处理，唯独对张大千款《仿石溪山水图》拒绝退回。拍卖公司辩称，谢稚柳的鉴定是值得信赖的，拍卖公司有规定："买家应仔细观察拍卖原物，慎重决定竞拍行为，并自愿承担责任。"据此，拍卖公司不同意王定林的退款请求。权威意见相左，令他莫衷一是。几经调解不成，终于诉诸法律。从1996年1月起，王定林先后向杭州市中级人民法院提起诉讼。1997年5月29日，在经过了长达16个月的审理之后，杭州市中级人民法院认定："此次拍卖程序合法，原告诉称此次拍卖无效，缺乏依据；原告诉称该画作为摹本、赝品，证据不足，据此驳回原告浙江中澳纺织品有限公司的诉讼请求。"原告王定林败诉。此后，他又向浙江省高级人民法院提起诉讼，同样以败北而告终。1997年11月5日，王定林向最高人民法院提起申诉。

1998年12月30日，受最高人民法院委托，国家文物局邀请了北京、天津、上海、山东等地，包括启功、刘九庵在内的国内 11 位书画鉴定专家，共同鉴定张大千款《仿石溪山水图》的真伪。时任国家文物鉴定委员会秘书长的刘东瑞在鉴定总结时说："此次鉴定会一致认为该幅作品为赝品。自国家文物鉴定委员会成立以来，为鉴定一件东西请这么多专家，尚属首次。"这个鉴定结果为最高人民法院的最终裁定提供了有力证据。经过最高人民法院的调解，浙江省国际商品拍卖有限责任公司最终同意退还王定林 105.5 万元的购画款，并承担本案一审、二审的诉讼费和鉴定费。同时支付王定林购画款的利息 14.9 万元，合计 127.5 万元。需要指出的是，徐邦达是中国书画鉴定界的泰斗，号称"徐半尺"，即所鉴定的书画打开半尺即可知其真伪，是著名的书画鉴定权威，经他鉴定的名画不计其数。而谢稚柳也是中国书画鉴定界的权威，其威名丝毫不亚于徐邦达，尤其被南方同仁所推重，民间亦有"南谢北徐"之说。不仅如此，谢稚柳还是张大千的生前好友，对张大千有很深的了解。例如，上海博物馆书画研究部主任单国霖就公开表示："张大千遗存在内地的画作不多，鉴定家接触的机会也不多。就谢老本人的学识和他与张大千的交往而言，其鉴定张大千作品应当最具权威性。"因此，"南谢""北徐"之争就成为了中国书画鉴定界的一大奇观。正是由于这个原因，此案的影响很大，被称为"中国拍卖第一案"（邢捷和汤乔，1999；洪丽萍，1999；刘世锋，2005）。由此可见，买受人在行使瑕疵请求权的时候，实际上是困难重重的。

第三节　禁止参拍规则

简单地说，禁止参拍规则，就是禁止委托人与拍卖人以竞买人的身份参与拍卖的规则。具体来说，禁止参拍规则一方面禁止委托人及其代理人以竞买人的身份参与由委托人自己送拍的拍卖标的的竞价；另一方面也禁止拍卖人及其工作人员或代理人以竞买人的身份参与由拍卖人自己主办的拍卖会。

委托人之所以要"多此一举"地"自卖自买"。主要是出于三个方面的原因。

第一，在委托人与拍卖人签署的委托拍卖合同正式生效以后，委托人要求撤回拍卖标的而未果，或者是由于种种原因，例如，委托人后悔自己定的保留价太低，担心拍卖会的现场氛围冷清，最高应价太低。因此，委托人只能通过参与竞价的方式撤回拍卖标的。这种情况比较少见。

第二，在委托人与拍卖人签署委托拍卖合同的时候，他就没有诚心诚意地想要转让拍卖标的。委托人只是希望利用拍卖价格的"放大效应"传递价格信号,或者是希望使这件拍卖标的能够在拍卖纪录上"有案可查"或者"流传有序"。这种情况比较常见。

第三,委托人确实希望转让拍卖标的。但是,他担心自己送拍的拍卖标的很难以预期价格顺利成交。因此,委托人亲自出马或者请人出手,在拍卖会上故意抬高价格,以便拍卖标的能够以自己的预期价格顺利成交。这种情况相当常见。

拍卖人自己为自己"捧场"的理由则要简单得多,无非是"利"、"势"二字。这里所说的"利"字很容易理解。因为显而易见的是,拍卖人的收益在很大程度上取决于拍卖会的成交额与成交率。例如,1987年2月19日,苏富比苏黎世(Zürich)办事处主任威尔(Wille)给伦敦苏富比古籍善本部门的高斯(Goss)发过这样一封商务电报:

主旨:1987年2月23日,星期一拍卖会。
如同上回批示的,波德默(Bodmer)将负责替以下编号的拍品护盘,直到你所知道的那个价位被喊出为止:
124、132、144、146、155、162、164、168、170、180、188、253、254、255、262、263、325、326、327、328、329。
娜塔莎(Natasha)负责以下编号:
129、142、145、147,等等。
我本人通过电话,替以下编号的拍品护盘:
206、207、208、209、210、216、217、227,等等。

在这个案例中,苏富比苏黎世办事处的三名职员,在正式拍卖的时候,打电话到伦敦,假装叫价,对总共71个编号的拍品进行护盘。电话中开列的编号,全部与拍卖会中的某一批拍品有关。据说,这批在拍卖目录上的编号从124—227的拍品,是"一位欧洲贵族的财产"(沃森,1999)。

而这里所说的"势"字也是一点就透的。简单地说,就是拍卖人通过假拍来制造声势,吸引眼球,扩大影响。这种情况在一些拍卖公司刚刚成立时经常会出现。为了确保"首拍"一炮打响,拍卖人不得不费尽心思地自己捧场。还有一些拍卖公司则在首拍之后继续使用这种方式来维持自己的公司形象。这种现象目前似乎有愈演愈烈的态势。但是,由于取证困难,只是道听途说,就不举实例了。

不过，无论是委托人自卖自买，还是拍卖人自己捧场，都会因为信息不对称和结果不公正而有损于其他竞买人的利益。因此，对于这一类的现象，法律都是明文禁止的。例如，《中华人民共和国拍卖法》第22条规定："拍卖人及其工作人员不得以竞买人的身份参与自己组织的拍卖活动，并不得委托他人代为竞买。"第30条规定："委托人不得参与竞买，也不得委托他人代为竞买。"但问题是，理性的当事人在面对法律的时候，并不一定主动地自觉遵守，而会在通盘考虑到监管的难度，违法的收益，违法的风险和违法的成本之后，决定自己究竟是守法，还是理性地违法。在拍卖实践中，禁止参拍规则的实施面临着几个显而易见的难题。

一、监管成本高

在拍卖实践中，拍卖会几乎是在拍卖人的全盘控制之下举行的。在这种情况下，无论是主管部门和执法机关，还是独立的第三方机构，都难以进行有效地监管。对于拍卖人而言，委托人的违规参拍在很多时候都是利大于弊的事情，因此，拍卖人显然缺乏足够的动力去阻止委托人的自卖自买行为，更缺乏"用左手监督右手"的道德自觉和经济动力阻止自己的自我捧场行为。自律机制显然形同虚设。更为要命的是，中国的举证责任制度要求"谁主张，谁举证"。但显而易见的是，在通常情况下，无论是委托人及其代理人，还是拍卖人及其工作人员或代理人，都不会傻到主动承认自己违法，"搬起石头砸自己的脚"。

二、违法收益高

显而易见，委托人自卖自买的预期收益通常远远超过委托人"不作为"时的收益。这是委托人违法的重要原因和主要动力。例如，我们在前文中提到过的"恶意串通、自卖自买、抬高价格"案例里，第二被告陈冲在北京传是国际拍卖有限公司举办的2006年春季拍卖会上的自卖自买，将乾隆皇帝的《岁寒三益》从3万元的起拍价抬到了122万元。2007年5月，他又将这幅画送到了中国嘉德国际拍卖有限公司举办的2007年春季拍卖会上。时隔一年之后，这幅画的估价已经升到了220万—280万元，而保留价也升到了200万元。如果不是因为这幅画的原委托人朱绍良诉诸法律。那么，这幅画很可能以超过200万元的价格顺利易主。收益之高，令人瞠目。对于拍卖人而言，拍卖人的收益在很大程度上取决于拍卖会的成交额与成交率。不过，在委托人与拍卖人恶意串通之后，还会有其他"说不清道不明"的远远超出佣金的可观收益。在高额收益的激励之下，拍卖人的不作为，甚至积极参与，就显得很容易理解了。

三、违法风险小

由于这类违规行为的取证困难,真实而且便于引用的案例有限。因此,我们还是以"恶意串通、自卖自买、抬高价格"案例予以说明。我们很难真正了解第二被告陈冲在第一次送拍时的想法。但可以肯定的是,如果在第一次拍卖的时候,自己能够将这幅画抬到高价,并且自己可以全身而退的话,他很有可能当场转让,而不必在一年之后,又将画送去中国嘉德。即使他没有能够顺利将这幅画的身价抬到 200 万元以上,损失也并不大。只是收益从"当期"变为"跨期"而已。

更为一般的情况是,委托人与拍卖人在确定拍卖标的的保留价之后,可以肆无忌惮地在竞买人的报价低于保留价时,大胆出价,不断抬价。因为显而易见的是,如果竞买人的最高应价低于保留价的话,是无法成交的。因此,在低于保留价时大胆出价,几乎是风险全无的事情。直到竞买人的报价超出保留价之后,才需要小心出价。事实上,对于拍卖人默许的违法参拍行为,如果委托人以及委托人的代理人抬价不当,不幸自己成为了买受人,拍卖人通常会采取一些变通的方法减免其应该支付的佣金。由于监管成本很高,成功取证十分困难,违法风险是很小的。

四、违法成本低

如果委托人与拍卖人理性地选择违法,不仅违法收益高,违法风险小,而且,违法成本也很低。《中华人民共和国拍卖法》第 62 条规定:"拍卖人及其工作人员违反本法第 22 条的规定,参与竞买或者委托他人代为竞买的,由工商行政管理部门对拍卖人给予警告,可以处拍卖佣金 1 倍以上 5 倍以下的罚款;情节严重的,吊销营业执照。"第 64 条规定:"违反本法第 30 条的规定,委托人参与竞买或者委托他人代为竞买的,工商行政管理部门可以对委托人处拍卖成交价百分之三十以下的罚款。"第 65 条规定:"违反本法第 37 条的规定,竞买人之间、竞买人与拍卖人之间恶意串通,给他人造成损害的,拍卖无效,应当依法承担赔偿责任。由工商行政管理部门对参与恶意串通的竞买人处最高应价百分之十以上百分之三十以下的罚款;对参与恶意串通的拍卖人处最高应价百分之十以上百分之五十以下的罚款。"这么低的违法成本,同那么高的违法收益和那么小的违法风险相比,确实会在客观上鼓励委托人与拍卖人理性地选择违法,以便在违法成本和违法风险既定的情况下,实现自己的收益最大化。

第八章 收藏品拍卖的设计

第一节 吸引买家

对于收藏品拍卖的设计来说,我们很容易由直觉得出这样的结论:买家数量的多寡是决定拍卖成败的最重要因素之一。因为显而易见的是,竞买人数量越多,竞买气氛就越好;价格竞争越激烈,越容易屡创新高。

事实上,就吸引买家而言,不同的拍卖方式,其间的差别不小。因为对于竞买人来说,即使竞买不成功,保证金全额退还,但参与竞价依然是费时费力的事情。因此,行为理性、诚心参与的竞买人显然会在登记参拍之前认真考虑自己的胜算几成。在竞买人的机会成本不低的前提条件下,如果胜算太小,竞买人就会选择放弃参拍;如果胜算较大,竞买人才会参与竞价。

在增价拍卖中,由于购买能力和预算约束方面的原因,处于相对强势地位的买家几乎总是可以轻而易举地在报价上超过处于相对弱势地位的买家。如果弱势买家预料到了这种可能出现的结果,那么,他们很可能根本就不会费神费力地登记参拍。弱势买家的缺席所导致的直接后果是,买家数量不足,强势买家可能以弱势买家也完全能够支付的价格,甚至以匪夷所思的低价购买到拍卖标的。

而价格密封拍卖的优点在于,它给了弱势买家一个胜出的机会。这是因为,对于竞买人来说,自己的购买价格当然是越低越好。因此,即使强势买家的购买力惊人,同样可能报出低于弱势买家的报价,以实现竞买人剩余的最大化。其结果则是,弱势买家以一个强势买家完全有能力承担,但没有选择的价格赢得拍卖标的。正是由于这个原因,价格密封拍卖可以比较容易地吸引到更多的买家参与竞价。

明·傅山《行书诗》

对于收藏品拍卖来说,买家数量的多寡显然是决定拍卖会成败的关键。我们可以从每年的春季拍卖会和秋季拍卖会之前,拍卖公司在各大艺术类和收藏类媒体刊登的铺天盖地的广告上清楚地看到这一点。不仅如此,拍卖公司还会主动发掘潜在的客户资源。一个典型的例子是,2004年10月,苏富比和佳士得就主动向浙江省慈溪市的20多名企业家发出了邀请信,邀请他们出席10月30日在香港万豪酒店举办的晚宴。这标志着,他们成为了世界两大拍卖公司的贵宾。对此,金轮集团艺术部经理姚海芳表示:"通过这些年中国企业在国际拍卖会上的表现,中国买家已经是他们需要重视和开发的对象了。"(曹筠武,2005)

虽然从表面上看,吸引买家的工作重点应该放在买家身上,但是,拍卖公司却应该首先从征集拍品入手。因为买家之所以会不辞劳苦千里寻来,实际上就是冲着拍卖会上的"好东西"。从某种意义上讲,吸引买家的关键,就在于拍品质量的高低。而在拍品质量既定的前提条件下,拍卖公司的宣传效果也非常重要。

一般来说,拍卖公司会通过拍卖公告、拍卖广告、拍品图录和拍卖预展来进行宣传。《中华人民共和国拍卖法》第45条规定:"拍卖人应当于拍卖日7日前发布拍卖公告。"第46条规定:"拍卖公告应当载明下列事项:(一)拍卖的时间、地点;(二)拍卖标的;(三)拍卖标的展示时间、地点;(四)参与竞买应当办理的手续;(五)需要公告的其他事项。"第47条规定:"拍卖公告应当通过报纸或者其他新闻媒介发布。"因此,对于收藏品拍卖而言,拍卖公告实际上是必不可少的宣传方式。拍卖公司在举办收藏品拍卖会之前,都会通过新闻媒介刊登拍卖公告。拍卖公告上会注明具体的拍卖时间、拍卖地点、拍卖主题、场次安排和联系方式等内容（见表 8.1）。通常还会附上拍卖公司征集到的精品力作的图片。在很多时候，拍卖公告和拍卖广告的区别实际上并非泾渭分明的，经常同时出现在新闻媒介上。

表 8.1　　　　　中贸圣佳 2007 年秋季艺术品拍卖会公告

中贸圣佳 金秋大成
——中国油画·油画与雕塑专场拍品展示

　　本届今秋大拍，共推出 10 个大型专场。共有拍品达 1588 件。除具有强大优势的中国古代书画、中国近现代书画、中国当代书画专场之外，在继今年春季大拍后，继续隆重推出中国油画、中国雕塑、中国古董珍玩等专场。除此之外，又推出了中国古代书法、古代书画手卷册页以及中国古代玉器等专场。为历届拍卖会最为全面、最为精彩的一届。诸多精品佳作令藏家刮目相看，激动万分。

专场名称	拍卖时间
中国油画专场	12 月 1 日 星期六上午 9 时 30 分始
中国油画与雕塑专场	12 月 1 日 星期六时间顺延
中国古董珍玩专场	12 月 1 日星期六下午 1 时 30 分始
中国古代玉器专场	12 月 1 日 星期六时间顺延
中国当代书画专场	12 月 2 日 星期日下午 1 时 30 分始
中国古代书法专场	12 月 2 日 星期日时间顺延
中国古代书画手卷册页专场	12 月 2 日 星期日时间顺延
中国古代绘画专场	12 月 2 日 星期日时间顺延
中国近现代书画专场（一）	12 月 3 日 星期一下午 1 时 30 分始
中国近现代书画专场（二）	12 月 3 日 星期一时间顺延

预展时间及地点：11 月 28—30 日上午 9 时 30 分—下午 8 时
北京亚洲大酒店二层及三层（中国北京工体北路新中西街 8 号）
电话：86 - 10 - 65007788 转 6702 86 - 10 - 65007937 86 - 10 - 65007970
港澳中心瑞士酒店（中国北京朝阳门北大街 2 号）
电话：86 - 10 - 6501150286 - 10 - 65011503

　　但是，由于宣传成本比较高，拍卖公告和拍卖广告只能简单地介绍拍卖标的的概况，而对拍卖标的的详细介绍就只能依赖于拍品图录了。在拍卖会前，拍卖公司都会印制精美的拍品图录，详细介绍拍卖标的的编号、名称、年代、品相、质地、尺寸、出处、估价等内容，并配以印刷精美的图片作为参考。在拍卖会前，拍卖公司会主动寄一些拍品图录给公司的老客户和大客户。如果其他人想得到拍品图录的话，就要直接与拍卖公司联系订购了。由于拍品图录的印刷精美，成本较高，因此，如果拍品数量较多的话，那么，拍品图录的售价低则 100 元，高则数百元（见表 8.2）。

表 8.2　　　　　　中国嘉德 2007 年秋季拍卖会图录预订价格

专场名称	图录价格（含邮资）
良工美玉——明清玉器雅集专场	150 元
文房清韵——清代砚墨笔印专场	150 元
灵犀聚珍——明清犀角雕刻专场	100 元
瓷器工艺品专场	300 元
中国近现代书画（一）专场	300 元
中国当代书画专场	200 元
南张北齐——张大千齐白石精品专场	100 元
中国近现代书画（二）专场	300 元
丹青铸颜斋藏明清书画精品专场	100 元
中国古代书画专场	300 元
中国油画及雕塑专场	200 元
当代艺术专场	200 元
影像艺术专场	200 元
古籍善本专场	150 元
铜镜专场	200 元
古钱、金银锭专场	200 元
邮品专场	200 元
近现代机制币专场	200 元
纸币专场	200 元
全套图录共 19 册	3750 元

值得注意的是，由于拍卖公司印制的拍品图录中所涉及的"文字、参考价、图片以及其他形式的影像制品和宣传品，仅供竞买人参考，并可于拍卖前修订"，并不表明拍卖公司"对拍卖标的的真实性、价值、色调、质地、有无缺陷等所做的担保"。而且，"因印刷或摄影等技术原因造成拍卖品在图录及其他任何形式的图示、影像制品和宣传品中的色调、颜色、层次、形态等与原物存在误差者，以原物为准。"不仅如此，"拍卖公司及其工作人员或其代理

人对任何拍卖标的用任何方式（包括证书、图录、幻灯投影、新闻载体、网络媒体等）所做的介绍及评价，均为参考性意见，不构成对拍卖标的的任何担保"。因此，对于竞买人而言，拍品图录的参考价值有限，无非是让竞买人对拍卖标的有所了解。

因为拍卖公司基本上不对拍卖标的的真伪和品质承担瑕疵担保责任。所以，竞买人及其代理人有责任自行了解有关拍卖标的的实际状况，并对自己竞投拍卖标的的行为承担法律责任。在这种情况下，拍卖公司的拍卖预展就显得必不可少了。事实上，《中华人民共和国拍卖法》第48条明确规定："拍卖人应当在拍卖前展示拍卖标的，并提供查看拍卖标的的条件及有关资料。拍卖标的的展示时间不得少于2日。"由于拍卖预展的作用非常重要，因此，拍卖公司通常都会在拍卖预展上面花大力气（见表8.3和表8.4）。

表 8.3　　　　　　　　中国嘉德 2007 年秋季拍卖会预展安排

新加坡推广活动	时间：2007 年 10 月 4—8 日
香港预展	时间：2007 年 10 月 7—8 日
太原预展	时间：2007 年 10 月 19—21 日
北京预展	时间：2007 年 11 月 2—4 日

表 8.4　　　　　　　　香港苏富比 2007 年秋季拍卖会预展安排

上海预展	时间：2007 年 8 月 31 日—9 月 1 日
台北预展	时间：2007 年 9 月 8—9 日
东京预展	时间：2007 年 9 月 11—12 日
新加坡预展	时间：2007 年 9 月 14—15 日
纽约预展	时间：2007 年 9 月 15—19 日
曼谷预展	时间：2007 年 9 月 17—18 日
北京预展	时间：2007 年 9 月 24—25 日
香港预展	时间：2007 年 10 月 4—9 日

除此之外，拍卖公司的专场定位和宣传能力也是非常重要的。举例来说，1994 年 4 月，台北苏富比举办了张学良定远斋书画藏品专场拍卖会。在拍卖会前，苏富比的宣传工作就做得非常到位。他们一开始就故作神秘，而不是大

张旗鼓地宣传。例如，时任台北苏富比负责人的衣淑凡介绍说："定远斋中国书画珍藏的主人于 70 年前（1925—1927 年）已开始收集古作品"，"是国内一位大收藏家，提供所收藏宋、元、明、清古画和近代名家作品的拍卖，时间已定在四月十日"。"这位藏家年纪很大，并不是要钱，而且是忠诚的基督徒；他希望把拍卖所得的部分捐给教会，这样也可免税享受优惠税率的。"

由于苏富比的宣传策略得当，因此，效果非常明显。各大媒体纷纷主动予以报道，"货源出自有名气的大藏家，由于是一个人的东西，品位、定位、水准很齐"。各地买家更是千里寻来：要么亲自到场，要么派人参拍，要么委托竞价，要么电话指挥，可谓盛况空前。1994 年 4 月 10 日，苏富比在台北举办了张学良定远斋书画藏品专场拍卖会。许多买家对自己中意的拍卖标的志在必得，频频举牌。最后，这场拍卖会的 207 件拍品悉数成交，创下了 100% 的成交率，总成交额达到了 13289 万元新台币，总成交价是拍卖前估价的 3 倍。成交价超过估价的拍品占到了 60%，超出的比例之高为历年拍卖会所罕见（祝君波，2006）。不可否认，"少帅"的传奇经历和拍品的传承有序在吸引人气方面起到了非常重要的作用，但是，台北苏富比的精心策划和巧心宣传同样是非常重要的保证。

第二节　防止合谋

对于收藏品拍卖的设计来说，防止合谋也是至关重要的。因为竞买人之间完全有可能达成隐性的或明确的合谋协议，从而以相对比较低的价格获得拍卖标的。显而易见，竞买人之间的合谋会直接损害到委托人和拍卖人的利益。但是，由于取证困难，在拍卖实践中，要想有效地识别竞买人之间的合谋行为，显然并非易事。

正如亨德利克斯和波特（Hendricks & Porter，1989）指出的那样："合谋行为的出现主要取决于拍卖标的的性质和具体的拍卖规则。"这意味着，拍卖标的的可分性如何与防止合谋的预防性措施，都会直接影响合谋行为出现的概率。由于绝大多数收藏品都具有不可分的特点，因此，在一般情况下，竞买人之间的合谋现象远远少于具有可分性特点的拍卖标的。可是，如果某一类收藏品的数量足够多的话，那么，尽管就单件收藏品而言，不具有可分性的特点，但许多件收藏品的集合却是可分割的。在这种情况下，势均力敌的强势竞买人就可能通过合谋协议，在多件拍卖标的之间进行分配，从而避免两虎相争，抬高价格的局面，以相对比较低的价格瓜分这些拍卖标的。此外，处于强势地位的竞买人还可能通过给潜在的强势竞争对手提供名目繁多的"退出补偿"的方式进行微妙的合谋。不仅如此，竞买人还可以通过"集团标"的方式进行合谋，操纵拍卖。

所谓集团标，实际上是由一群竞买人达成的合谋协议。首先，这群竞买人组成一个"围标集团"。在正式拍卖的时候，由围标集团事先确定的一位竞买人参与竞价，而围标集团的其他成员都根据约定适时退出，以便他们能够以相对比较低的价格成功胜出。随后，围标集团会举办一场名为"淘汰赛"或"清算大会"的只允许围标集团成员参加的秘密拍卖会。在这场秘密拍卖会上，他们购买的拍卖标的将再次上拍，而围标集团成员则将瓜分由此获得的利润。

举例来说，如果围标集团成员 A 在公开拍卖会上以 100 万元的价格购得了一件拍卖标的，而在围标集团成员参加的秘密拍卖会上，围标集团成员 B 以 300 万元的报价胜出。那么，围标集团会将这 300 万元中的 100 万元支付给 A，以偿还他在拍卖会上预支的款项，剩下的 200 万元则被划入围标集团"共同基金"。当围标集团购买的所有拍卖标的都在公开拍卖会上被"清算"以后，围标集团成员就可以瓜分共同基金了。

当然，围标集团的具体运作方式并不一定这么死板。例如，他们也可能先举办"淘汰赛"，再由胜出者参加正式拍卖。从 20 世纪 80 年代开始，以英国人费尔德曼（Feldman）为首的邮票围标集团就开始了他们的围标生涯。围标集团 7 名成员分别来自美国、英国、法国和荷兰，其中不乏知名的邮票经销商。他们采取的方式就是"先秘密预拍，再联合压价"。为了压低邮票价格，操纵拍卖过程。他们在拍卖会正式举办之前，都会先举办由围标集团成员参加的秘密拍卖会，只有其中的胜出者才能在公开拍卖中真正竞价。虽然其他的 6 名成员也登记参拍，到时候却按兵不动，以免出现两虎相争，价格飙升的不利局面。如果秘密拍卖会上的胜利者以较低价格赢得了拍卖标的，那么，根据围标集团内部的规定，其他成员都可以从秘密拍卖和公开拍卖的差价中获得一定比例的"分红"。总而言之，围标集团的每个成员都有利可图，而吃亏的则是委托人和拍卖人。

1997 年，围标集团的一名成员在秘密拍卖中以 5.7 万美元的价格获得了一批珍贵邮票的竞买权。到了公开拍卖的时候，围标集团的其他成员都装出谨小慎微的样子，以至于这批邮票的价格一直上不来，最终仅以 2.6 万美元的价格成交，这批邮票的委托人至少因此而损失了 1 倍以上的收入。在过去的 20 多年时间里，这个围标集团曾 14 次参加由苏富比、佳士得等大型拍卖公司举办

第八章 收藏品拍卖的设计　165

陈佩秋《青绿山水》

办的拍卖会，非法获利在 500 万美元以上（李培春，2001）。

20 世纪最为著名的收藏品竞买围标事件，还要数发生在英国萨里郡（Surrey）的书籍围标事件。1918 年，克莱盖特的傅利男爵家族（Barons Foley of Claygate）藏书被编为了 637 个编号的拍卖标的上拍，最终的总成交额为 3714 英镑。事实上，这场拍卖会被一群书商（集团标）操纵了。在随后举办的清算大会上，这批藏书被卖到了 19696 英镑，二者之间的差价高达 15982 英镑，约为委托人实际所得的 5 倍。其结果是，不仅委托人被诈骗掉了一笔巨款，而且拍卖人也损失了丰厚的佣金（沃森，1999）。可是，对于围标集团成员而言，集团标却有四个好处：第一，围标集团成员踊跃登记参拍，会让拍卖人产生"吸引买家"的工作到位，效果良好的错觉。第二，在拍卖会上，如果一些竞买人由于某种原因放弃竞价，拍卖标的通常会以较低的价格成交。第三，虽然围标集团的一些成员对拍卖标的毫无兴趣，但只要他们能演好戏，就可以从中分一杯羹。第四，只要围标集团的人马出现在拍卖会上，其他竞买人一般都会退避三舍，不敢同他们正面较劲。

尤其需要指出的是，我们不但要防止竞买人之间的合谋，更要防止拍卖人之间的合谋。因为拍卖人之间的合谋不仅会损害处于相对弱势地位的委托人与竞买人的利益，而且会最终影响拍卖人的利益相关者和整个收藏品拍卖市场的发展。举例来说，苏富比与佳士得长期控制着世界收藏品拍卖市场七成以上的交易。但是，世界拍卖业的这两大巨头却在 1993—2000 年长达 7 年的时间里合谋垄断市场，操纵佣金价格，并因此损害到了 10 余万名顾客的利益。如果不是美国司法部的介入，这种合谋行为显然还将继续。这是继微软公司和维萨信用卡之后，美国司法部处理的又一大反垄断案，被美国《时代》周刊评为 2001 年度的"世界十大丑闻"之一。

1983 年，因为管理不善，苏富比陷入困境，陶布曼（Taubman）临危受命，先后注资 1.38 亿美元。他不仅坚持苏富比的优良传统，继续推行卖家最低保证金制度，而且大刀阔斧进行创新，建立了买家贷款制度——向买家提供 50% 的贷款，鼓励买家购买珍贵收藏品。在陶布曼的悉心经营下，苏富比迅速地起死回生，公司业绩更是蒸蒸日上。但是，从 90 年代初开始，世界收藏品拍卖市场步入了萧条期。1990 年，苏富比的利润为 1.55 亿美元，而佳士得的利润为 7600 万美元。两年之后，苏富比的利润却大幅缩水到了 650 万美元，而佳士得的利润也锐减到了 1120 万美元。长期以来，相互压低佣金一直是苏富比与佳士得的主要竞争手段。但是，随着利润的锐减，世界拍卖业两大巨头都意识到，相互压价的恶性竞争只能导致两败俱伤。他们决定通过合作来实现垄断，获得双赢。在这样的大背景下，苏富比同多年来的竞争对手佳士得的关系发生了非常微妙的变化。

以佣金收费为例，苏富比与佳士得上调佣金的时间非常接近，相关措施也几乎完全相同。1992 年，苏富比率先将价值在 5 万美元以下的拍卖标的的买家佣金从 10% 上调到 15%。几个月后，佳士得也如法炮制。从 1993 年开始，苏富比与佳士得开始合谋以相同价位向买家开价。事实上，在 1994—1997 年短短的 3 年多时间里，时任苏富比董事会主席的陶布曼与新任佳士得董事会主席的坦南特（Tennant）先后会晤 12 次，讨论通过非法合谋提高拍卖佣金事宜。从 1995 年开始，苏富比与佳士得废止了以前同卖家协商定价的办法，转而以相同的价位向卖家索取佣金。1995 年，佳士得将拍卖标的的卖家佣金从 10% 调整为 12%—20% 不等。随后，苏富比也同样照搬。从 1993—1999 年，它们通过这种合谋的方式，非法猎取了高达 4 亿美元的佣金收入。

1997 年，美国司法部开始注意到了这个问题，并着手进行反垄断调查。因为美国的《谢尔曼法》第 2 条规定："任何人垄断或企图垄断，或与他人联合、共谋垄断州际间或与外国间的商业和贸易，是严重犯罪。如果参与人是公司，将处以不超过 100 万美元以下罚款；如果参与人是个人，将处以不超过 10 万美元以下的罚款，或 3 年以下监禁。也可由法院酌情并用两种处罚。"（Bohlman & Bundas, 2004）在历时 3 年的调查之后，2000 年 10 月，美国纽约曼哈顿地方法院法官卡普兰（Kaplan）表示：苏富比与佳士得被控合谋操纵价格，他同意对它们提起集体诉讼。凡是在 1993 年 1 月 1 日到 1999 年 2 月 7 日间同这两家拍卖公司发生过交易的人都可以参加集体诉讼。2001 年 5 月，美国司法部正式对苏富比与佳士得提起指控。美国司法部代理副部长梅拉米德（Melamid）在华盛顿举行的记者会上指出，苏富比高层与佳士得高层的这宗阴谋导致其客户付出了数量庞大的佣金，"被起诉者结成的是传统的卡特尔，纯粹简单的价格联盟"。

苏富比表示，它不反对原告进行集体诉讼。苏富比的一位律师坦言："我们认为，从讲求效率的角度出发，在一个法庭提出诉讼非常合理。这就是我们为什么不提出异议的原因。"佳士得则明确表示反对。他们认为，针对它和苏富比的诉讼从根本上来说是损害赔偿案的，不适宜集体诉讼。不过，这两位被告都强调，早在 1997 年，它们就一直在积极配合美国司法部的调查。此后，苏富比与佳士得提出了一项庭外解决方案。两家公司各自赔偿 2.56 亿美元，共计 5.12 亿美元，以解决它们所面临的诉讼。赔偿额约等于苏富比和佳士得 3—4 年的年均税前盈利。如果它们直面起诉并且败诉的话，所承担的赔款可能是这个数字的3倍。因为法官很有可能判决它们缴付13亿美元的赔款。苏富比董事会前主席陶布曼则公开表示，他愿意承担赔偿金额2.56亿美元中的1.56亿美元，另外，他还将用2.56亿美元来赔偿受害者。作为交换，苏富比将取消对他的所有起诉。

尽管苏富比与佳士得都很快认罪，然而，公司高管之间却互相推卸责任。苏富比前首席执行官布鲁克斯（Brooks）和佳士得前首席执行官戴维奇（Davidge）同时出庭作证：他们各自的上司要求他们"结束两败俱伤的竞争"，而对客户收取同等数额的佣金。布鲁克斯承认，她曾同佳士得的高级官员会面，商讨共同制定一个"可以监管"的价格。陶布曼则坚持认为："无论布鲁克斯小姐做了什么，她都是出于己见，与我无关。"而苏富比与佳士得的高管所面临的惩罚更是大相径庭。由于佳士得率先同司法部门合作，提供了大量证据，并主动承认控诉。因此，获得了部分豁免权。苏富比则因为盟友的出卖而损失惨重。

2001年5月2日，佳士得董事会前主席坦南特爵士发表声明，表示自己"没有参与过任何垄断拍卖佣金的活动。而且，作为一名英国公民，自己也不在美国法庭司法审判权限的范围之内"。在得知坦南特不会到美国受审之后，美国纽约曼哈顿地方法院法官丹尼尔斯（Daniels）于5月4日签署了逮捕令，下令逮捕坦南特。但逮捕令只是做做样子，毫无实际意义。因为美英两国之间的引渡条约不包括反托拉斯的内容。早在1999年就获得了700万美元的遣散费，并且主动离职的佳士得前首席执行官戴维奇则因为积极主动地协助司法部门进行调查而免于起诉。

2002年4月22日，虽然苏富比董事会前主席陶布曼的辩护律师以他的78岁高龄，糟糕的身体状况和长期的慈善之举为理由，要求法院免除他在监狱服刑。在法庭上，他的辩护律师甚至引用了一位医学专家的报告，报告称："78岁的陶布曼估计只能再活4年左右，入狱服刑无异于终身监禁。"但是，法官最后仍然判处陶布曼以78岁的高龄入狱1年，并处罚金750万美元，成为整个丑闻中唯一入狱的人。有趣的是，陶布曼的辩护律师主动要求为他加刑：要求增加1天的服刑期，加刑至1年零1天，以便他有可能在服刑期间因为表现良好而获得缩减15%刑期的资格。但是，减刑期不会超过2个月。2002年4月29日，苏富比前首席执行官布鲁克斯被判处3年缓刑，6个月的家中监禁和1000小时的社会服务工作，并被处以35万美元的罚款。

值得一提的是，元气大伤后的苏富比与佳士得在痛定思痛之后，以崭新的面貌重新开始。经过审慎的抉择，在苏富比效力20年的鲁普雷希特（Ruprecht）临危受命，出任苏富比首席执行官一职。苏富比董事会还任命了没有任何拍卖业背景的美国哥伦比亚大学法学院院长索文（Sovern）接任陶伯曼的董事会主席职位，希望借此改变自己的形象。为了留住鲁普雷希特、谢里丹（Sheridan）和亚历山大（Alexander）等公司高管，并激励他们帮助公司摆脱困境。遭受重创的苏富比总共支付了高达950万美元的续聘奖金，并制定了其他的激励措施。随后，管理团队裁减了30%的员工，削减了19%的费用，并整顿了不少业务。2000年10月，苏富比同亚马逊（Amazon）斥资4500万美元共同建立的在线拍卖网站因为亏损巨大，终于在运营1年多后关闭。2000—2003年，苏富比每年都在亏损，累计亏损更是高达3.07亿美元，公司的经营几乎陷入了瘫痪。但是，鲁普雷希特并没有轻言放弃，用有限的资金留住核心员工。耐心静候时机，等待市场好转。2004年5月，转机终于出现。苏富比拍卖了惠特尼夫妇（Whitney）的收藏品。其中，估价7000万美元的毕加索名作《拿烟斗的男孩》（Garconala Pipe）最终拍出了1.04亿美元的天价，打破了世界名画的最高成交纪录。

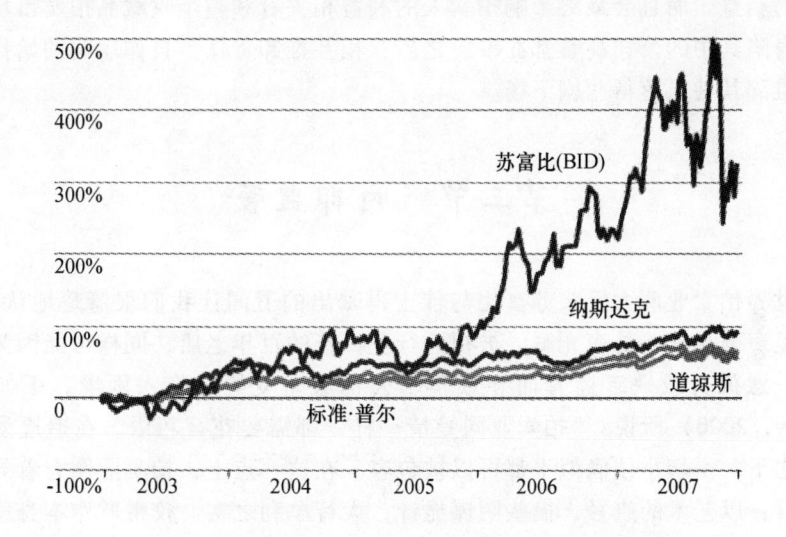

图 8.1　2003—2007 年苏富比股票价格的走势情况

资料来源：李凌、周莹、文芳、毛学麟：《奢侈品投资市场两大拍行掌控定价权》，《新财富》2008 年第 2 期。

2005年，苏富比管理层说服拥有控股权的陶布曼家族废除原来的A—B股票体系。按照原来的A—B股票体系，陶布曼家族持有的一部分A股所代表的投票权是普通股B股的10倍，这使得陶布曼家族可以轻而易举地控制公司。

随后，陶布曼家族又以 1.68 亿美元的价格出售了一部分苏富比的股份，并因此而丧失了对苏富比的绝对控制权。苏富比首席财务官谢里丹解释说："我们当时担心的是，陶布曼家族可能将控股权卖给另外的投资人，从而使其他股东的利益受损。"随后，苏富比股票（纽约证券交易所的上市公司缩写为 BID）的走势明显强于同期的纳斯达克指数（NASDAQ Index）、道琼斯指数和标准·普尔指数的走势（见图 8.1）。

当然，苏富比的老对手佳士得也不甘示弱。在这次丑闻的"病根"上大做文章，大打佣金牌。佳士得规定：在买家佣金方面，价值 8 万美元以下的拍卖标的，买家支付的佣金为 17.5%；价值 8 万美元以上的拍卖标的，买家支付的佣金依然维持在 10%。在卖家佣金方面，则基本上保持原样。根据客户的生疏，给与不同的折扣，为买卖双方提供更为灵活的佣金收费方式。（钟鹭，2000；卫明，2002；路透社，2002；徐佳和，2005）

总而言之，拍卖人之间的合谋不仅会损害处于相对弱势地位的委托人与竞买人的利益，而且会最终影响拍卖人的利益相关者和整个收藏品拍卖市场的发展。身陷其中的公司高管都在事发之后，相互推卸责任。自作聪明的始作俑者更是难辞其咎，落得悲剧下场。

第三节 内部监管

世界拍卖业两大巨头苏富比与佳士得曝出的丑闻让我们很清楚地认识到，即使是声誉卓著，外表光鲜，被视为行业标杆的百年老店，同样可能因为管理层的一意孤行或缺乏监管而导致整个公司蒙羞受辱，陷入困境。正如莱西（Lacey，2000）所说："拍卖业同爱情一样，都需要花言巧语。在追逐爱情的幌子之下，一切小伎俩似乎都可以被包容。在这一点上，拍卖业倒有着异曲同工之妙：以艺术的旗号，搞些阴谋诡计，大行牟利之实。狡猾欺诈本身就是拍卖业的本质所在——把稻草说成金条，把废墟变成美梦。"从某种意义上讲，拍卖公司的内部监管确实很成问题。在增价拍卖中，拍卖人很可能会派人在拍卖现场哄抬价格以获得更多的佣金和委托人支付的酬金；而在第一价格密封拍卖中，拍卖人则很可能在所有报价递交之后，将次高报价告知报价最高的竞买人，并允许他重新递交一个略高于次高报价和保留价的报价以换取贿赂。总而言之，拍卖公司的管理层很容易在利益的面前迷失自我，毫无职业操守可言。

1936 年，威尔逊刚刚进入伦敦苏富比工作。1937 年，苏富比征集到了一批原为法国收藏家爱德华（Edvard）收藏，时间跨度从古埃及时代一直到拿破仑时代的，总数多达 2000 余件的古董戒指。在这批古董戒指的拍品目录初步完成之后，具体的修改和校对工作由新手威尔逊负责。他抓住这个千载难逢的良机，使出浑身解数，花了 1 个多月时间潜心钻研，细到连法兰克王国墨洛温（Merovingian）王室的世仇资料都不放过。最后，终于拿出了一份蛊惑力极强的拍品目录。就连他的同事都认为，这份拍品目录不切实际，太过夸张，太故事化。举例来说，一只古董戒指被威尔逊描述为来自于一位遭受戏剧化谋杀的大公之墓，另一只古董戒指则被他说成是来自于法国瓦兹河（Oise River）河床上。不过，这些情节离奇的故事却吸引了大量的买家。在经过了为期 4 天的拍卖之后，这批古董戒指一共拍得了 1.5 万英镑，远远超出了拍卖前的估价。1938 年，虽然头脑异常精明，但是缺乏职业操守的威尔逊在工作 2 年之后，成为了苏富比的一名主管，并且最终担任了苏富比董事会主席一职。在威尔逊的职业生涯中，他不仅经常利用内幕信息肆意提高底价，而且打着苏富比的旗号做自己的生意。可是，这丝毫不影响他在苏富比的稳固地位。1979 年，由于年龄原因，他辞去了董事会主席的职务，1981 年，他又出售了自己所拥有的苏富比股份（莱西，2000）。同继任者陶布曼高龄入狱的下场相比，威尔逊全身而退的结局显然幸运得多。

1985 年 10 月 18 日，曾任苏富比欧洲区资深董事的林纳尔（Linell）撰写了一份名为《赛克麦特雕像，左兰贸易有限公司的财产》的备忘录，内容如下：

　　那桩由于私下交易所引发的问题，我们已经简单讨论过了。具体情况如下：一年前，尼科尔森（Nicholson）在意大利热那亚的一家文物商店发现了一件非常精美的古埃及女狮子神赛克麦特（Sekhmet）石雕。商店的老板是我们的老客户，经常委托我们拍卖他的东西。在尼科尔森和格洛弗（Glover，时任苏富比驻佛罗伦萨办事处主任）共同验看之后，尼科尔森估计，这件古埃及石雕的价值应该在 8 万—10 万英镑。在接下来的谈判过程中，文物商店老板表示，他不愿意亲自安排将这件古埃及石雕运出意大利，他要的是私下交易。尼科尔森找到了左兰贸易有限公司（Xoilan Trading Inc.）的辛姆斯（Sims），问他们是否愿意购买这件古埃及石雕，她同时也表示，自己不能确定苏富比最终是否会通过拍卖的方式出售。辛姆斯请尼科尔森转告那位文物商店老板，他愿意出价 4 万英镑，买卖成交之后，我们抽取佣金（空白未填）……在我们的安排下，这件古埃及石雕被运到了罗马。一年之后，我们听说，它被运到了伦敦……

备忘录的第 2 页附有一张费用明细表，详细列出了关于这件古埃及石雕的费用开支情况（见表 8.5）。

表 8.5　　　　　古埃及女狮子神赛克麦特石雕的费用开支情况

具体项目	开支情况（英镑）
售价（包括佣金）	48800
从热那亚到罗马的运费	2850
从罗马到日内瓦的运费	10700
从日内瓦到伦敦的运费	633
从伦敦到纽约的运费	616
从纽约到公司的运费	100
合计	63699

资料来源：根据沃森《拍卖索斯比：一次针对国际著名拍卖公司的秘密调查行动》，张力译（内蒙古人民出版社 1999 年版）第 171 页相关资料整理。

　　从这张费用开支表提供的信息中，可以发现以下几个有价值的问题：第一，虽然那位意大利热那亚的文物商店老板不愿意将这件古埃及石雕运往国外，但是，尼科尔森丝毫没有这方面的顾虑；第二，苏富比在 4 万英镑的售价基础上，抽取了 8800 英镑的佣金，约为售价的 22%。最有可能的佣金支付方式是，买卖双方都支付了 10% 的佣金，各自再另外承担 1% 的保险费；第三，根据备忘录后一段文字的记载，从热那亚到罗马的运费很贵，因为必须专门定做一只箱子，用来装运古埃及石雕。但令人惊讶的是，尽管罗马与日内瓦相距 400 英里，然而，运费竟然高达 10700 英镑。相比之下，日内瓦与伦敦相距 600 英里，运费只有 633 英镑；伦敦与纽约相距 3500 英里，运费只需要 616 英镑。关于这个很奇怪的问题，备忘录的措辞却很含糊。事实上，这笔不小的开支很有可能是通过意大利与瑞士边境时所支付的"买路钱"。因为即使是在 10 年之后的 1995 年，罗马最大的货运公司科因特拉（Cointra）公司运送同这件古埃及石雕体积、重量完全一样的石雕的快递费用只要 1500 英镑，加上包装费 100 英镑，保险费 300 英镑，总费用也仅为 1900 英镑，显然远远低于 10700 英镑的运费。

　　事实确实如此。苏富比的高级职员精心策划了一场走私活动，将这件古埃及石雕从意大利辗转走私到了美国。有趣的是，这件事情并没有就此结束。事实上，在这件石雕被运到美国后，整个事件变成了一场闹剧，由于事情闹得太不像话了,实在是有损苏富比的声誉,苏富比高层才不得不介入。正是由于这个原因,这些见不得人的交易才会白纸黑字地被记录在苏富比内部的备忘录上。林纳尔在备忘录的最后一段写道:

抵达(曼哈顿)后,(石雕)被耸立了起来,以便记者拍照。当明亮的灯光照在它身上时,大家发现,它看起来怪怪的。经过仔细查看,大家发现,这件石雕实际上是用普通的水泥、焦炭、木头和方解石制成的赝品。辛姆斯和尼科尔森都表示:他们从没见过那样的赝品,这着实让他们大吃一惊……

这桩鬼鬼祟祟、大费周折的走私交易,最终却落得如此下场,实在是让人对苏富比专家的眼力大失所望。辛姆斯当然不愿意花63699英镑买件假货。他认为,苏富比必须对此负责,因为它的职员尼科尔森和格洛弗策划了整桩交易。林纳尔也认为,苏富比应该负起责来,把这笔钱退还给辛姆斯。他在呈交时任伦敦苏富比总经理的卢埃林和时任苏富比欧洲区资深董事的泰迪(Tidy)的备忘录中写道:

我同辛姆斯、尼科尔森和布鲁克斯(时任纽约苏富比执行副总裁,后任苏富比首席执行官)长谈过了,他们都同意苏富比应该偿还辛姆斯所有费用,共计88176美元。

但是,苏富比想向意大利热那亚的文物商店老板讨回这笔钱,就要困难多了。根据苏富比的猜测,这位文物商店老板实际上早就知道这件所谓的古埃及石雕是赝品,因此才坚持要私下交易。苏富比则自以为捡了便宜,没有仔细验看就急于交易。好在这位文物商店老板是苏富比的老客户,而苏富比在世界拍卖市场上的势力非常之大。这才使得在反复谈判之后,这位文物商店老板的态度逐渐由硬变软,最终勉强答应退还部分款项。

1986年5月26日,格洛弗发了一封公函给尼科尔森和卢埃林。他在信中写道:

我们在纽约拍卖这件石雕的收益同他收到的9000万里拉之间的差价,他愿意负担一半,把钱退还给我们。这件事最好不要闹上法庭。因此,我觉得,能讨回这些钱,我们应该满足了。而且,这是我向他施加道德压力的结果。

格洛弗在信中提到的拍卖会，指的是1986年12月17日至12月18日举行的小型拍卖会——"商场拍卖会"。这种拍卖会所卖的只是一些装饰性的商品，很少会有重要的收藏品。这件石雕的估价从20万—30万美元变为了4000—6000美元，保留价也只有3000美元而已。在拍卖会上，竞买人对这件属于苏富比所有的"烫手山芋"的最高报价只有2750美元，因为低于保留价而未能成交。1987年11月25日，这件富有传奇经历的石雕终于以8000美元的价格被人买走。当然，这封信中最为有趣的内容还要数格洛弗的那句话——"这是我向他施加道德压力的结果"。一个犯了法的人向另一个犯了法的人施加所谓的"道德压力"，确实有点儿荒唐可笑。

这个案例最发人深省的地方是，它牵涉到了苏富比的几位高层领导。例如，苏富比欧洲区副董事长汤普森（Thompson）、伦敦苏富比总经理卢埃林和纽约苏富比执行副总裁布鲁克斯。虽然他们并非这个案件的当事人，而只是在局面失控时才予以过问，但可以肯定的是，至少在此后的10年时间里，苏富比都没有给尼科尔森和格洛弗任何惩罚（沃森，1999）。苏富比的高层是不是早就默许了这种非法交易？我们无从知晓。我们知道的是，对于苏富比而言，诸如此类的事情并不少见。例如，苏富比的一位雇员波伦（Poland）曾经将4幅珍贵的印象派油画裹在海报里，夹在腋下，登上飞机，大摇大摆地离开了阿根廷。而苏富比的另一位雇员普赖尔（Pryor）则费尽心思地将一批古董小提琴从意大利走私到了英国。但由于无法顺利估价，不得不又想方设法地将这批古董小提琴走私回了意大利（莱西，2000）。当然，对于百年老店苏富比来说，这些都不算是什么难事。

除此之外，苏富比在帮助客户逃税方面的水平也非常厉害。正如威尔逊看到的那样："好的拍卖公司就像瑞士银行一样，应该成为一个便利的机构。它的首要职责就是维护客户的利益。如果它能够帮助客户避开不方便的法律和税收的话，那就是最大的便利。"事实上，自从60年代以来，由于福利法的广为推行，收藏品交易就成为了十分常见的逃税方式。为此，苏富比专门在瑞士银行开立了自己的账户。如果客户通过这个账户向苏富比付款，可以逃掉本来应该交给英国政府的税。有的时候，来自美国或英国的竞买人在拍卖会上竞买成功，但最后却以在加勒比海诸岛上注册的公司的名义付款从而逃税。对此，苏富比同样不闻不问（莱西，2000）。

如果考虑到苏富比在两位董事会主席——威尔逊和陶布曼的领导下接连曝出的一系列丑闻，我们有理由相信，苏富比显然有长期纵容这些非法行为之嫌，他们的职业操守和内部监管确实很成问题。值得欣慰的是，随着时间的推移,曾经丑闻不断的苏富比与佳士得都在不断地加强内部监管。举例来说,2001年7月11日,佳士得就自曝其丑,向外界披露其老板皮诺特(Pinault)有违行规,在自家的拍卖会上参与竞价。1998年,这位法国巴黎春天集团(Pinault Printemps Redoute)首席执行官通过控股的阿特米斯(Artemis)公司,以12亿美元的价格收购了佳士得,成为佳士得的老板。2000年,他又以7000万美元的价格收购了法国的第三大拍卖公司皮艾萨(Piasa)。一位伦敦的画廊老板弗劳尔斯(Flowers)表示:"我很怀疑这场拍卖会的公正性。一个拍卖公司的老板购买自己公司的拍品,不管怎么说,都有侵害公众利益之嫌。"一位不愿透露姓名的佳士得前雇员则表示:"拍卖公司的传统角色早就荡然无存了。他们曾经是卖家的忠实代表,但现在到处充斥的是不正当地损害公众利益的行为,这里的水早就浑了。"(李俊,2001)

历史悠久,声誉卓著的世界拍卖业两大巨头在内部监管方面尚且如此,刚刚复苏,还在摸索的中国拍卖业的情况显然不容乐观。2005年1月9日,北京红太阳国际拍卖有限公司举办了名为2005年迎春拍卖会的首场拍卖会。在这场拍卖会上,经过20多轮的竞价,据说从日本回流的宋徽宗国画《桃竹黄莺卷》以5560万元的价格被上海的一家国有大型收藏机构购得。这幅画上有宋徽宗的题款:"山谷传声美,迁乔立志高。故教桃竹映,不使近蓬蒿。宣和殿御制并书。天下一人。"钤有"御书之宝"、"政和"和"复古殿宝"三印。乾隆皇帝的题跋为:"凝露新妆锦样红,婆娑翠袖压东风。客来把酒分柑候,一曲尘衣浑未终。乾隆辛卯清和御题。"钤有"几暇怡情"和"乾隆宸翰"两印。此外,还有"正统五年六月望二日庐陵杨士奇敬观"、"辛卯春月晋宁张耆题"、"至正丙寅孟夏既望宣城贡师泰"、"至正辛卯暮二日庐陵欧阳玄获观于季境王公子斋头玄并志"、"至正二十有二年岁次壬寅八月丹丘柯九思书"和"皇明万历癸未长至日墨林山人项元汴识"等题跋。

但是,北京市某文物鉴定部门的一位专家却对这幅画的年代表示怀疑:这幅《桃竹黄莺卷》最多是清初的一件书画,上面的几十方印章可能是后做的。他认为,"这应该是一件仿制品,而且属于中等级别的仿制",顶多值几万元。而红太阳拍卖的董事长方宇兴则指出,他们曾专门请故宫博物院的专家对《桃竹黄莺卷》进行过鉴定,专家意见是:"它是真的。"随后,《北京晨报》首席记者杨玉峰向故宫博物院的一位书画鉴定专家进行了求证。这位专家表示,其中两方印章是真的,字也是宋徽宗的,这说明年代是宋代,但是否是由人代笔就无须深究了。方宇兴认为,专家可以有不同观点,但现在高价卖出已是不争的事实。他还透露,这幅画的买受人已经将1500万元汇票打到了公司的账上。事实上，2004年年底的时候，方宇兴就曾表示："如果不进行定向拍卖的话，这两件的总价值有望突破1亿元人民币。"

在《北京晨报》对此事进行报道之后，一位自称是业内人士的人致电报社称："宋徽宗《桃竹黄莺卷》曾于去年在中贸圣佳国际拍卖有限公司的迎春拍卖会上拍卖，当时以9万元左右的价格成交，和这次拍出天价的就是同一件。不过，当时中贸圣佳公司组织专家进行了鉴定，专家一致认定它是伪品，也是以伪作进行拍卖的。"据这位业内人士透露："当时就这件作品曾经邀请许多权威专家进行鉴定，其中包括国家级鉴定委员徐邦达先生。专家的鉴定意见是：它是被大家公认的伪品，作假水平很低劣。"他还表示："中贸圣佳拍卖公司去年以9万元拍出的伪品与这次创造天价的宋徽宗《桃竹黄莺卷》完全一样。它在中贸圣佳公司放了两年，当时也称是从日本征集到的，但最终被专家认定为伪作，卖家对专家的说法也表示认可。"

2004年3月28日，在中贸圣佳举办的2004迎春艺术品拍卖会上，一幅编号为"1856"，标明作者为"赵佶（传）"，估价为8万—12万元的《桃竹黄莺卷》，最终以9.2万元的价格成交。对此，方宇兴表示，据有关资料，确实有一家拍卖公司曾经拍卖过，但可能是"水印本"，当时成交价格可能在十几万元至二十几万元之间。他本人估计，这可能是日本人用高科技做出的，或者是"克隆版"。方宇兴还说，在红太阳公司拍卖宋徽宗《桃竹黄莺卷》之前，他曾经当众向收藏者表示，一幅"水印版"画作能卖十几万元，何况是一幅原作。在接受某电视台采访时，他自己曾经对该画进行估价，大约是5000万元。当时，他还提醒藏家要理性消费，到底值多少钱请买家自己考虑。

针对方宇兴提出的中贸圣佳拍卖的可能为《桃竹黄莺卷》"水印本"的说法，中贸圣佳副总经理樊则春明确表示，中贸圣佳拍卖的不是水印版，而是绢本。当时受香港藏家的委托，他们专门邀请了包括徐邦达在内的一批权威专家进行了鉴定，结果为"仿品"。征得卖家同意后，最终按仿品拍卖，以9.2万元被国内一位买家买走。中贸圣佳在印刷图录时，这幅画被标以"传"字，注明为仿品。他们出示了2003年8月4日，这幅画的"临时进境文物登记表"：名称为《宋徽宗桃花黄莺卷》，报关时的测量尺寸为31厘米×160厘米。与此相对应的是，红太阳国际拍卖有限公司却拿不出自称从日本回流的《桃竹黄莺卷》的"临时进境文物登记表"。

仔细比较，可以发现，两家拍卖公司上拍的《桃竹黄莺卷》在墨迹、褶皱、修补痕迹和印章位置方面都完全相同，四大细微之处也一模一样：（1）两幅画作上"天下一人"笔迹右侧的一道墨迹；（2）卷首一方长方形印章右上角有一处缺口;(3)卷尾和卷首两处印章集中处存有污渍,污渍形状相似;(4)两幅画卷展开后左侧竹丛下面各有一块补丁,补丁形状完全一致。

两幅画的唯一区别是尺寸略有不同:中贸圣佳的拍品图录上标注的尺寸为30.5厘米×160厘米,而红太阳的拍品图录上标注的尺寸为30厘米×159厘米。当然,这也可能是测量误差。因为中贸圣佳上拍的这幅《桃竹黄莺卷》在报关时测量的尺寸(31厘米×160厘米)也与上拍前测量的尺寸(30.5厘米×160厘米)略有出入。事情的真相究竟如何,我们确实很难知道。但是,以上几个案例提醒我们,拍卖公司的内部监管,不仅是公司内部之事,而且是整个社会之事。我们显然无法指望一个人用他的左手监督右手!在这个监管的过程中,公司雇员、业内人士和新闻媒体都发挥着至关重要的作用。因此,通过主管部门、行业协会和拍卖公司的制度安排,切实鼓励公司雇员、业内人士和新闻媒体对拍卖公司进行全方位的监管,并且对他们的正当行为予以保密和保护,这也许才是内部监管能够真正见效的可行之路(秦文,2005年;肖阳,2005年;杨玉峰,2005年)。

第九章　收藏品拍卖的博弈

第一节　竞买人的策略

经验地看，我们可以将竞买人分为立场坚定者、犹豫不决者和机会主义者三大类。

立场坚定者对拍卖标的的估价和心理价位很明确，会严格按照自己事先确定的竞价策略进行报价，竞价行为比较理性，加价幅度通常不大，一旦超出心理价位，就会放弃继续竞价。

犹豫不决者对拍卖标的的估价和心理价位不明确，在竞价过程中不断调整自己的估价和心理价位，竞价行为不大理性，加价幅度缺乏规律，没有竞价策略可言，竞价经常犹豫不决。

机会主义者也被称为"狙击手"（sniper）。在竞价过程中，他们通常会一直细心观察和耐心等待，竞价行为非常理性，严格执行竞价策略，尽可能不暴露自己，最后一刻方才竞价。

显而易见，这三类竞买人的策略是大不相同的。不过，一些基本策略却是对这三类竞买人都有参考价值的。

一、熟悉拍卖信息

对于竞买人而言，拍卖公告、拍卖广告、拍品图录和拍卖预展都是非常重要的信息来源。因此，竞买人应该首先仔细阅读拍卖公告和拍卖广告，了解拍卖时间、拍卖地点、拍卖主题、场次安排和联系方式等关于拍卖会的基本信息，以决定自己是否有必要深入了解拍卖会的具体情况。如果竞买人确实有兴趣登记参拍，就可以进一步阅读拍品图录了。拍品图录不仅配有印刷精美的拍卖标的图片作为参考，而且还会详细介绍拍卖标的的编号、名称、年代、品相、

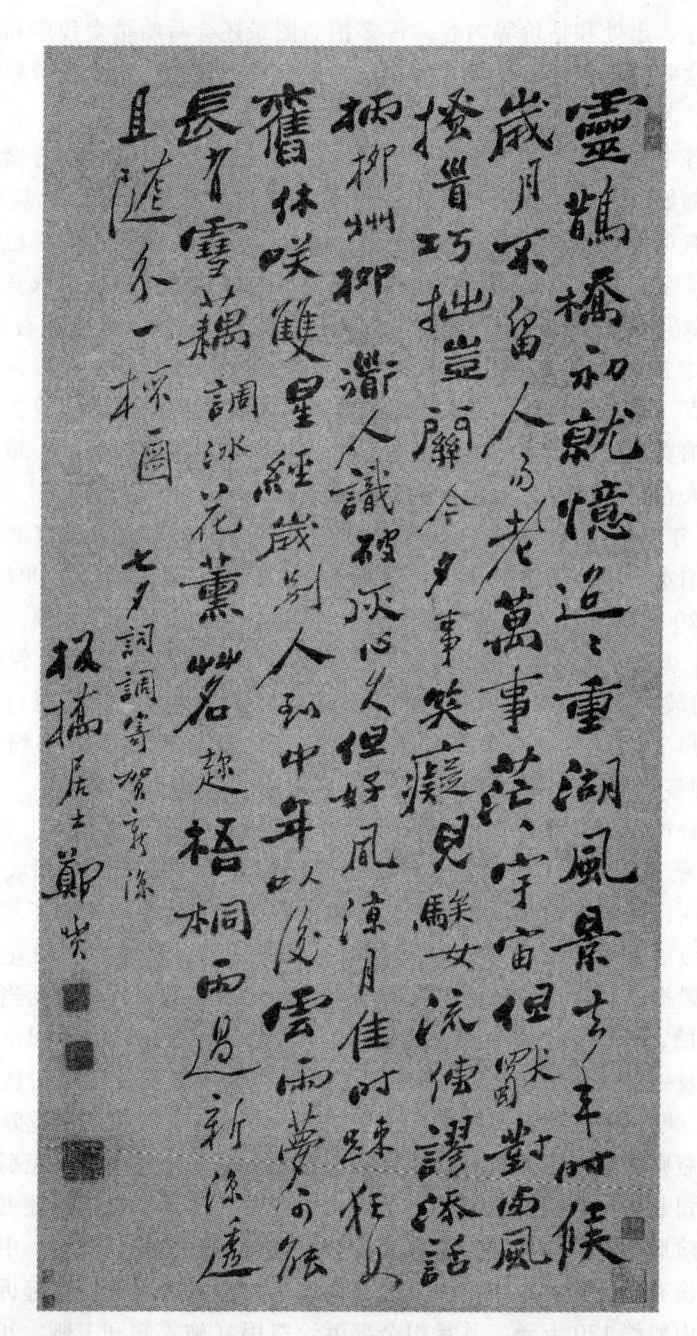

清·郑板桥《行书词》

质地、尺寸、出处和估价等内容。许多拍品图录还会写明拍卖程序和收费情况等信息。这些信息包括：竞买人的资格、如何登记参拍、拍卖竞价幅度、具体收费标准、怎样付款提货、争议解决办法，等等。

虽然各个拍卖公司的拍卖规则大同小异，但是，有时候也会有微妙的差别或改变。例如，有的拍卖公司规定，竞买人在当天登记参拍，然后缴纳保证金，再领取竞价号牌。而有的拍卖公司则规定，竞买人需要提前登记参拍，然后缴纳保证金，领取竞价证，拍卖当天再凭事先领取的竞价证换取竞价牌。凡是没有领取竞价牌的人，竞价无效。又如，中国嘉德国际拍卖有限公司在2007年春季拍卖会前就决定："从本年度春季拍卖会开始，上调买方佣金比例两个百分点。"诸如此类的拍卖规则都是竞买人需要特别注意的地方。除此之外，参观拍卖预展，验看拍卖标的也是熟悉拍卖信息的重要方式。值得一提的是，竞买人在验看拍卖标的时一定要小心谨慎。

2004年1月6日，中国人民财产保险股份有限公司北京市宣武支公司与北京翰海拍卖有限公司签订了财产保险合同，保险责任期限为2004年1月7日零时至2004年2月20日24时止。双方就保险范围、保险金额、保险费等做出约定。其中，附加橱窗玻璃破碎保险约定："本保险扩展承保橱窗玻璃（包括大门玻璃、柜台玻璃、样货橱窗玻璃等）因碰撞、外来恶意行为所致的玻璃破碎损失，以及因玻璃破碎而引起橱窗内陈列商品的非盗窃、抢劫损失。"合同签订后，翰海公司如约支付了保险费。2004年1月7日，北京翰海拍卖有限公司在北京京广中心举办了2004年迎春拍卖会的预展。当晚19时45分，收藏者房言山在预展的古董珍玩展厅观展时，由于验看拍卖标的的时候过于专注，在准备转身到拍卖标的侧面细看时，一不小心撞破了展柜橱窗的玻璃，导致展柜内摆放的第2391号拍卖标的——清乾隆青花折枝花卉六棱瓶掉在地上毁损。这件拍卖标的的保额为120万元。事发后，房言山当场撰写了《事情经过》，承认了上述事实，并表示："事情由我引起，我承担由此引起的法律责任及一定的经济赔偿。"在中国人民财产保险股份有限公司认定符合理赔条件后，赔付了北京翰海拍卖有限公司1216675元，毁损的清乾隆青花折枝花卉六棱瓶则转移至了原告处。北京翰海拍卖有限公司与中国人民财产保险股份有限公司北京市宣武支公司签订了结案协议书，出具了权益转让书，中国人民财产保险股份有限公司北京市宣武支公司取得了追偿权。随后，中国人民财产保险股份有限公司北京市宣武支公司向北京市宣武区人民法院起诉，要求肇事者房言山赔偿120万元，并承担全部诉讼费用（施雯婷和王刚，2004；张洁和韩晓冬，2005）。

房言山则认为，自己没有赔偿责任，不同意原告提出的诉讼请求。2006年12月7日，在经过了一年零四个月的调解和3次开庭之后，北京市宣武区人民法院做出如下判决：

损害国家的、集体的财产或者他人财产的，应当恢复原状或者折价赔偿。本案被告作为古董爱好者，具有一定的业内知识，但其在观展过程中疏忽大意撞破展柜橱窗玻璃，致使展柜内清乾隆青花折枝花卉六棱瓶掉在地上毁损，被告应当承担因其过失行为而导致的相应的民事责任。现原告要求被告赔偿损失，理由正当，证据充分，本院予以支持。被告辩称展柜玻璃没有安装牢固，玻璃上沿与展柜凹槽没有完全契合，因无证据证明，本院不予采信。被告辩称展柜没有采用防砸或防暴玻璃，自己没有责任，因目前国内对拍卖预展展柜尚无安全措施规定，本院不予采信。被告辩称保险额估价120万元过高，因证据不足，本院亦不予采信。但被告过失撞破展柜玻璃，造成清乾隆青花折枝花卉六棱瓶落地毁损，亦说明该预展在安全防范措施方面存在过失，未尽到对于贵重展品应采取与其价值相适应保护措施的义务，因此亦应承担相应的民事责任，并因此减轻被告的赔偿责任。具体赔偿数额，本院考虑全部因素决定。依照《中华人民共和国民法通则》第一百一十七条第二款、第一百三十一条的规定，判决如下：

一、自本判决生效后十日内，房言山给付中国人民财产保险股份有限公司北京市宣武支公司赔偿金二十万元。

二、毁损的清乾隆青花折枝花卉六棱瓶归中国人民财产保险股份有限公司北京市宣武支公司所有。

案件受理费一万六千零一十元，由中国人民财产保险股份有限公司北京市宣武支公司负担一万零五百元（已交纳）；由房言山负担五千五百一十元，自本判决生效后七日内交纳。

鉴定费一千元，由房言山负担（已交纳）。

如不服本判决，可在判决书送达之日起十五日内，向本院递交上诉状，并按对方当事人的人数提出副本，交纳上诉费一万六千零一十元，上诉于北京市第一中级人民法院。如在上诉期满后七日内未交纳上诉案件受理费的，按自动撤回上诉处理。（北京市宣武区人民法院，2006）

二、鉴定拍品真伪

无论竞买人本身是不是鉴定专家，都应该在确定是否登记参拍之前，多方面听取业内资深专家的意见，以便在最大程度上规避品质风险，而鉴定专家的选择实际上绝非易事。根据鉴定专家学术背景和成长经历的不同，我们可以将目前活跃的鉴定专家分为五类：

（一）文博派专家

文博派专家以故宫博物院和各级博物馆等大型文博机构的鉴定专家为代表。由于文博派专家的主要工作是遴选收藏品和研究文博机构的收藏品，因此，优秀的文博派专家通常非常谨慎，尤其是当他们遇到的收藏品与自己熟悉的同类收藏品在特征上有所差异的时候，更是会反复研究，不轻易做出判断。经验地看，当一位优秀的文博派专家的鉴定结论为真的时候，基本上可以确定为真；鉴定结论为假的时候，却未必一定就是假的。

（二）考古派专家

考古派专家以各级文物考古研究院或文物考古研究所从事田野考古（field archaeology）工作的鉴定专家为代表。由于考古派专家的主要工作是通过考古调查、考古发掘和室内整理等途径，获取有价值的实物资料以供考古研究工作之用。因此，优秀的考古派专家即使在遇到自己从未见过，史无记载的收藏品时，也不会像文博派专家那样谨慎怀疑，反而可能会因为新的发现而兴奋不已。经验地看，当一位优秀的考古派专家的鉴定结论为假的时候，基本上可以确定为假；鉴定结论为真的时候，却未必一定就是真的。

（三）科技派专家

科技派专家以各级科研机构和高等院校从事科技鉴定工作的鉴定专家为代表。他们将碳-14断代技术、热释光断代技术、中子活化分析技术、红外光谱分析技术、X射线荧光分析技术等科技手段运用到了收藏品鉴定上，并且取得了一定的效果。尽管就目前的情况而言，存在着完全相信科技鉴定和完全排斥科技鉴定的两种极端意见。但是，随着科技的发展，鉴定设备的改进，样本数量的增加和数据资料的完善，科技鉴定的运用应该会越来越广泛，成为与传统的"目鉴"相得益彰的重要鉴定方式。

（四）实战派专家

实战派专家以长期从事收藏品鉴定的收藏品经营者和收藏爱好者为代表。许多鉴定专家的慧眼，都来自于丰富的实践。不少实战派专家，就是"练摊""练"出来的。由于在实战派专家的成长过程中，鉴定的结果直接关系到切身利益，他们更有学习和研究的内在动力，这是"体制内"鉴定专家所缺乏的。在很多时候，优秀的实战派专家的鉴定水平，甚至远远高于文博派专家和考古派专家。值得一提的是，由于种种原因，即使实战派专家"看得准"，并不意味着他们一定会"说得对"。此外，以文博派为代表的鉴定界主流基本上不认可他们，而实战派专家之间也存在着"同行相轻"的现象。因此，实战派专家的选择，实际上并非易事。

（五）造假派专家

造假派专家有两类：一类是原先从事造假工作，后来转行从事鉴定工作的鉴定专家；另一类是长期从事造假工作，同时偶尔帮人掌眼的造假高手。随着数码影像制图技术、精细化工配料技术和非金属电镀技术等高新技术在收藏品造假上的广泛运用，一方面，收藏品的复制技术和仿制技术有了很大的进步；另一方面，收藏品的做旧技术也得到了迅猛的发展。在这样的大背景下，鉴定难度越来越大。对真品的特征和仿品的破绽一清二楚，长期处于造假技术前沿的造假派专家显然是几类鉴定专家中鉴定水平最高的。举例来说，早在20世纪30年代就被鉴定界誉为"老法师"、"宣德大王"，1956年受聘担任故宫博物院研究员从事瓷器研究和鉴定工作，培养了包括瓷器鉴定大师耿宝昌在内的许多文博派专家的孙瀛洲，当年就是鼎鼎大名的仿古高手。

总而言之，对于竞买人来说，选择目光如炬，并且值得信赖的鉴定专家，显然是至关重要的环节。

三、确立心理价位

如果竞买人有意登记参拍，还需要进一步评估拍卖标的，确立心理价位。对于收藏品评估而言，竞买人有必要重点考察基本面评估指标和市场面评估指标两大指标。在此基础上，竞买人还需要考察吸引力、炫耀性、投机性等二级指标，以及作者、年代、题材、体裁、规格、质地、产地等三级指标。在我们介绍收藏品评估的时候，对这些指标都有较详细的介绍。这里需要着重强调的是，竞买人心理价位的确立，除了考虑上述指标以外，还应该结合自己的偏好、购买的动机和拍卖标的的可替代性等因素。如果自己确实对某件拍卖标的本身很感兴趣，或者这件拍卖标的确是世间少有的精品，或者认为这件拍卖标的的投资潜力巨大，那么，竞买人不妨适当提高自己的心理价位，在进行评估的时候给与更高估值。

由于确立心理价位的重要作用，是防止出现我们曾经提到过的"福兮祸所伏"现象，因此，竞买人在拍卖会举办前确立的心理价位应该尽可能高，逼近在不受拍卖会竞价氛围干扰下可以接受的最高价。换句话说，对于理性的竞买人来说，心理价位不是随随便便就可以确立的，一旦最终确立，无论情况如何，都不再行更改。否则的话，买受人的报价很容易会高于，甚至远远高于拍卖标的的实际价值，并因此蒙受很大的损失。

举例来说，1993年6月20日，在上海朵云轩拍卖有限公司举办的首届中国书画拍卖会上，第149号拍卖标的——一幅汪精卫的行书作品在拍卖前并不被人们所看好，估价为3500—4000元港币，底价为3500元港币。不过，当正式开始拍卖之后，举牌应价的人却很多，价格也随之直线上升。当竞价超过4万元港币时，拍卖会上只剩下两位竞买人。但是，他们似乎都没有退让之意。当竞价达到8万元港币时，在场的人都有点看不明白了。因为他们实在很难以想象，这幅并不见佳的书法作品何以能够达到这么高的价格。然而，更令他们吃惊的是，价格并未就此打住。两位竞买人继续一前一后，一快一慢地举起手中的竞价牌。这件汪精卫的书法作品价格也随着竞价牌的起伏而一路飙升。最后，竟然以22万元港币的价格落槌。有意思的是，虽然买受人拍得了这件汪精卫的书法作品，可是，他并没有一丝成功的喜悦。他在签署拍卖成交确认书的时候，更是一脸沮丧。原来，这位买受人的对手是香港有名的"要一槌"。因为财大气粗，很少有人能在拍卖会上同他竞争。不过，他这次恰好遇到了一位志在必得的对手。因此，拍出这样的高价，也就不足为怪了（刘宁元，1998）。但是，对于买受人而言，由于没有确立好心理价位，拍出了汪精卫书法最高价，且10多年来一直保持纪录，他显然蒙受了很大的损失（见表9.1）。值得一提的是，在收藏品拍卖市场上，从1993—2007年的14年时间里，汪精卫书法作品的成交率并不算高，只有62%左右，这也从侧面反映了汪精卫书法作品的市场认可程度。

表9.1　　　　1993—2007年汪精卫书法作品的拍卖成交情况

上拍时间	拍品名称	拍卖公司	估价（元）	成交价（元）
1993年6月20日	汪精卫行书	朵云轩	3710—4240	256520
1994年9月18日	汪精卫对联	北京翰海	15000—18000	24200
1995年5月9日	汪精卫行书扇面	中国嘉德	5000—6000	9900
1997年10月24日	汪精卫书札	中国嘉德	4000—6000	22000
1999年6月5日	汪精卫对联	朵云轩	8000—12000	7700
1999年11月28日	汪精卫行书	朵云轩	10000—14000	9900
2000年5月13日	汪精卫书法	中贸圣佳	1500—3500	3080
2000年11月5日	汪精卫书法	中国嘉德	30000—40000	66000
2002年6月29日	汪精卫草书	北京翰海	10000—15000	13200
2002年6月29日	汪精卫行书成扇	北京翰海	20000—30000	17600
2002年7月28日	汪精卫书法四屏	中贸圣佳	10000—18000	11000

续表

上拍时间	拍品名称	拍卖公司	估价（元）	成交价（元）
2002年11月30日	汪精卫书法	上海敬华	30000—40000	29700
2002年12月7日	汪精卫行书	北京翰海	26000—30000	24000
2003年3月15日	汪精卫书法	北京翰海	2800—2800	3080
2003年7月11日	汪精卫行书	北京华辰	12000—15000	13200
2003年7月20日	汪精卫行书	上海国拍	8000—15000	8000
2003年8月30日	汪精卫行书	北京翰海	12000—20000	12000
2003年10月10日	汪精卫书法	中国嘉德	5000—7000	8250
2004年1月8日	汪精卫书法	中鸿信	15000—20000	16500
2004年3月22日	汪精卫书法	北京荣宝	1000—1000	8250
2004年3月27日	汪精卫行书	中贸圣佳	6000—12000	13200
2004年4月12日	汪精卫行书	上海崇源	6000—12000	14300
2004年6月23日	汪精卫行书	天津文物	18000—18000	26400
2004年6月24日	汪精卫行书对联	天津国拍	15000—20000	13200
2004年6月24日	汪精卫书法	中国嘉德	9000—12000	36300
2004年6月24日	汪精卫书法	中国嘉德	2000—4000	4620
2004年7月24日	汪精卫书法	北京翰海	2000—2000	2200
2004年10月9日	汪精卫行书对联	中贸圣佳	20000—30000	22000
2004年12月4日	汪精卫行书	广州嘉德	5000—8000	46200
2004年12月22日	汪精卫行书	上海崇源	12000—28000	16500
2005年3月12日	汪精卫书法	中国嘉德	12000—22000	51700
2005年4月18日	汪精卫行书	上海崇源	12000—18000	13200
2005年10月11日	汪精卫行书	无锡文物	18000—28000	19800
2005年12月20日	汪精卫行书	福建拍卖	10000—20000	11000
2006年3月10日	汪精卫书法	北京保利	6000—8000	6600
2006年3月11日	汪精卫书法	中国嘉德	6000—12000	8800
2006年8月19日	汪精卫书法对联	浙商拍卖	100000—150000	132000
2006年9月16日	汪精卫书法对联	北京翰海	8000—8000	29700
2006年12月21日	汪精卫书法册页	太平洋	100000—150000	110000
2007年3月18日	汪精卫书法	北京翰海	6000—6000	6600
2007年5月11日	汪精卫书法	北京诚轩	25000—35000	85800

续表

上拍时间	拍品名称	拍卖公司	估价（元）	成交价（元）
2007年6月16日	汪精卫书法	中国嘉德	8000—12000	39200
2007年6月20日	汪精卫书法	上海中天	6000—10000	7150
2007年7月1日	汪精卫信札	上海嘉泰	12000—15000	16500
2007年7月22日	汪精卫行书	西泠拍卖	25000—35000	30800
2007年11月7日	汪精卫书法册页	北京诚轩	5000—8000	33600
2007年11月9日	汪精卫书法	雍和嘉诚	15000—25000	16500
2007年11月10日	汪精卫书法	浙江保利	1000—1000	2200
2007年11月10日	汪精卫书法	浙江保利	1000—1000	2420
2007年11月25日	汪精卫行书	长风拍卖	23750—28500	34960
2007年12月1日	汪精卫行书	北京匡时	15000—25000	33600
2007年12月1日	汪精卫书法	北京匡时	40000—60000	44800
2007年12月16日	汪精卫书法	中国嘉德	10000—20000	42560

资料来源：根据相关资料整理，截止时间：2007年。

四、把握竞价节奏

从某种意义上讲，竞买人能否把握好竞价的节奏，在很大程度上决定了拍卖结果。在竞价节奏问题上，立场坚定者、犹豫不决者和机会主义者的策略显然是大不相同的。那么，究竟哪一类竞买人比较容易最终胜出呢？谢安石和李一军（2004）曾经做过一个实验，旨在研究竞买人的策略对拍卖结果的影响。他们运用代理（Agent）技术，模拟了评价人（类似于立场坚定者）、参与人（类似于犹豫不决者）和机会主义者这三类竞买人的竞价过程。他们一共模拟了50次，最终的结果是：立场坚定者胜出了8次，犹豫不决者胜出了11次，机会主义者胜出了31次，胜出比例分别为16%、22%和62%（见图9.1）。这个实验一方面说明，竞买人的竞价节奏会在很大程度上影响拍卖结果；另一方面也说明，最后时刻竞价策略（last-minute bidding）是一种"占优策略"。

对于收藏品拍卖来说，拍卖标的从起拍价开始，竞价由低向高依次递增的过程，非常类似于多米诺骨牌（domino）倒下的过程。拍卖师报出起拍价后，竞买人开始参与竞价。竞买人的报价一旦得到了拍卖师的确认，就成为了不可撤回的"立定出价"。当第一位竞买人的报价被拍卖师确认以后，其他竞买人可以根据竞价幅度的规定报价，第二位竞买人的报价要高于第一位竞买人，第三位竞买人的报价要高于第二位竞买人，以此类推。当再也没有竞买人愿意继

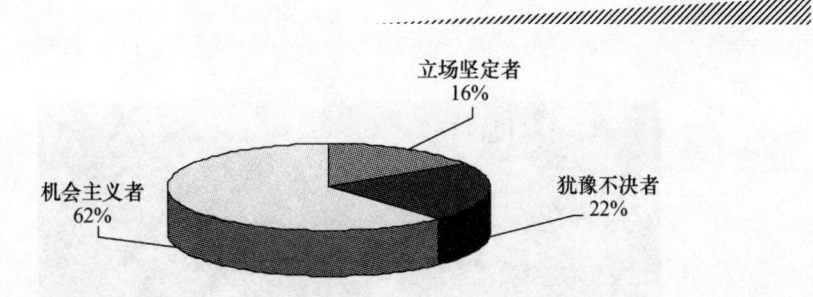

图 9.1 立场坚定者、犹豫不决者和机会主义者模拟竞价的胜出概率

资料来源：根据谢安石、李一军《拍卖理论的研究内容、方法与展望》(《管理学报》2004 年第 1 期) 的相关资料整理。

续竞价时，拍卖师将确认他的报价为最高报价。如果这个最高报价高于保留价的话，这个最高报价就是通常所说的落槌价。有的时候，最终的落槌价可能是估价和起拍价的几倍、十几倍，甚至几十倍（见图 9.2）。

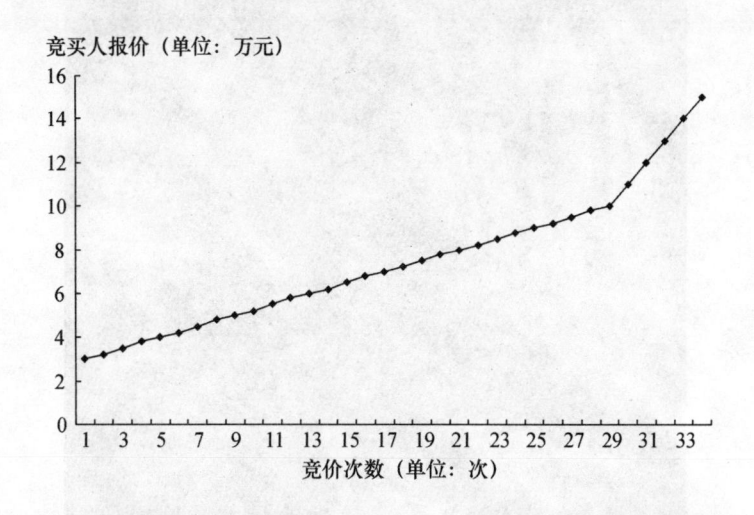

图 9.2 2006 年西泠印社秋季拍卖会赵之琛《隶书八言联》的竞价情况

在拍卖会上，竞买者首先应该冷静观察拍卖会现场的竞价情况，稳定竞价心态，守住心理价位。如果竞价气氛比较沉闷，竞买人可以大幅提高报价，摆出一副志在必得的样子。这样做的好处是，可以很容易吓退那些犹豫不决者和经验不足者。如果竞买人感觉到，潜在的竞争对手太多，自己胜出的把握不大，或者胜出的成本太高，但又不愿意放弃的话，可以直接报出自己的心理价位或者略低于心理价位的价格，使其他竞买人被突然而来的气势所迷惑，而在

傅抱石《幽对鸣泉》

他们犹豫不决的时候成交。如果竞价气氛比较活跃，则最好不要用大幅提高报价的做法，以免激起其他竞买人的竞价热情。但无论如何，在价格接近心理价位的时候，竞买人都必须谨慎行事，把握节奏，全身而退，以免因为受到竞价气氛的影响而蒙受巨大的损失。

第二节　委托人的策略

对于委托人来说，最重要的目标是获得预期收益。为了能够获得预期收益，委托人有必要注意以下三点：

一、确定出货时机

从某种意义上讲，确定出货时机实际上是最为重要的策略。无论是中国收藏品拍卖市场的宏观走势（见图9.3和图9.4），还是艺术流派或个别艺术家作品的走势（见图9.5、图9.6、图9.7和图9.8），都是委托人在确定出货时机时需要考虑的重要因素。因为显而易见的是，收藏品的价格既有高峰，也有低谷。如果在收藏品的价格处于相对高位的时候出货，就算其他方面考虑不周，也不至于犯方向性的大错误。假如在收藏品的价格处于相对低位的时候出

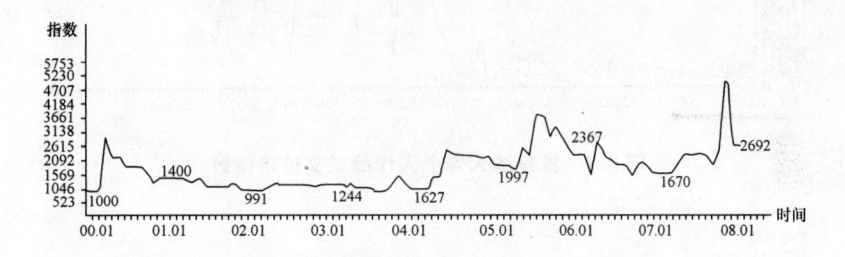

图9.3　雅昌国画400成分指数

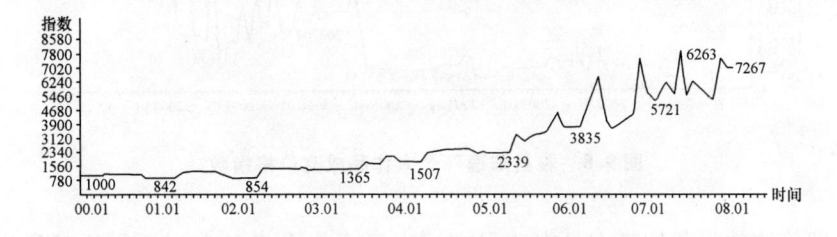

图9.4　雅昌油画100成分指数

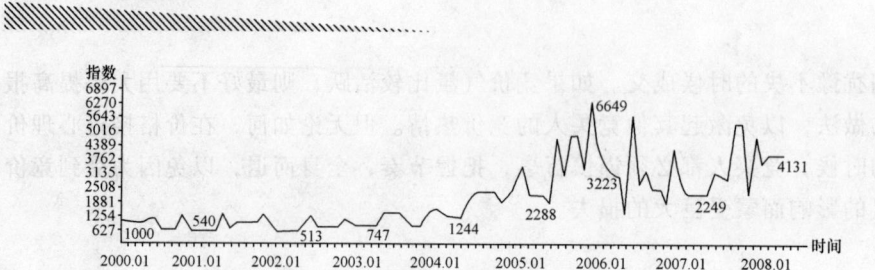

图 9.5 雅昌海派书画 50 指数

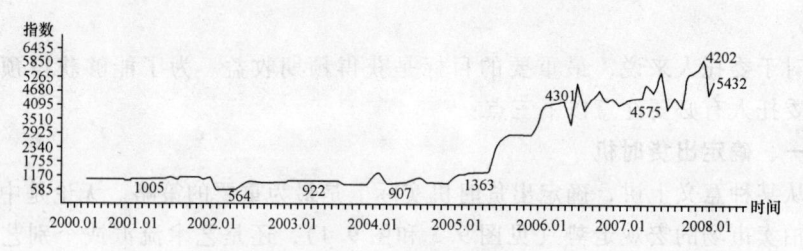

图 9.6 雅昌中国写实画派 20 指数

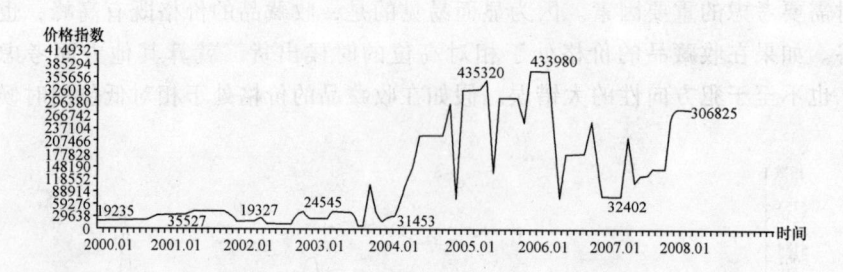

图 9.7 雅昌潘天寿个人作品成交价格指数

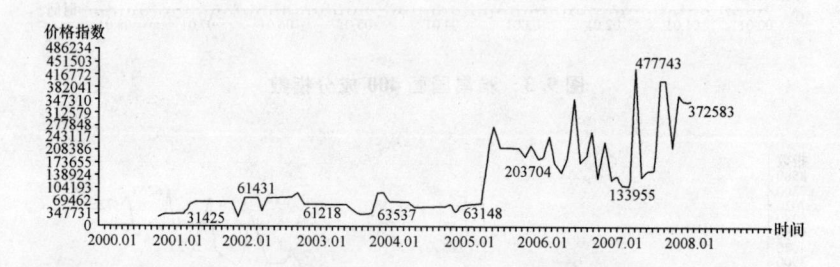

图 9.8 雅昌陈逸飞个人作品成交价格指数

货,即使这件收藏品确实是奇珍异宝,也很可能由于各方面的制约而低价易主,甚至还会流标。

在中国嘉德举办的 2003 年春季拍卖会上,最值得期待的两件拍品——郎世宁的《平安春信图》和石涛的《竹西之图》皆以 300 万元的价格起拍,分别拍到了 440 万元和 420 万元。但都没有达到保留价,并因此而流拍。

在中国嘉德举办的 2004 年秋季拍卖会上,被《石渠宝笈》收录过的《太真上马图》,虽然在年代问题上有点儿争议——既有专家认为是五代周文矩之作,也有专家认为是宋代的作品——但专家们却一致认为,该画完全可以同国宝级的《簪花仕女图》和《韩熙载夜宴图》相媲美。这件拍品以 880 万元的价格起拍,最高出价为 1100 万元,因为未达保留价而流拍。

在中国嘉德举办的 2005 年秋季拍卖会上,备受各界关注的 98 块"梦斋甲骨"以 350 万元的价格起拍,一直拍到了 440 万元,也因为未达保留价而流拍。

在中国嘉德举办的 2006 年秋季拍卖会上,一代学术大师陈寅恪的 111 种纸本遗稿以 180 万元的价格起拍,最后拍到了 290 万元,同样因为未达保留价而流拍。

这些收藏品不可谓不精。问题是,对于收藏品拍卖而言,随机性的影响非常之大,不容小觑。即使是举世公认的精品力作,只要"天时地利人和"缺一,照样可能乏人问津,甚至可能意外流拍。在这种情况下,确定出货时机,确保顺势而为,尽量减少风险,显然是委托人的最重要策略。

二、选择拍卖公司

委托人在确定出货时机后,就要开始选择拍卖公司了。据中国拍卖行业协会的统计,截至 2007 年 12 月,全国已经有 240 家拍卖公司获得了文物拍卖许可证,其中,获得一类文物拍卖资格的拍卖公司共有 70 家,约占 29%;获得二、三类文物拍卖资格的拍卖公司有 170 家,约占 71%。作为中国收藏品拍卖行业的中心,仅仅北京一地就有收藏品拍卖公司 83 家,其中,获得一类文物拍卖资格的拍卖公司有 11 家,获得二、三类文物拍卖资格的拍卖公司有 72 家。这些拍卖公司的实力相差悬殊,水平参差不齐,优势各有侧重,口碑有好有坏,信誉大不相同。因此,委托人在拍卖公司的选择上,同样需要慎之又慎,绝不可以掉以轻心。

首先,委托人应该根据收藏品的门类,选择几家在这类收藏品的拍卖上信誉卓著,经验丰富,人气较旺,优势明显的拍卖公司作为候选对象。

其次,委托人应该谨慎对待公司业绩,重点考察公司信誉,了解业内口碑好坏。这是委托人提高成交概率,减少交易风险,降低交易成本的重要保证。举例来说,北京红太阳国际拍卖有限公司 2006 年春季拍卖会的总成交额突破了 8 亿元。其中,一件北宋汝窑天青釉撇口瓶就以 17600 万元的"天价"创下了中国内地收藏品拍卖的最高成交纪录,并且改写了"汝窑无大器,汝窑不足尺"的历史。尽管该公司 2006 年春拍的总成交额仅次于香港佳士得 2006 年春拍 83779 万元的成绩，超过了香港苏富比 2006 年春拍 64239 万元的成绩（见表 9.2）。而北宋汝窑天青釉撇口瓶 17600 万元的成交价也直逼以 22834 万元的价格在伦敦佳士得创下中国收藏品最高成交纪录的元青花鬼谷下山图罐（见表 9.3）。但是，对于这种极具新闻价值的事件，一向对新闻线索非常敏感的各大媒体却几乎都对此视若无睹，研究机构和研究人员在涉及 2006 年春季拍卖会和全年总成交额的时候，也都对此置若罔闻。由此可见，业内人士对这些数字是持怀疑态度的，表面上的成交额和成交率并不说明问题。对于委托人而言，拍卖公司的信誉如何及口碑好坏才是最具有参考价值的信息。

表 9.2　　　　2006 年部分拍卖公司的春季拍卖会总成交额情况

拍卖公司	总成交额（万元）	拍卖公司	总成交额（万元）
香港佳士得	83779	中贸圣佳	22499
香港苏富比	64239	北京匡时	21507
中国嘉德	53588	北京荣宝	17124
西泠拍卖	44245	北京华辰	17715
北京保利	41785	北京诚轩	13232
北京翰海	44017	北京嘉信	12072

表 9.3　　　　2006 年中国收藏品拍卖的成交价格前 10 名

排名	名称	拍卖时间	拍卖公司	成交价（元）
1	清乾隆御制珐琅彩杏林春燕图盌	2006 年 11 月 28 日	香港佳士得	160399200
2	明永乐鎏金铜释迦牟尼坐像	2006 年 10 月 7 日	香港苏富比	123596000
3	红木雕花镶嵌缂丝绢绘屏风	2006 年 5 月 2 日	崇源国际	85330000
4	明洪武釉里红缠枝牡丹纹玉壶春瓶	2006 年 5 月 30 日	香港佳士得	83231200
5	明陈淳《水仙》	2006 年 10 月 29 日	辽宁国拍	55000000
6	徐悲鸿《奴隶与狮》	2006 年 11 月 26 日	香港佳士得	57112800
7	清乾隆粉彩开光八仙过海图盘口瓶	2006 年 6 月 3 日	中国嘉德	52800000
8	明宣德鎏金铜金刚舞菩萨立像（一对）	2006 年 10 月 7 日	香港苏富比	53551200
9	羊脂玉子料	2006 年 12 月 9 日	北京嘉信	49500000
10	傅抱石《雨花台颂》	2006 年 7 月 29 日	北京嘉信	46200000

最后，委托人应该根据收藏品的品质和价位，考虑到底是选择拍卖公司的春季和秋季大型拍卖会，四季都有的中型拍卖会，还是面向大众的小型拍卖会。如果收藏品并非世间少有的奇珍异宝，而只是相对常见的私家珍品。那么，委托人可能还需要在大型拍卖公司的中小型拍卖会和中小型拍卖公司的大型拍卖会之间进行权衡。当然，在委托人选择拍卖公司的同时，拍卖公司实际上也在选择委托人和收藏品。而且，拍卖公司的选择标准显然比委托人更为专业和苛刻。例如，一些拍卖公司的拍品征集过程，就需要经过拍卖公司内部三人鉴定小组的鉴定，三位故宫博物院专家的独立鉴定和三位香港专家的独立鉴定之后，才有可能上拍。因为一些拍卖公司所实施的"精品战略"遴选标准非常苛刻，而另一些公司的拍品实际上主要来自于老客户的"小圈子"。所以，当委托人听到拍卖公司拍品征集部门的工作人员以"这件收藏品不符合我们的上拍标准"为借口拒绝时，就不必大惊小怪或者耿耿于怀了。

三、了解具体细节

在确定出货时机和选好拍卖公司以后，委托人还应该尽可能多地了解具体细节。以委托拍卖的费用支出为例，委托人需要支付的费用，除了我们熟悉的佣金，还包括鉴定费、图录费、保险费等名目繁多的各种费用。这些收费看似全国统一，其实内有乾坤。如果顺利成交，拍卖公司将按落槌价的10%扣除佣金；假如由于竞买人的最高应价低于保留价而未能成交的话，拍卖公司也要按保留价收取未拍出手续费。未拍出手续费的多少则因拍卖公司而异，通常收取保留价的2%—3%。除了佣金之外，很多拍卖公司还要收取包括鉴定费、图录费、保险费在内的"其他各项费用"。这几项费用，也不是小数（见表9.4）。

表9.4　　　　　　　　　委托拍卖的费用支出情况

支出项目	收费情况
1. 佣金	（1）顺利成交：按落槌价的10%收取 （2）未能成交：按保留价的2%—3%收取
2. 鉴定费	从免费到数千元不等
3. 图录费	从数百元到数千元不等
4. 保险费	（1）顺利成交：按落槌价的1%收取 （2）未能成交：按保留价的1%收取
5. 包装费	从免费到数百元不等
6. 宣传费	从免费到数千元不等
7. 保管费	从免费到数千元不等
8. 检测费	从免费到数千元不等

鉴定费的多少因公司而异，从免费到数千元不等。图录费的多少也因公司大小、图录篇幅和大拍小拍而异，一般从数百元到数千元不等。此外，拍卖公司还要按照拍品的落槌价（顺利成交）或者保留价（未能成交）的1%收取保险费。一些拍卖公司还会另外收取拍品的包装费、宣传费、保管费、检测费等各种名目的费用。例如，北京某拍卖公司在上拍前，就要向委托人收取以下费用：收取整版2000元，半版1000元的图录费；收取占拍品保留价1%的保险费；对保留价在100万—150万元的拍品收取1.5万元的宣传费，对保留价超过150万元的拍品收取占保留价1%的宣传费。如果拍品流拍，未能顺利成交，以上费用不退，还要另外收取占拍品保留价3%的保留价佣金。换句话说，如果一件拍品的保留价为100万元，而又不幸在拍卖会上意外流标的话，委托人同样需要支付近6万元的费用。由于各个拍卖公司的拍卖规则和收费方式差别不小，因此，委托人应该尽可能多地了解具体细节，进行横向比较。

第三节 拍卖人的策略

《中华人民共和国拍卖法》第10条规定："拍卖人是指依照本法和《中华人民共和国公司法》设立的从事拍卖活动的企业法人。"这意味着，作为专业机构，同竞买人和委托人的策略相比，拍卖人的策略牵涉范围最广，同时最为复杂。

如前所述，截至2007年12月，全国已经有240家拍卖公司获得了文物拍卖许可证。这个数字一方面显示出了中国收藏品拍卖市场的吸引力，另一方面也反映了中国收藏品拍卖行业的竞争状况。根据2007年的数据，从世界范围来看，除了中国内地（总成交额约为1453053万元）以外，中国香港（总成交额约为647335万元）、美国纽约（总成交额约为120800万元）、中国台湾（总成交额约为79280万元）、英国伦敦（总成交额约为42252万元）、中国澳门（总成交额约为26710万元）等地也是中国收藏品拍卖的重要中心（见图9.9）。

就中国内地收藏品拍卖市场的情况而言，我们不妨以总成交额排名在前100位的中国内地拍卖公司为样本，来看看中国内地收藏品拍卖市场的现状（见图9.10和表9.5）。

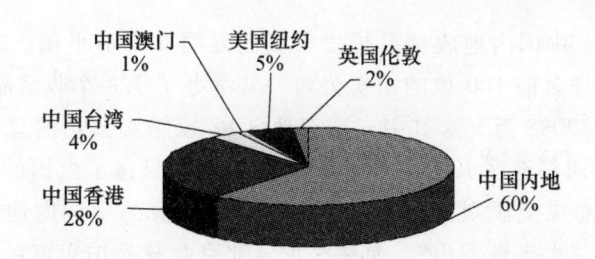

图 9.9　2007 年中国收藏品拍卖的总成交额构成情况

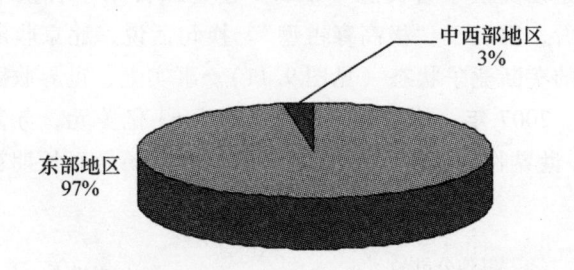

图 9.10　2007 年中国内地收藏品拍卖市场的总成交额构成情况

表 9.5　　　　　2007 年中国内地收藏品拍卖市场成交的区域分布情况

地区	公司数量（家）	所占比例（%）	总成交额（万元）	所占比例（%）
北京	40	40	991668	69.20
上海	14	14	180325	12.58
浙江	9	9	105797	7.38
广东	11	11	40601	2.83
江苏	6	6	25052	1.75
天津	3	3	23432	1.64
辽宁	2	2	19428	1.35
四川	3	3	12060	0.84
河南	5	5	11544	0.81
安徽	1	1	10232	0.71
重庆	2	2	5191	0.36
福建	1	1	3332	0.23
山东	2	2	2266	0.16
陕西	1	1	2161	0.15

总的来看，中国内地收藏品拍卖市场的发展非常不平衡。2007年，中国内地总成交额排名前100位的拍卖公司一共举办了728个收藏品专场拍卖会，总成交额为1433088万元。其中，东部地区88家拍卖公司的总成交额占了全国的97%，而西部地区12家拍卖公司的总成交额只占了全国的3%，北京40家拍卖公司的总成交额则占到了全国的近70%，算是中国内地收藏品拍卖市场当之无愧的"大半壁河山"。具体来说，北京收藏品拍卖市场的市场集中率（总成交额排名前8位的公司占北京全行业的比重）为75.22%。这样的市场集中度，无论是以美国学者贝恩（Bain）还是以日本学者植草益对市场结构的判断标准来看，都属于"极高寡占型"。换句话说，北京收藏品拍卖市场实际上处于所谓的垄断竞争状态（见图9.11）。事实上，世界收藏品拍卖市场的情况更为明显。2007年，佳士得的总成交额为63亿美元，苏富比的总成交额为53亿美元，世界收藏品拍卖市场70%以上的市场份额长期被这两大拍卖业巨头所垄断。

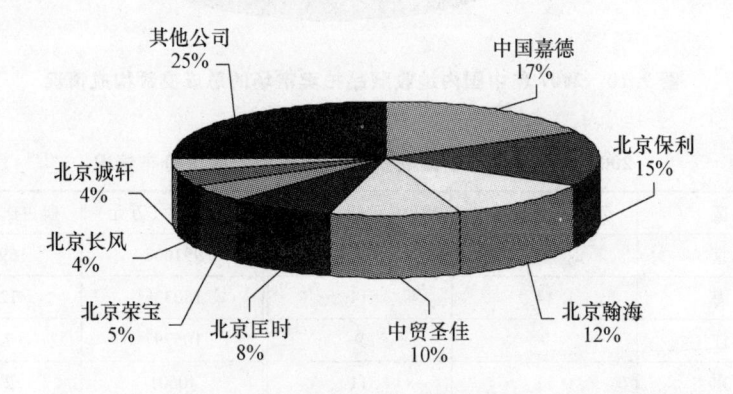

图 9.11 2007 年北京收藏品拍卖市场的总成交额构成情况

从某种意义上讲，中国内地收藏品拍卖市场的现状在很大程度上决定了大多数拍卖公司的策略。长期以来，拍卖公司的首要目标都理所当然地是利润最大化。虽然很多拍卖公司一直不遗余力地往自己脸上"贴金"，实际情况却是"说一套，做一套"。对于这些拍卖公司而言，古老的经营智慧显然是逆耳忠言。因为这些拍卖公司实际上从来就没有过"基业长青"（built to last）的丝毫念头。公司还没正式成立，管理层就早已抱定了趁着市场火爆，狠狠捞上一笔的决心。显而易见，这类拍卖公司的策略立足短期，非常现实，无须多言。

但是，无论一家拍卖公司的历史如何悠久，声誉如何卓著，实力如何强大，最终都要经过阿尔钦（Alchain，1950）所说的"生存检验"，而市场会给出最好的答案。拍卖公司不是目标单一的组织，而是一个具有多元化目标的组织。这意味着，一家优秀的拍卖公司应该还有"利润之上的追求"。正如柯林斯和波拉斯（Collins & Porras, 2002）所说："利润是生存的必要条件，而且是达成更重要目的的手段，但对很多高瞻远瞩的公司而言，利润不是目的，利润就像人体需要的氧气、食物、水和血液一样，这些东西不是生命的目的。"作为"务实的理想主义者"，利益相关者的利益和企业的社会责任都是拍卖公司应该考虑的问题。对于拍卖公司而言，这绝不是老生常谈或者唠叨说教，而是非常残酷的现实问题。一个典型的例子是，在全国240家已经获得了文物拍卖许可证的拍卖公司中，有数十家拍卖公司一年都无法举办一场像样的收藏品拍卖会。对于老的拍卖公司而言，想要保住市场份额越来越难；对于新的拍卖公司来说，不出新招根本没有出头之日。

经验地看，拍卖公司的策略在很大程度上受制于许多复杂而微妙的因素。但是，对于任何一家拍卖公司来说，都需要首先明确公司的目标，究竟是要追求短期利润最大化，还是要追求长期利润最大化。如果追求的是长期利润最大化目标，那么，拍卖公司最重要的是明确这样一点：一家拍卖公司的价值是由盈利能力、公司声誉、人力资源和客户资源共同组成的，四者之间可以随时随地相互转换（见图9.12）。

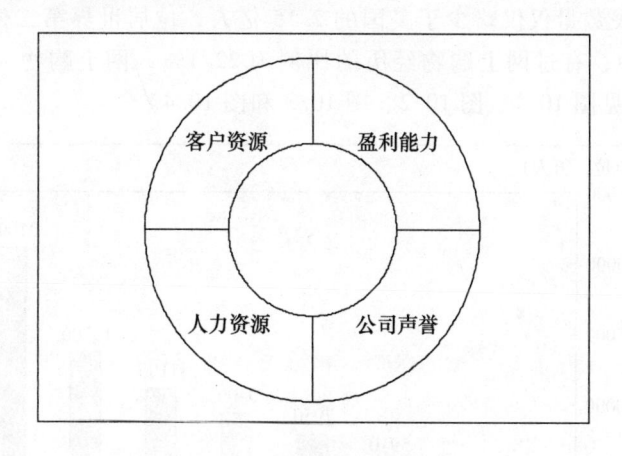

图9.12 拍卖公司的价值构成

因此，对于拍卖公司来说，把握好盈利能力、公司声誉、人力资源和客户资源之间的关系，高瞻远瞩，懂得取舍，实现长期利润最大化目标，才是至关重要的根本策略。

第十章 收藏品拍卖的未来

第一节 网上拍卖的兴起

2007年,佳士得的网上拍卖业务成交额达到了1.58亿美元,占该公司总成交额(63亿美元)的2.5%。虽然目前中国收藏品拍卖市场的发展状况同世界收藏品拍卖市场还有相当大的差距。但是,根据中国互联网络信息中心发布的《第21次中国互联网络发展状况统计报告》,截至2007年12月,中国网民数量已经增加到了2.1亿人,同比增加了7300万人,年增长率高达53.3%。目前中国网民数量仅仅略少于美国的2.15亿人,位居世界第二位。在中国的2.1亿网民中,有过网上购物经历的比例为22.1%,网上购物人数规模约为4640万人(见图10.1、图10.2、图10.3和图10.4)。

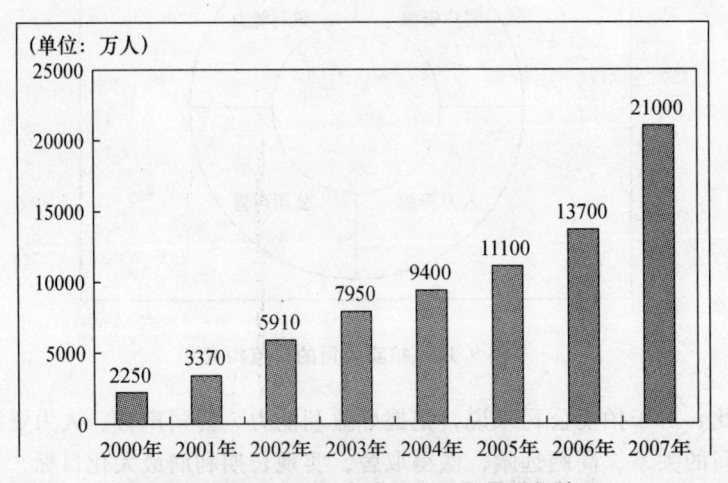

图 10.1 2000—2007 年中国网民数量增长情况

资料来源:中国互联网络信息中心:《第21次中国互联网络发展状况统计报告》,2008年1月。

第九章 收藏品拍卖的博弈 199

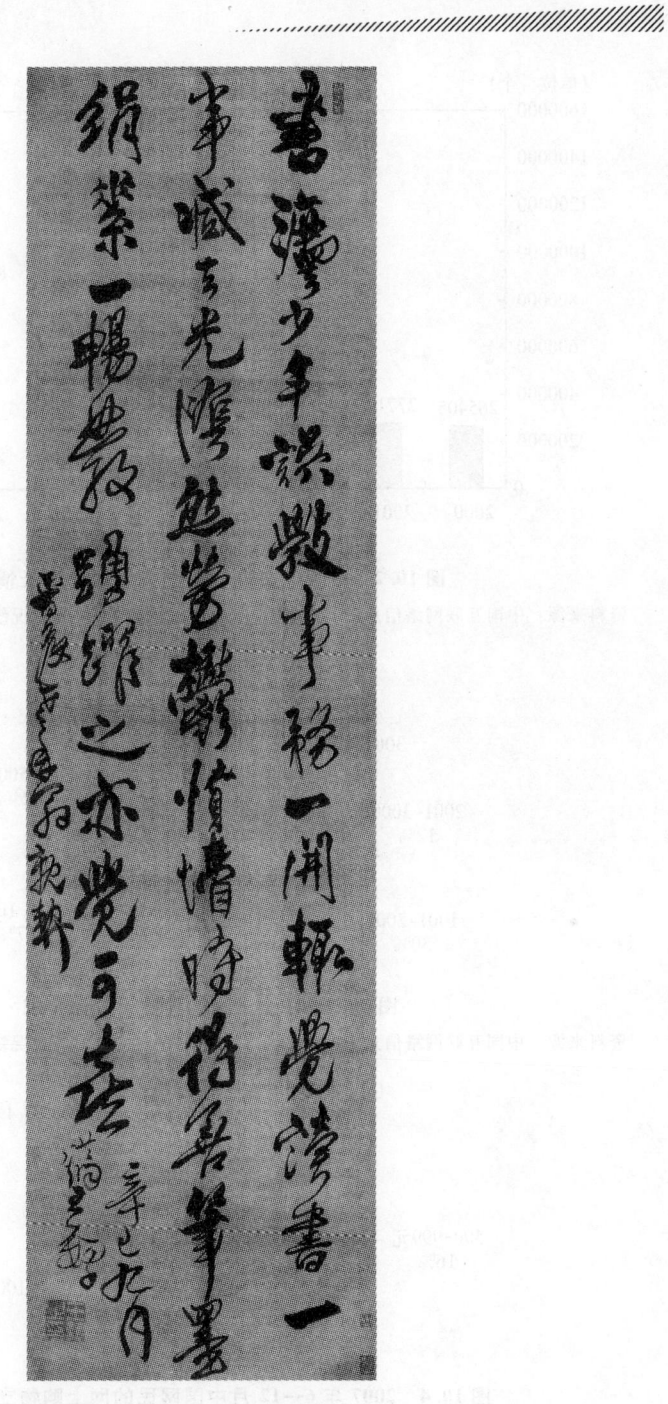

明·王铎《行书诗》

(单位：个)

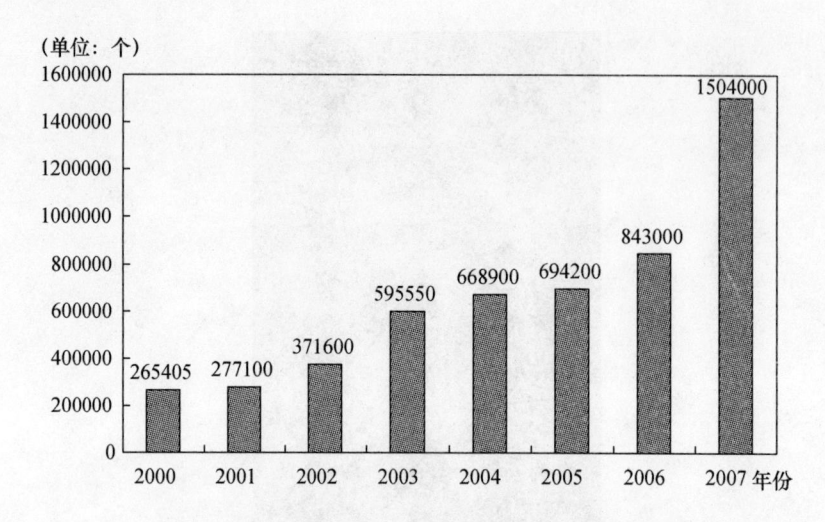

图 10.2　2000—2007 年中国网站数量增长情况

资料来源：中国互联网络信息中心：《第 21 次中国互联网络发展状况统计报告》，2008 年 1 月。

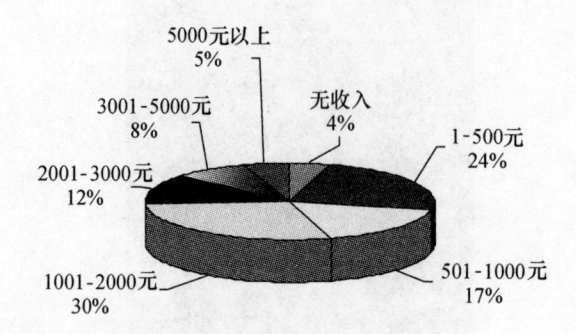

图 10.3　中国网民的整体月收入情况

资料来源：中国互联网络信息中心：《第 21 次中国互联网络发展状况统计报告》，2008 年 1 月。

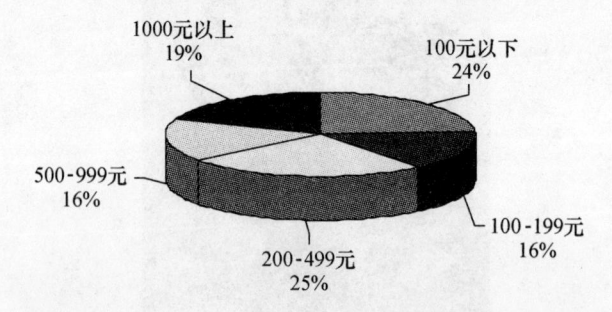

图 10.4　2007 年 6—12 月中国网民的网上购物支出情况

资料来源：中国互联网络信息中心：《第 21 次中国互联网络发展状况统计报告》，2008 年 1 月。

第十章 收藏品拍卖的未来 201

就网上拍卖而言，虽然在通过网上拍卖的各类物品中，收藏品在数量上并不占绝对优势，但相比之下，收藏类网站的数量却是比较多的（见图10.5和

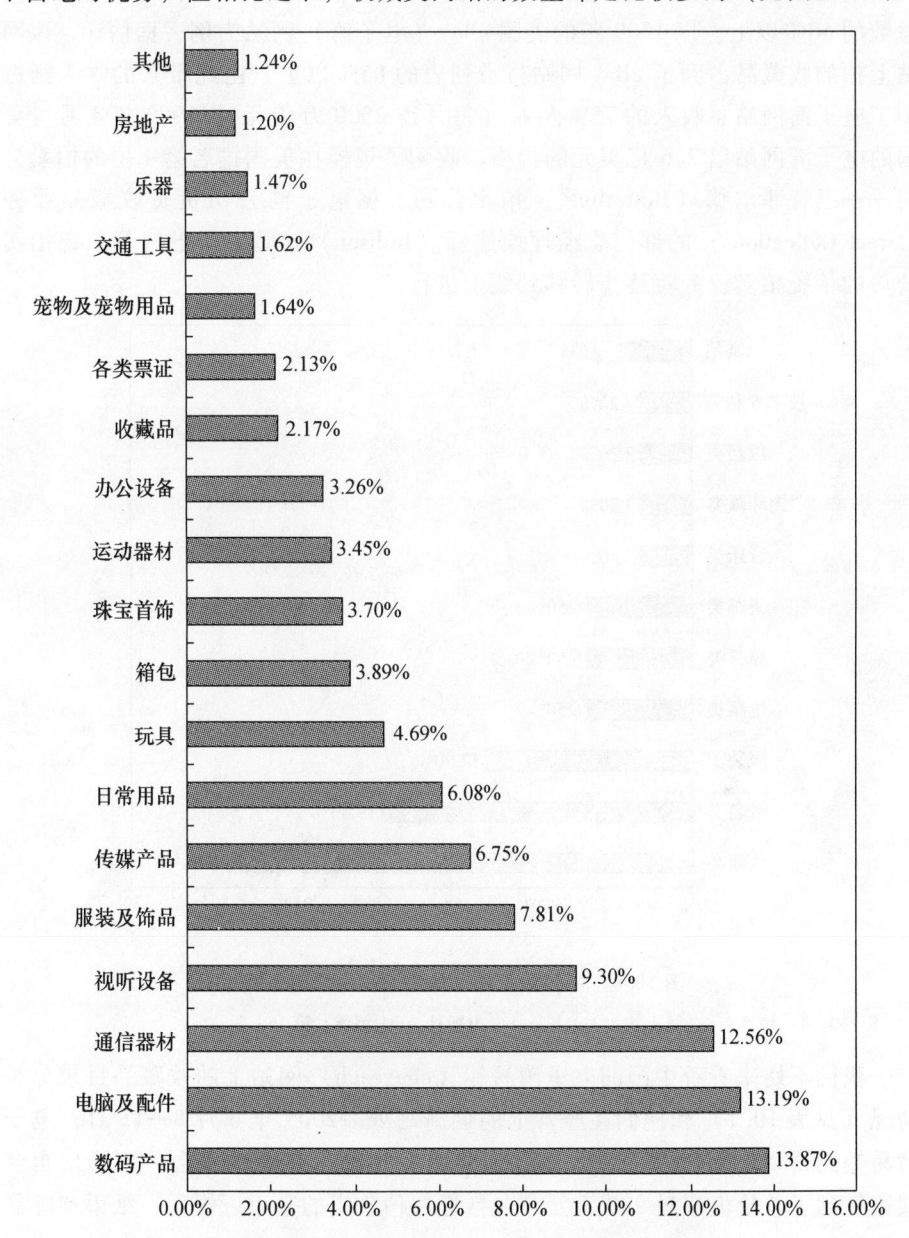

类别	比例
其他	1.24%
房地产	1.20%
乐器	1.47%
交通工具	1.62%
宠物及宠物用品	1.64%
各类票证	2.13%
收藏品	2.17%
办公设备	3.26%
运动器材	3.45%
珠宝首饰	3.70%
箱包	3.89%
玩具	4.69%
日常用品	6.08%
传媒产品	6.75%
服装及饰品	7.81%
视听设备	9.30%
通信器材	12.56%
电脑及配件	13.19%
数码产品	13.87%

图 10.5 中国网上拍卖的主要物品及其比例

资料来源：上海艾瑞市场咨询有限公司：《中国网上拍卖研究报告》，2003年。

10.6)。马俊和汪寿阳等人(2003)针对开展了网上拍卖业务的网站所进行的一项不完全统计甚至发现,设立了收藏品目录的拍卖网站数量占到了该类网站总数的60%以上。以1999年的美国eBay(电子湾)网站为例,据估计,该网站上拍的收藏品占到了eBay网站目录列表的85%以上,由此带来的收入则占到了电子湾网站总收入的75%左右(每月约2500万美元)。1999年4月,美国的电子湾网站以2.6亿美元的价格,收购了规模在美国排名第4位的拍卖公司——巴特菲尔德(Butterfield)拍卖公司。据电子湾公司负责收藏品业务(Great Collections)的部门总经理埃迪森(Iddison)透露:"巴特菲尔德拍卖公司的传统拍卖业务将逐步转移到线上进行。"

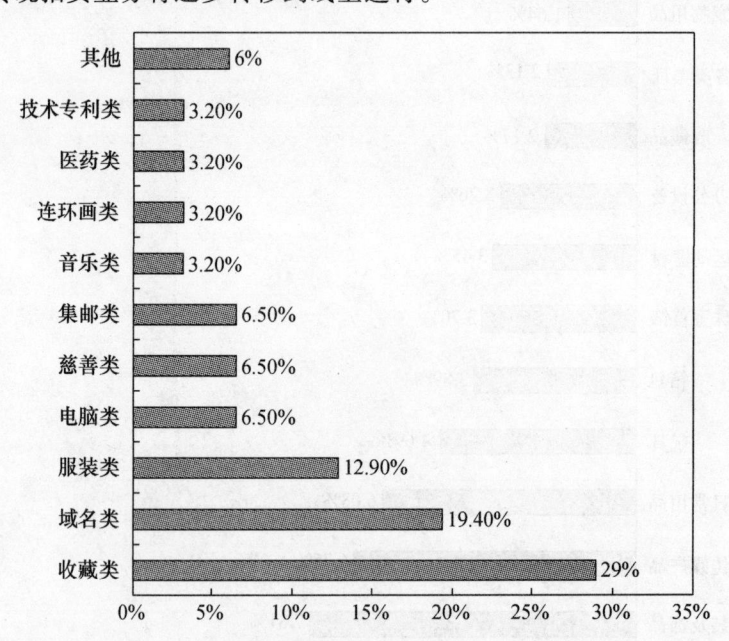

类别	比例
其他	6%
技术专利类	3.20%
医药类	3.20%
连环画类	3.20%
音乐类	3.20%
集邮类	6.50%
慈善类	6.50%
电脑类	6.50%
服装类	12.90%
域名类	19.40%
收藏类	29%

图 10.6 中国拍卖网站的经营主题及其比例

资料来源:韩冀东:《网上拍卖》,人民邮电出版社2004年版,第139页。

我们不妨来看看中国的电子湾易趣(ebayeach)网站上的收藏品目录分类情况(见表10.1)和他们在经营上的创新之处。2005年6月8—15日,电子湾易趣网站举办了名为"精品邮币"的珍贵收藏品专场拍卖会。该场拍卖会共征集到了总价值超过200万元,包括近百种珍贵的金币、银币、纸币和邮品在内的拍品。不仅如此,电子湾易趣网还在国内率先推出了所谓的专家"在线鉴定"服务。电子湾易趣网为此专门成立了一个由各国鉴定专家组成的鉴定小组，为电子湾易趣网的客户提供专业的评估服务，以保障用户的合法利益。据电子湾易趣网商务部门的有关人士介绍，这次拍卖活动实际上是易趣公司首席运营官郑锡贵的"3A 购物理论"的运用。所谓的"3A"，第一个 A 是 Acquisition，就是上网的人在网站登录成为注册用户；第二个 A 是 Activation，即不仅成为会员，而且购买或者出售一件东西；第三个 A 是 Activity，即在有过一次尝试以后，还会来第二次、第三次，以至于变成一个经常性的行为。郑锡贵坦言："目前易趣在第二个 A 和第三个 A 上做得还不够好。"而电子湾易趣网商务部收藏分类负责人则表示，如果这种"在线鉴定"服务能够成功，那么，它今后将成为电子湾易趣网的一个长期特色服务项目，并将从钱币在线鉴定逐步扩展到邮票、瓷器、古籍等其他收藏品（马健，2005）。

表 10.1　　　　电子湾易趣网站上的收藏品目录分类情况一览表

收藏品目录的分类及商品数量	收藏品目录的分类及商品数量
1. 古玩	4. 古典家具
1.1 瓷器	4.1 明清代
1.2 陶器	4.2 近代/现代
1.3 古玉	5. 古董钟表
1.4 翡翠/水晶/珍珠	5.1 手表/怀表/挂表
1.5 紫砂	5.2 座钟/其他钟表
1.6 织绣/刺绣	6. 奇石/观赏石/矿物晶体
1.7 金银器	6.1 奇石/观赏石
1.8 青铜器	6.2 矿物晶体
1.9 鼻烟壶	6.3 化石
1.10 古家具/雕刻	6.4 其他
1.11 杂件/其他古玩	7. 雕刻
2. 现代陶瓷/紫砂	7.1 竹木牙雕
2.1 瓷器	7.2 石雕/玉雕
2.2 陶器	7.3 角雕
2.3 紫砂	7.4 其他
3. 玉器/玉石	8. 文房四宝
3.1 玉挂件/配饰	8.1 笔墨纸砚
3.2 玉手件/把件	8.2 笔筒/笔架/笔洗
3.3 玉摆件/雕件	8.3 镇纸/其他
3.4 籽料玉料	9. 金石篆刻
3.5 翡翠	9.1 青田石
3.6 玛瑙/水晶/琥珀/珊瑚	9.2 昌化石
3.7 其他玉石	9.3 巴林石

续表

收藏品目录的分类及商品数量	收藏品目录的分类及商品数量
9.4 寿山石	17.1 古籍善本
9.5 其他印石	17.2 线装书
9.6 篆刻作品/器具/印谱	17.3 旧平装书
10. 邮品	17.4 旧报纸/期刊/画报
10.1 清代邮品	17.5 其他古旧书刊
10.2 民国邮品	18. 连环画
10.3 解放区邮品	18.1 绘画类连环画
10.4 新中国邮品	18.2 影剧/精品/其他连环画
10.5 港澳地区邮品	19. 收藏类专业图书/报刊
10.6 外国邮品	20. 军事收藏品
10.7 集邮用品/其他邮品	20.1 服饰/鞋靴/盔帽/挂包
11. 钱币	20.2 装具/工具
11.1 中国古代钱币	20.3 臂章/肩章/徽章
11.2 中国近代钱币	20.4 其他军事藏品
11.3 中国当代钱币	21. 票证
11.4 港澳地区钱币	21.1 股票债券/税票/金融票
11.5 欧洲钱币	21.2 其他票证
11.6 美洲钱币	22. 烟标/火花/像章/徽章
11.7 亚洲/大洋洲/非洲钱币	22.1 烟标/火花
11.8 中国近代纸币	22.2 其他标牌章类
11.9 新中国纸币	22.3 像章/徽章/纪念章
11.10 欧洲纸币	23. 宗教收藏品
11.11 美洲纸币	23.1 佛像/佛器
11.12 亚洲/非洲/大洋洲纸币	23.2 天珠/念珠
11.13 其他钱币	23.3 其他宗教收藏品
12. 磁卡/卡片	24. "文化大革命"时期物品
12.1 电话卡/IP 卡	24.1 陶瓷/茶杯茶壶
12.2 地铁卡/银行卡/其他	24.2 书刊杂志
13. 收藏类礼品	24.3 宣传画/画像
13.1 邮币卡礼品	24.4 像章/纪念章/其他
13.2 其他收藏类礼品	25. 趣味收集/可乐收集
14. 老相机/老照片/老海报	25.1 名人签名/历史收藏
15. 老唱机/收音机/老唱片	25.2 可乐系列
15.1 老唱机	25.3 酒版/酒具/烟斗/烟具
15.2 老收音机	25.4 钢笔/卡片
15.3 老唱片	25.5 其他趣味收集
16. 老烟具/烟斗	26. 其他收藏品
17. 古旧书刊	

资料来源:根据马健《收藏投资学》(中国社会科学出版社 2007 年版)第 77—79 页的相关资料整理。

事实上，拍卖网站的重要功能之一就是为收藏品的网上拍卖提供一个虚拟的交易平台，从而在一定程度上减少交易费用（见图10.7）。

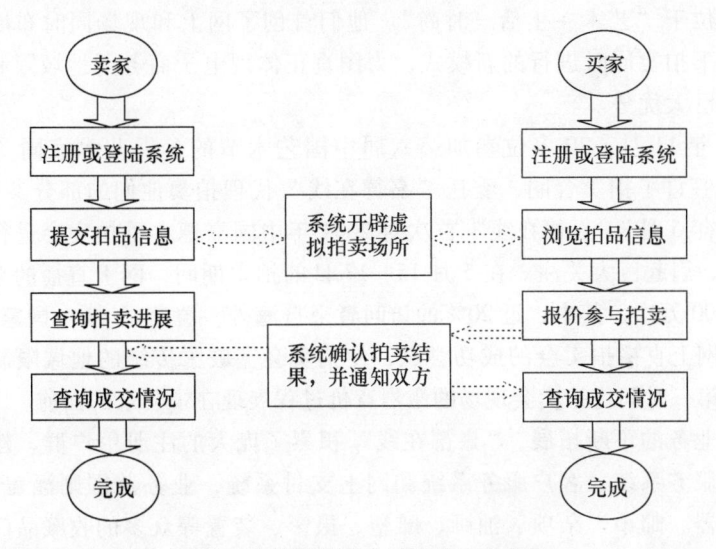

图10.7　收藏品网上拍卖的主要流程

资料来源：根据马俊、汪寿阳、黎建强《e-Auction：网上拍卖的理论与实务》（科学出版社2003年版）第32页的相关资料整理。

交易费用的减少和由此带来的预期收益，不断激励着网络公司和拍卖公司开拓收藏品网上拍卖市场。我们不妨通过专业拍卖网站"嘉德在线"（www.guaweb.com）的成长历程来看看中国收藏品网上拍卖的发展情况。

2000年5月5日，中国嘉德国际拍卖有限公司在新闻发布会上宣布，将与日本软件银行（Soft Bank）、香港电讯盈科（PCCW）共同拓展网上拍卖业务，组建专业性拍卖网站"嘉德在线"（www.guaweb.com）。

2000年6月18日，"嘉德在线"正式开通。开通当天，推出了当代艺术陶瓷、后新生代油画、中青年名家书法、中青年雕塑精品、中国古代书画、中国近现代书画等30个网上专场拍卖会。

2000年7月，"嘉德在线"整体收购了国内的大型拍卖网站网猎（www.clubciti.com.cn），并对拥有近40万注册用户的网猎进行了全面改组，将其业务纳入"嘉德在线"的商业模式和运营方案。

2000年10月20日，"嘉德在线"宣布，将于11月1日起在网上展示并拍卖一件海外回流的国宝级油画作品——徐悲鸿的名作《愚公移山》。11月15日，这幅画以250万元的价格成交，创下了中国收藏品网上拍卖的最高价格纪录。

2000年12月7—11日,"嘉德在线"参加了2000年广州艺术博览会,并将主题定位于"艺术+生活=时尚"。他们首创了网上和现场同时布展,在线拍卖和线下拍卖同时进行的新模式,力图真正体现电子商务无地域限制,无时空限制的巨大优势。

2000年11月,20多位参加第六届中国艺术节的参展艺术家同"嘉德在线"现场签订了拍卖合同,委托"嘉德在线"代理拍卖他们的部分参展作品。

2004年5月,"嘉德在线"首次对2004年中国嘉德春季拍卖会进行了全程网上直播,引起巨大关注。在5月15—17日的拍卖期间,网上直播的总点击率超过了1300万次,其中,近20%的访问者来自海外,覆盖了88个国家和地区。这次全程网上直播拍卖会的成功尝试,使拍卖会突破了传统的地域限制和时间限制,在第一时间将拍卖会现场的激烈竞价过程展现在了公众的面前。

随着业务的不断拓展,"嘉德在线"积累了庞大的注册用户群,建立了畅达的物流服务系统、客户服务系统和网上支付系统,业务范围则涵盖了书画、玉器、瓷器、邮币、杂项、油画、雕塑、摄影、装置等众多的收藏品门类。

对于收藏品网上拍卖而言,面临的最大问题实际上是交易风险问题。据美国互联网欺诈投诉中心(the Internet Fraud Complaint Center)透露,在他们所收到的30000多件投诉中,涉及网上拍卖欺诈的占到了64%。2001年1—4月,美国互联网欺诈投诉中心就收到了4000多份投诉,这些投诉所涉及的总损失高达320万美元,每份投诉的平均损失为776美元。当然,许多网站一直在试图通过技术创新和制度创新来减少网上交易中欺诈现象的发生。例如,"淘宝网"(www.taobao.com)就开发了一种以网站作为交易中介,以"买家收货满意后,卖家才能收到钱"为主要思路的"支付宝"交易模式(见图10.8)。

买家付款到支付宝 → 卖家发货给买家 → 支付宝付款给卖家 → 交易成功

图10.8 "支付宝"安全交易的主要流程

资料来源:https://www.alipay.com/static/utoj/utojindex.htm。

但与此相对应的是,北京嘉德在线拍卖有限公司在这个问题上却仍然沿袭了传统拍卖公司的思路。《北京嘉德在线拍卖有限公司拍卖规则》第25条规定:"在本网站登录的拍卖品描述是指对拍卖品的作者、来历、日期、年代、尺寸、材料、真实性、出处、保存和估售价等提供的意见性说明文字和图片材料。仅供竞投者参考,不表明本公司及加盟企业对拍卖品的色调、质地、真实性及有无缺陷等所做的担保。"第 26 条规定："因摄影、显示等造成描述作品的色调等与原物有误差者,以原物为准。"第 28 条规定："不论是否在拍卖前对欲竞投的拍卖品原件进行审鉴,任何竞投人都应对自己的竞投行为负责。"

如果买受人"不满意","想退货",更是困难重重的事情。《北京嘉德在线拍卖有限公司拍卖规则》第 36 条规定："买家在提货后 30 日之内(提货日期以拍品出库日期为准)",如果认为"拍品实物与拍品描述明显不一致",买受人应该"出具相关书面鉴定意见以证明该拍品为赝品:如果是书画作品,需要出示画家本人的书面鉴定意见说明该拍品为赝品;如果是作者已经过世的,需要出示两位以上相应专业的国家级鉴定专家关于该拍品赝品的书面鉴定意见;其他类拍品需要出示两位以上相应专业的国家级鉴定专家关于该拍品赝品的书面鉴定意见。"在买受人出示鉴定意见以后,"嘉德在线"才会"负责退货退还买家已付的落槌价和佣金,但期间发生的其他费用,如鉴定费、保管费、运输费等,不在退还的费用范围之内,需买家自行承担。"

事实上,除了交易平台功能,拍卖网站应该发挥的另一个重要功能是品质保证功能。拍卖网站的交易平台功能,可以减少买卖双方的交易费用;而拍卖网站的品质保证功能,则可以降低买卖双方的交易风险。对于收藏品这种特殊的商品而言,拍卖网站的品质保证功能显得尤其重要。随着中国收藏品市场的迅速发展和中国电子商务的日趋成熟,只要收藏品拍卖网站能够真正有效地发挥这两大功能,我们有理由相信,收藏品网上拍卖的未来前景非常广阔。

第二节 法律法规的完善

2003 年 2 月 25 日,湖南省桃源县公安部门将桃源县收藏者邹方初拘押在该县漳江镇派出所,并处以 9000 元罚款。两天后,又对杨兴国、陈建军等多名收藏者进行大范围传讯、拘押并处以罚款。据该县文物管理部门的相关人士透露,这是"在搞一场全国性的打击倒卖文物的统一行动",桃源县是第一个"吃螃蟹"者。同时保证,凡是倒卖文物者,只要到文物管理所"投案自首",并缴纳 1000 元罚金,就可以得到文管所的保护。在这种情况下,不少收藏者"主动投案自首"并缴纳了罚款,也有不少收藏者纷纷离家"避难"。据不完全统计,以"非法倒卖国家监管文物"为由拘传并处以 1000 元以上罚金的人,达三四十人之多。

同年 3 月 11 日,在桃源县收藏者的强烈要求下,湖南省收藏家协会派出

李可染《山居避暑图》

由该协会会长雄传薪、副会长兼秘书长张敏、副会长陈蔚民、常务理事廖文伟等人组成的专家鉴定组赶赴桃源县，对多名收藏者收藏的近 3000 件藏品进行了认真鉴定。鉴定结果表明，这些藏品均为清中期以后至 20 世纪四五十年代的民窑瓷器、柴木家具、白木雕花门窗构件，以及一些农村日常生活用品，显然够不上"国家监管文物"的品级，更谈不上珍贵文物。湖南省收藏家协会副会长兼秘书长张敏认为，目前湖南的民间收藏活动发展迅猛，全省收藏爱好者达 110 万人，收藏市场 10 余家。2002 年颁布的新《文物保护法》规定，文物收藏单位以外的公民、法人和其他收藏组织合法收藏的文物可以依法流通，这使民间收藏合法化、民间文物流通合法化有了一个明确的法律依据。在这样的大背景下，桃源县民间收藏者的遭遇令人费解。据了解，尽管当地有关部门此后开始陆续向部分收藏者退款，但他们并不认为前期的做法有什么错。而是坚持认为，新文物保护法不允许"买卖古玩文物"，在拍卖市场和文物商店以外的场所买卖古玩文物即为"非法倒卖"。桃源县有关部门的这一立场仍然让当地的众多民间收藏者心有余悸（陈念等，2003）。

2003 年 4 月 9 日，湖北省通山县公安局刑侦大队根据群众举报，将涉嫌倒卖文物的犯罪嫌疑人焦瑛、石则斌、方绪林、谢志安、徐唐文和陈世家拘留，并在焦瑛等 5 人家中查获各类木器 1000 余件。随后，通山县公安局专门请湖北省文物出境鉴定组鉴定了其中的 106 件木器。经过张少山研究员、孙启康研究员和副研究员刘彦的鉴定，在这 106 件木器中，有二级文物 1 件，三级文物 24 件，一般文物 81 件。5 月 12 日，通山县检察院正式签署了"批准逮捕决定书"。5 月 13 日，通山县公安局逮捕了焦瑛等 5 人，陈世家则批捕在逃。5 月 17 日，5 人在被分别拘押 22—45 天，一共缴纳 22200 元罚金以后被取保候审。

对于这个处罚，焦瑛等 5 人表示不服。他们认为，在以往经营这些古旧木器过程中，他们都办理了由通山县博物馆、通山县旧木货市场出具的"旧木工艺品通行证"，而且 5 人中的石则斌还有经营旧货的营业执照。"为什么以前经营都被允许，现在忽然被抓了呢？"而且，他们对湖北省文物出境鉴定组做出的鉴定提出质疑，认为自己所经营的物品中根本就没有文物。而据通山县文体局文物股股长范国干介绍，过去通山县博物馆、通山县旧木货市场开具"旧木工艺品通行证"的资格，已经由于技术力量等方面的原因被取消了。他特别强调，"即便在过去，焦瑛等人主动来开'通行证'的次数极少，占他们所有经营活动的百分之一，绝大多数情况是'暗箱操作'。"

湖北省文物局文物安全鉴定处处长张少山认为，除了在文物商店、拍卖公司以外，文物并非不能在民间合法流通，关键是焦瑛等人没有经营资格。1992年，国家文物局、国家工商局、公安部、海关总署联合发布的《关于加强文物市场管理的通知》。规定，1949年以前的物品被明确规定为文物或文物监管品。文物监管品的经营者，需要经工商部门办理的营业执照、公安部门办理的特许经营许可证、文物部门办理的文物经营许可证，"三证"缺一不可。虽然石则斌持有"个体工商营业执照"，经营范围及方式是"旧家具门窗、工艺品收购、翻新销售"，但没有公安部门办理的特许经营许可证和文物部门办理的文物经营许可证，因此，不具有文物监管品的个体经营资格。值得一提的是，张少山承认，湖北省文物部门办理的个体文物经营许可证，实际上"一个都没有"。

不仅如此，"办了证肯定也要在合法的市场，也就是文物监管品市场内，而不能在市场以外随便经营"。张少山进一步解释说，从严格意义上讲，在"市场内经营是指在市场内收购、销售，换言之，如果在文物监管品市场外收购文物监管品，就是违法"。换句话说，"这1000多件中的一部分虽然可以通过合法渠道经营，但来源也必须合法，即必须是经营者自己家里的，不是收购来的。只要是收的就是非法的，因为他没有收购行为的资格。"这意味着，目前在全国各地走街串巷收购1949年以前物品的人员，无论他是专门经营文物的人，还是无意接触到文物的人，只要上述"三证"不齐，或者在文物监管品市场外经营，按照《关于加强文物市场管理的通知》的精神，都属于"违法者"之列（徐舰等，2003）。

"桃源事件"和"通山事件"让我们不得不正视因为法律法规不完善而带来的执法窘境和社会问题。如前所述，《中华人民共和国文物保护法》和《关于加强文物市场管理的通知》对文物的界定是大不相同的。《中华人民共和国文物保护法》对文物的范围进行了五个方面的界定：（1）具有历史、艺术、科学价值的古文化遗址、古墓葬、古建筑、石窟寺和石刻、壁画；（2）与重大历史事件、革命运动或者著名人物有关的以及具有重要纪念意义、教育意义或者史料价值的近代现代重要史迹、实物、代表性建筑；（3）历史上各时代珍贵的艺术品、工艺美术品；（4）历史上各时代重要的文献资料以及具有历史、艺术、科学价值的手稿和图书资料等；（5）反映历史上各时代、各民族社会制度、社会生产、社会生活的代表性实物。

事实上，《中华人民共和国文物保护法》并没有对文物的概念做出明确的界定，而是采取列举的方式，规定了文物的范围。从法律对文物的定性来看，法律明确保护的"文物"，必须"具有历史、艺术、科学价值"，而不是以时间长短为标准。一件年代久远的旧物,如果不具备"历史、艺术、科学价值",也不是文物。但是,《关于加强文物市场管理的通知》却采取"一刀切"的方式,不论价值高低,几乎完全以时间为标准来划定文物。《关于加强文物市场管理的通知》规定:"1911年以前中国和外国制作、生产、出版的陶瓷器、金银器、铜器和其他金属器、玉石器、漆器、玻璃器皿、各种质料的雕刻品以及雕塑品、家具、书画、碑帖、拓片、图书、文献资料、织绣、文化用品、邮票、货币、器具、工艺美术品等"物品都是"文物","1911—1949年间中国和外国制作、生产、出版的上款所列物品"是所谓的"文物监管品"。其中,"具有一定历史、科学、艺术价值者"仍然属于文物。

《中华人民共和国刑法》第326条规定:"以牟利为目的,倒卖国家禁止经营的文物,情节严重的,处以5年以下有期徒刑或者拘役并处罚金。"但是,《中华人民共和国刑法》并没有对"国家禁止经营的文物"进行更为深入的司法解释,而必须参照《中华人民共和国文物保护法》。《中华人民共和国文物保护法》第51条规定:"公民、法人和其他组织不得买卖下列文物:(一)国有文物,但是国家允许的除外;(二)非国有馆藏珍贵文物;(三)国有不可移动文物中的壁画、雕塑、建筑构件等,但是依法拆除的国有不可移动文物中的壁画、雕塑、建筑构件等不属于本法第二十条第四款规定的应由文物收藏单位收藏的除外;(四)来源不符合本法第五十条规定的文物。""本法第五十条规定的文物"则是指:"文物收藏单位以外的公民、法人和其他组织可以收藏通过下列方式取得的文物:(一)依法继承或者接受赠与;(二)从文物商店购买;(三)从经营文物拍卖的拍卖企业购买;(四)公民个人合法所有的文物相互交换或者依法转让;(五)国家规定的其他合法方式。文物收藏单位以外的公民、法人和其他组织收藏的前款文物可以依法流通。"至于究竟什么是"国家规定的其他合法方式",却没有明确的规定。而《中华人民共和国文物保护法实施条例》也没有对究竟什么文物属于"国家禁止经营的文物"做出明确的规定。

据周坚等人(2004)的调查,由于国家立法部门一直没有明确废除《关于加强文物市场管理的通知》的法律效力,《关于加强文物市场管理的通知》至今仍然有效,依旧是收藏品市场管理者的主要执法依据。执法人员也还在依照《关于加强文物市场管理的通知》,屡屡违反《中华人民共和国文物保护法》保护公民合法流通文物的规定,检查和处罚一些民间文物经营行为。

事实上,不仅是《中华人民共和国文物保护法》存在这样的问题,《中华人民共和国拍卖法》也存在类似的问题。尽管1996年7月5日,第八届全国人民代表大会常务委员会第二十次会议通过了《中华人民共和国拍卖法》。2004年8月28日，第十届全国人民代表大会常务委员会第十一次会议也做出了《关于修改〈中华人民共和国拍卖法〉的决定》，并随后颁布了经过修改的《中华人民共和国拍卖法》。国家文物局等相关职能部门则先后颁布了《文物拍卖管理暂行规定》等管理法规。有关部门还特别强调："拍卖规则不得与本法（《拍卖法》）的规定相抵触。"但是，国内的一些拍卖公司仍然置广大竞买人的利益于不顾，制定一些明显的不合理规则，使广大竞买人处于不平等地位，致使他们在收藏品交易中的切身利益遭受了不同程度的损害。让我们以中国拍卖行业协会制定的《中国拍卖行业拍卖通则（文化艺术品类）》为例来说明这个问题。

《中国拍卖行业拍卖通则（文化艺术类）》第五章"拍卖标的的鉴定及争议的处理"第26条规定："自拍卖日起三十日内，买受人向拍卖人出具两位或两位以上相应专业的国家级鉴定专家关于该拍卖标的为赝品的书面鉴定意见，拍卖人则认为该拍卖标的真实性出现争议，同意取消交易并向买受人退款。"但是，该条款同时又规定："（一）拍卖标的图录对该拍卖标的的说明符合当时有关专家普遍接受的意见，已经清楚表明专家对于该拍卖标的的鉴定意见存有争议；（二）只能够用科学方法证明该拍卖标的为赝品，而该科学方法是在拍卖结束后才被普遍使用；或仅能用某种方法证明该拍卖标的为赝品，而该种方法的鉴定费用昂贵，不合实际或可能对该拍卖标的造成损害；买受人无权要求拍卖人取消交易。"《中国拍卖行业拍卖通则（文化艺术品类）》第22条规定："拍卖人或其代理人对任何拍卖标的用任何方式（包括图录、幻灯投影、新闻载体等）所做的介绍及评价，均为参考性意见，不构成对拍卖标的的任何担保。拍卖人为买受人出具的有关拍卖标的的发票上所载明的标的名称等说明性文字，不构成对拍卖标的的担保。"

毫无疑问的是，拍卖公司制定诸如此类"霸王条款"的初衷，确实是为了降低自己的运营风险。但是，因此而损害委托人、竞买人和买受人利益的行为，显然将最终损害到拍卖公司的所有利益相关者，以及拍卖公司自身的长远利益。法律法规的不完善，还有新法律和旧法规相互冲突的现状，不仅带来了司法实践中的执法窘境和随之而来的社会问题，而且在很大程度上直接制约着中国收藏品市场的发展。只有相关的法律法规首先完善，立足"常识"，坚持"法治"，才有可能建立起一个比较好的"游戏规则"，从而为中国收藏品拍卖市场的持续、稳定、健康发展创造一个比较好的"大环境"。

第三节 拍卖制度的创新

对于中国拍卖行业的发展而言,拍卖制度的创新是很重要的。我们不妨以拍卖鉴定制度、拍品退货制度和日常管理制度的创新为例来抛砖引玉。

一、拍卖鉴定制度的创新

2005年6月20日,在中国拍卖行业协会举办的"2005中国文物艺术品拍卖国际论坛"上,香港电讯盈科前副主席张永霖呼吁保护收藏家的权益,提议建立由非拍卖公司职员组成独立的专家鉴定小组来鉴定艺术拍品的真伪。在张永霖看来,目前收藏品拍卖市场所存在的最大问题是,作为消费者的收藏者没有得到公平的待遇,收藏者对拍卖公司的拍品不能放心,"好比有人去专卖店买东西,可店家却要顾客自己判定这里卖的商品到底是真品还是仿货,这没有道理!"张永霖认为,政府部门、拍卖行业协会、经纪人协会和拍卖公司都应该采取更有力的措施来保护收藏家的权益。针对目前拍品鉴定一般由拍卖公司负责鉴定的职员负责的情况,他从上市公司的独立董事制度中得到了启发,提出拍卖公司应该建立类似的独立专家小组负责拍品鉴定,"这些专家一定不能是拍卖公司的职员,而是扮演上市公司独立董事而非执行董事的角色,对20万元人民币以上的收藏品进行鉴定评审,拍卖公司应该在拍品图册上刊登他们的评语"。张永霖表示,目前内地拍卖公司竞争日趋激烈,有远见的企业应该切实采取措施保护收藏者权益,才能得到长期信任(周文翰,2005)。

从理论上讲,张永霖提出的这种独立鉴定思路至少有两大好处:第一,作为独立于拍卖人和竞买人的鉴定专家,"第三方"立场有利于鉴定专家做出更为公正,更为准确的鉴定结论;第二,作为收藏品拍卖市场上的信号显示方式,鉴定专家的鉴定结论在拍品图册上的披露有助于自我约束机制的建立。当然,正如一些业内人士坦言的那样:张永霖的建议"目前没有可行性"。因为这种拍卖鉴定制度的创新一方面会大幅度提高拍卖公司的运营成本,另一方面,对于拍卖公司而言,"如果鉴定严了,供货卖家会把拍品送到其他公司去,那钱就让别的公司赚了"。这意味着,拍卖鉴定制度的创新实际上并不是一家拍卖公司的事情,而是整个拍卖行业的事情。

二、拍品退货制度的创新

2006年8月,北京中拍国际拍卖有限公司公布了一则名为《中拍国际优惠买家新举措买方可无条件退货》的公告:"由于目前国内鉴定评估体系的不完备,大量赝品充斥市场,拍品的质量参差不齐,劣币驱逐良币,致使买方对是否购买某件拍品以及所购买拍品的真假,心存疑惑,裹足不前,完善的文物和艺术品流通渠道也就难以建立。为了解决上述问题,提高买方的信心,北京中拍国际拍卖有限公司决定,从2006年9月的珍品拍卖会开始,在国内率先推出条件最优惠最确实的优惠买家新举措,即凡买方在中拍国际的拍卖会上购买的拍品,在诚信的原则下,成交后一个月内可无条件退货还款,但公司在组织拍卖会的过程中,投入了大量的人力、物力和财力,从公平的原则出发,买方已支付的佣金不予退还。"尽管"佣金不予退还",然而,较之以往条件异常苛刻,几乎形同虚设的"有条件退货"政策,北京中拍国际拍卖有限公司推出的"无条件退货"制度已经是不小的进步了。

  北京中拍国际拍卖有限公司在拍品退货制度方面的创新同时也有力地驳斥了许多老牌拍卖公司在变革拍品退货制度问题上的种种借口和诸多辩解。事实上,世界拍卖业巨头苏富比早就承诺:"本公司就赝品向阁下提供之保证:如本公司出售之物品其后证实为赝品,该项交易将会作废,本公司并会以原来出售时之货币退还阁下就该物品付予本公司之任何款项。然而,阁下须于出售日期后不迟于五年内"。与此同时,买受人从苏富比购买的收藏品还拥有终生"再回拍"的权利。不少收藏品在经过苏富比的"复拍"以后,短短几年就增值几倍、十几倍,甚至几十倍之多。苏富比为客户提供的这种全方位的"马拉松式"服务,以及更深层次的制度创新意识,显然是苏富比200多年来历经坎坷,长盛不衰的重要原因之一。正如我们反复强调的那样,一家拍卖公司的价值是由盈利能力、公司声誉、人力资源和客户资源共同组成的,四者之间可以随时随地相互转换。只有深刻地意识到了这一点,并且努力通过拍卖制度的创新来打造自己的核心竞争力,拍卖公司才有可能在激烈的竞争中立于不败之地。

清·紫檀雕云龙纹画案

三、日常管理制度的创新

就拍卖制度的创新而言，新成立的拍卖公司可能比老牌的拍卖公司更有优势。因为这些新成立的拍卖公司清楚，在没有先入优势，缺乏品牌资源的情况下，如果像老牌的拍卖公司一样走老路的话，显然很难同这些老牌的拍卖公司一较高下。拍卖制度的创新，不仅包括在拍卖鉴定制度和拍品退货制度这种"大制度"上的创新，而且包括在日常管理制度这种"小制度"上的创新。事实上，日常管理制度的创新也是非常重要的。我们仍然以北京中拍国际拍卖有限公司为例来说明拍卖公司在日常管理制度方面的创新。他们在日常管理工作方面就比很多拍卖公司都要细致。举例来说，他们在拍卖会的预展中，连拍品的"上手"次数都力图做到"心中有数"（见表10.2）。

表 10.2　　北京中拍国际拍卖有限公司 2006 年春季拍卖会预展瓷器的"上手"次数情况

图录号	年代	名称	估价（万元）	上手次数（次）
1096	宋	张公巷窑双层荷叶形洗	260—300	60
1182	明	斗彩龙纹高足碗（大明成化年制款）	500—600	44
1186	明	成化斗彩葡萄纹杯	500—600	44
1183	明	成化头彩团花纹天字罐	500—600	41
1185	明	青花岁寒三友纹盘（大明成化年制款）	280—350	41
1170	清	安居乐业珐琅彩盘（大清雍正年制款）	30—40	39
1193	宋	粉青釉莲瓣高足豆	280—350	38
1009	明	青花缠枝莲纹花浇（大明宣德年制款）	58—65	36
1184	明	青花云龙纹梅瓶（大明成化年制款）	350—420	35
1192	元	红绿彩玉壶春瓶	350—380	34
1221	元	青花兽耳龙纹罐	15—20	32
1149	清	斗彩花卉夔龙纹摇铃尊	98—120	31
1181	清	珐琅彩鼻烟壶（彩华堂制款）	12—15	29
1194	宋	官窑贯耳瓶	80—120	29
1118	元	龙泉窑青瓷凤耳瓶	5—8	28
1197	宋	官窑青釉盘	100—150	28

续表

图录号	年代	名称	估价（万元）	上手次数（次）
1236	元	吉州窑彩绘海涛炉	50—80	28
1028	明	青花岁寒三友纹兽足鼎式炉	180—260	27
1222	宋	耀州窑黑釉瓜楼执壶	20—30	26
1230	宋	临汝青釉三足炉	80—120	24
1212	北齐	青釉六系盘口罐	28—40	23
1235	宋元	青花釉里红象棋子一套（32枚）	280—350	23
1031	明	黄釉暗刻龙纹罐（大明弘治年制款）	60—80	22
1012	明	万历青花人物山水纹罐	1.5—3	21
1100	宋	越窑秘色刻童子纹碗	280—350	21
1169	明	暗刻龙纹瓶（大明永乐年制暗刻款）	25—30	21
1239	元	红绿彩莲塘鸳鸯纹盖罐	10—12	21
1039	清	康熙青花釉里红鱼藻纹冰罐	80—120	20
1049	清	雍正黄釉绿夔龙大碗（大清雍正年制款）	120—150	20
1240	宋	酱釉描金花卉纹梅瓶	38—58	20

对于拍卖公司而言，在日常管理制度方面看似"不起眼"的创新，实际上都是打造拍卖公司核心竞争力的一块块重要"基石"。

附录一

中华人民共和国拍卖法

1996年7月5日第八届全国人民代表大会常务委员会第二十次会议通过。根据2004年8月28日第十届全国人民代表大会常务委员会第十一次会议《关于修改〈中华人民共和国拍卖法〉的决定》修正。

第一章 总则

第一条 为了规范拍卖公司行为，维护拍卖秩序，保护拍卖活动各方当事人的合法权益，制定本法。

第二条 本法适用于中华人民共和国境内拍卖企业进行的拍卖活动。

第三条 拍卖是指以公开竞价的形式，将特定物品或者财产权利转让给最高应价者的买卖方式。

第四条 拍卖活动应当遵守有关法律、行政法规，遵循公开、公平、公正、诚实信用的原则。

第五条 国务院负责管理拍卖业的部门对全国拍卖业实施监督管理。

省、自治区、直辖市的人民政府和设区的市的人民政府负责管理拍卖业的部门对本行政区域内的拍卖业实施监督管理。

第二章 拍卖标的

第六条 拍卖标的应当是委托人所有或者依法可以处分的物品或者财产权利。

第七条 法律、行政法规禁止买卖的物品或者财产权利，不得作为拍卖标的。

第八条 依照法律或者按照国务院规定需经审批才能转让的物品或者财产权利，在拍卖前，应当依法办理审批手续。

委托拍卖的文物，在拍卖前，应当经拍卖人住所地的文物行政管理部门依法鉴定、许可。

第九条 国家行政机关依法没收的物品，充抵税款、罚款的物品和其他物品，按照国务院规定应当委托拍卖的，由财产所在地的省、自治区、直辖市的人民政府和设区的市的人民政府指定的拍卖人进行拍卖。拍卖由人民法院依法没收的物品，充抵罚金、罚款的物品以及无法返还的追回物品，适用前款规定。

第三章 拍卖当事人

第一节 拍卖人

第十条 拍卖人是指依照本法和《中华人民共和国公司法》设立的从事拍卖活动的企业法人。

第十一条 拍卖企业可以在设区的市设立。设立拍卖企业必须经所在地的省、自治区、直辖市人民政府负责管理拍卖业的部门审核许可，并向工商行政管理部门申请登记，领取营业执照。

第十二条 设立拍卖企业，应当具备下列条件：

（一）有一百万元人民币以上的注册资本；
（二）有自己的名称、组织机构、住所和章程；
（三）有与从事拍卖业务相适应的拍卖师和其他工作人员；
（四）有符合本法和其他有关法律规定的拍卖业务规则；
（五）符合国务院有关拍卖业发展的规定；
（六）法律、行政法规规定的其他条件。

第十三条 拍卖企业经营文物拍卖的，应当有一千万元人民币以上的注册资本，有具有文物拍卖专业知识的人员。

第十四条 拍卖活动应当由拍卖师主持。

第十五条 拍卖师应当具备下列条件：

（一）具有高等院校专科以上学历和拍卖专业知识；
（二）在拍卖企业工作两年以上；
（三）品行良好。

被开除公职或者吊销拍卖师资格证书未满五年，或者因故意犯罪受过刑事处罚的，不得担任拍卖师。

第十六条　拍卖师资格考核，由拍卖行业协会统一组织。经考核合格的，由拍卖行业协会发给拍卖师资格证书。

第十七条　拍卖行业协会是依法成立的社会团体法人，是拍卖业的自律性组织。拍卖行业协会依照本法并根据章程，对拍卖企业和拍卖师进行监督。

第十八条　拍卖人有权要求委托人说明拍卖标的的来源和瑕疵。

拍卖人应当向竞买人说明拍卖标的的瑕疵。

第十九条　拍卖人对委托人交付拍卖的物品负有保管义务。

第二十条　拍卖人接受委托后，未经委托人同意，不得委托其他拍卖人拍卖。

第二十一条　委托人、买受人要求对其身份保密的，拍卖人应当为其保密。

第二十二条　拍卖人及其工作人员不得以竞买人的身份参与自己组织的拍卖活动，并不得委托他人代为竞买。

第二十三条　拍卖人不得在自己组织的拍卖活动中拍卖自己的物品或者财产权利。

第二十四条　拍卖成交后，拍卖人应当按照约定向委托人交付拍卖标的的价款，并按照约定将拍卖标的移交给买受人。

第二节　委托人

第二十五条　委托人是指委托拍卖人拍卖物品或者财产权利的公民、法人或者其他组织。

第二十六条　委托人可以自行办理委托拍卖手续，也可以由其代理人代为办理委托拍卖手续。

第二十七条　委托人应当向拍卖人说明拍卖标的的来源和瑕疵。

第二十八条　委托人有权确定拍卖标的的保留价并要求拍卖人保密。

拍卖国有资产，依照法律或者按照国务院规定需要评估的，应当经依法设立的评估机构评估，并根据评估结果确定拍卖标的的保留价。

第二十九条　委托人在拍卖开始前可以撤回拍卖标的。委托人撤回拍卖标的的，应当向拍卖人支付约定的费用；未作约定的，应当向拍卖人支付为拍卖支出的合理费用。

第三十条　委托人不得参与竞买，也不得委托他人代为竞买。

第三十一条　按照约定由委托人移交拍卖标的的，拍卖成交后，委托人应当将拍卖标的移交给买受人。

第三节 竞买人

第三十二条 竞买人是指参加竞购拍卖标的的公民、法人或者其他组织。

第三十三条 法律、行政法规对拍卖标的的买卖条件有规定的，竞买人应当具备规定的条件。

第三十四条 竞买人可以自行参加竞买，也可以委托其代理人参加竞买。

第三十五条 竞买人有权了解拍卖标的的瑕疵，有权查验拍卖标的和查阅有关拍卖资料。

第三十六条 竞买人一经应价，不得撤回，当其他竞买人有更高应价时，其应价即丧失约束力。

第三十七条 竞买人之间、竞买人与拍卖人之间不得恶意串通，损害他人利益。

第四节 买受人

第三十八条 买受人是指以最高应价购得拍卖标的的竞买人。

第三十九条 买受人应当按照约定支付拍卖标的的价款，未按照约定支付价款的，应当承担违约责任，或者由拍卖人征得委托人的同意，将拍卖标的再行拍卖。拍卖标的再行拍卖的，原买受人应当支付第一次拍卖中本人及委托人应当支付的佣金。再行拍卖的价款低于原拍卖价款的，原买受人应当补足差额。

第四十条 买受人未能按照约定取得拍卖标的的，有权要求拍卖人或者委托人承担违约责任。买受人未按照约定受领拍卖标的的，应当支付由此产生的保管费用。

第四章 拍卖程序

第一节 拍卖委托

第四十一条 委托人委托拍卖物品或者财产权利，应当提供身份证明和拍卖人要求提供的拍卖标的的所有权证明或者依法可以处分拍卖标的的证明及其他资料。

第四十二条 拍卖人应当对委托人提供的有关文件、资料进行核实。拍卖人接受委托的，应当与委托人签订书面委托拍卖合同。

第四十三条 拍卖人认为需要对拍卖标的进行鉴定的，可以进行鉴定。鉴定结论与委托拍卖合同载明的拍卖标的状况不相符的，拍卖人有权要求变更或者解除合同。

第四十四条 委托拍卖合同应当载明以下事项：
（一）委托人、拍卖人的姓名或者名称、住所；
（二）拍卖标的的名称、规格、数量、质量；
（三）委托人提出的保留价；
（四）拍卖的时间、地点；
（五）拍卖标的的交付或者转移的时间、方式；
（六）佣金及其支付的方式、期限；
（七）价款的支付方式、期限；
（八）违约责任；
（九）双方约定的其他事项。

第二节　拍卖公告与展示

第四十五条 拍卖人应当于拍卖日七日前发布拍卖公告。

第四十六条 拍卖公告应当载明下列事项：
（一）拍卖的时间、地点；
（二）拍卖标的；
（三）拍卖标的展示时间、地点；
（四）参与竞买应当办理的手续；
（五）需要公告的其他事项。

第四十七条 拍卖公告应当通过报纸或者其他新闻媒介发布。

第四十八条 拍卖人应当在拍卖前展示拍卖标的，并提供查看拍卖标的的条件及有关资料。拍卖标的的展示时间不得少于两日。

第三节　拍卖的实施

第四十九条 拍卖师应当于拍卖前宣布拍卖规则和注意事项。

第五十条 拍卖标的无保留价的，拍卖师应当在拍卖前予以说明。
拍卖标的有保留价的，竞买人的最高应价未达到保留价时，该应价不发生效力，拍卖师应当停止拍卖标的的拍卖。

第五十一条 竞买人的最高应价经拍卖师落槌或者以其他公开表示买定的方式确认后，拍卖成交。

第五十二条 拍卖成交后，买受人和拍卖人应当签署成交确认书。

第五十三条 拍卖人进行拍卖时，应当制作拍卖笔录。拍卖笔录应当由拍卖师、记录人签名；拍卖成交的，还应当由买受人签名。

第五十四条 拍卖人应当妥善保管有关业务经营活动的完整账簿、拍卖笔录和其他有关资料。前款规定的账簿、拍卖笔录和其他有关资料的保管期限，自委托拍卖合同终止之日起计算，不得少于五年。

第五十五条 拍卖标的需要依法办理证照变更、产权过户手续的，委托人、买受人应当持拍卖人出具的成交证明和有关材料，向有关行政管理机关办理手续。

第四节 佣金

第五十六条 委托人、买受人可以与拍卖人约定佣金的比例。

委托人、买受人与拍卖人对佣金比例未作约定，拍卖成交的，拍卖人可以向委托人、买受人各收取不超过拍卖成交价百分之五的佣金。收取佣金的比例按照同拍卖成交价成反比的原则确定。

拍卖未成交的，拍卖人可以向委托人收取约定的费用；未作约定的，可以向委托人收取为拍卖支出的合理费用。

第五十七条 拍卖本法第九条规定的物品成交的，拍卖人可以向买受人收取不超过拍卖成交价百分之五的佣金。收取佣金的比例按照同拍卖成交价成反比的原则确定。拍卖未成交的，适用本法第五十六条第三款的规定。

第五章 法律责任

第五十八条 委托人违反本法第六条的规定，委托拍卖其没有所有权或者依法不得处分的物品或者财产权利的，应当依法承担责任。拍卖人明知委托人对拍卖的物品或者财产权利没有所有权或者依法不得处分的，应当承担连带责任。

第五十九条 国家机关违反本法第九条的规定，将应当委托财产所在地的省、自治区、直辖市的人民政府或者设区的市的人民政府指定的拍卖人拍卖的物品擅自处理的，对负有直接责任的主管人员和其他直接责任人员依法给予行政处分，给国家造成损失的，还应当承担赔偿责任。

第六十条 违反本法第十一条的规定，未经许可登记设立拍卖企业的，由工商行政管理部门予以取缔，没收违法所得，并可以处违法所得一倍以上五倍以下的罚款。

第六十一条 拍卖人、委托人违反本法第十八条第二款、第二十七条的规定,未说明拍卖标的的瑕疵,给买受人造成损害的,买受人有权向拍卖人要求赔偿;属于委托人责任的,拍卖人有权向委托人追偿。拍卖人、委托人在拍卖前声明不能保证拍卖标的的真伪或者品质的,不承担瑕疵担保责任。因拍卖标的存在瑕疵未声明的,请求赔偿的诉讼时效期间为一年,自当事人知道或者应当知道权利受到损害之日起计算。

因拍卖标的存在缺陷造成人身、财产损害请求赔偿的诉讼时效期间,适用《中华人民共和国产品质量法》和其他法律的有关规定。

第六十二条 拍卖人及其工作人员违反本法第二十二条的规定,参与竞买或者委托他人代为竞买的,由工商行政管理部门对拍卖人给予警告,可以处拍卖佣金一倍以上五倍以下的罚款;情节严重的,吊销营业执照。

第六十三条 违反本法第二十三条的规定,拍卖人在自己组织的拍卖活动中拍卖自己的物品或者财产权利的,由工商行政管理部门没收拍卖所得。

第六十四条 违反本法第三十条的规定,委托人参与竞买或者委托他人代为竞买的,工商行政管理部门可以对委托人处拍卖成交价百分之三十以下的罚款。

第六十五条 违反本法第三十七条的规定,竞买人之间、竞买人与拍卖人之间恶意串通,给他人造成损害的,拍卖无效,应当依法承担赔偿责任。由工商行政管理部门对参与恶意串通的竞买人处最高应价百分之十以上百分之三十以下的罚款;对参与恶意串通的拍卖人处最高应价百分之十以上百分之五十以下的罚款。

第六十六条 违反本法第四章第四节关于佣金比例的规定收取佣金的,拍卖人应当将超收部分返还委托人、买受人。物价管理部门可以对拍卖人处拍卖佣金一倍以上五倍以下的罚款。

第六章 附则

第六十七条 外国人、外国企业和组织在中华人民共和国境内委托拍卖或者参加竞买的,适用本法。

第六十八条 本法施行前设立的拍卖企业,不具备本法规定的条件的,应当在规定的期限内达到本法规定的条件;逾期未达到本法规定的条件的,由工商行政管理部门注销登记,收缴营业执照。具体实施办法由国务院另行规定。

第六十九条 本法自1997年1月1日起施行。

附录二

文物藏品定级标准

(文化部令第 19 号 2001 年 4 月 5 日文化部部务会议通过)

根据《中华人民共和国文物保护法》和《中华人民共和国文物保护法实施细则》的有关规定，特制定本标准。

文物藏品分为珍贵文物和一般文物。珍贵文物分为一、二、三级。具有特别重要历史、艺术、科学价值的代表性文物为一级文物；具有重要历史、艺术、科学价值的为二级文物；具有比较重要历史、艺术、科学价值的为三级文物。具有一定历史、艺术、科学价值的为一般文物。

一、一级文物定级标准

(一) 反映中国各个历史时期的生产关系及其经济制度、政治制度，以及有关社会历史发展的特别重要的代表性文物；

(二) 反映历代生产力的发展、生产技术的进步和科学发明创造的特别重要的代表性文物；

(三) 反映各民族社会历史发展和促进民族团结、维护祖国统一的特别重要的代表性文物；

(四) 反映历代劳动人民反抗剥削、压迫和著名起义领袖的特别重要的代表性文物；

(五) 反映历代中外关系和在政治、经济、军事、科技、教育、文化、艺术、宗教、卫生、体育等方面相互交流的特别重要的代表性文物；

(六) 反映中华民族抗御外侮、反抗侵略的历史事件和重要历史人物的特别重要的代表性文物；

(七) 反映历代著名的思想家、政治家、军事家、科学家、发明家、教育家、文学家、艺术家等特别重要的代表性文物，著名工匠的特别重要的代表性作品；

(八) 反映各民族生活习俗、文化艺术、工艺美术、宗教信仰的具有特别重要价值的代表性文物；

（九）中国古旧图书中具有特别重要价值的代表性的善本；

（十）反映有关国际共产主义运动中的重大事件和杰出领袖人物的革命实践活动，以及为中国革命做出重大贡献的国际主义战士的特别重要的代表性文物；

（十一）与中国近代（1840—1949年）历史上的重大事件、重要人物、著名烈士、著名英雄模范有关的特别重要的代表性文物；

（十二）与中华人民共和国成立以来的重大历史事件、重大建设成就、重要领袖人物、著名烈士、著名英雄模范有关的特别重要的代表性文物；

（十三）与中国共产党和近代其他各党派、团体的重大事件，重要人物、爱国侨胞及其他社会知名人士有关的特别重要的代表性文物；

（十四）其他具有特别重要历史、艺术、科学价值的代表性文物。

二、二级文物定级标准

（一）反映中国各个历史时期的生产力和生产关系及其经济制度、政治制度，以及有关社会历史发展的具有重要价值的文物；

（二）反映一个地区、一个民族或某一个时代的具有重要价值的文物；

（三）反映某一历史人物、历史事件或对研究某一历史问题有重要价值的文物；

（四）反映某种考古学文化类型和文化特征，能说明某一历史问题的成组文物；

（五）历史、艺术、科学价值一般，但材质贵重的文物；

（六）反映各地区、各民族的重要民俗文物；

（七）历代著名艺术家或著名工匠的重要作品；

（八）古旧图书中有具有重要价值的善本；

（九）反映中国近代（1840—1949年）历史上的重大事件、重要人物、著名烈士、著名英雄模范的具有重要价值的文物；

（十）反映中华人民共和国成立以来的重大历史事件、重大建设成就、重要领袖人物、著名烈士、著名英雄模范的具有重要价值的文物；

（十一）反映中国共产党和近代其他各党派、团体的重大事件，重要人物、爱国侨胞及其他社会知名人士的具有重要价值的文物；

（十二）其他具有重要历史、艺术、科学价值的文物。

三、三级文物定级标准

（一）反映中国各个历史时期的生产力和生产关系及其经济制度、政治制度，以及有关社会历史发展的比较重要的文物；

（二）反映一个地区、一个民族或某一时代的具有比较重要价值的文物；

（三）反映某一历史事件或人物，对研究某一历史问题有比较重要价值的文物；

（四）反映某种考古学文化类型和文化特征的具有比较重要价值的文物；

（五）具有比较重要价值的民族、民俗文物；

（六）某一历史时期艺术水平和工艺水平较高，但有损伤的作品；

（七）古旧图书中具有比较重要价值的善本；

（八）反映中国近代（1840—1949年）历史上的重大事件、重要人物、著名烈士、著名英雄模范的具有比较重要价值的文物；

（九）反映中华人民共和国成立以来的重大历史事件、重大建设成就、重要领袖人物、著名烈士、著名英雄模范的具有比较重要价值的文物；

（十）反映中国共产党和近代其他各党派、团体的重大事件，重要人物、爱国侨胞及其他社会知名人士的具有比较重要价值的文物；

（十一）其他具有比较重要的历史、艺术、科学价值的文物。

四、一般文物定级标准

（一）反映中国各个历史时期的生产力和生产关系及其经济制度、政治制度，以及有关社会历史发展的具有一定价值的文物；

（二）具有一定价值的民族、民俗文物；

（三）反映某一历史事件、历史人物，具有一定价值的文物；

（四）具有一定价值的古旧图书、资料等；

（五）具有一定价值的历代生产、生活用具等；

（六）具有一定价值的历代艺术品、工艺品等；

（七）其他具有一定历史、艺术、科学价值的文物。

附：一级文物定级标准举例

一、玉、石器　时代确切，质地优良，在艺术上和工艺上有特色和有特别重要价值的；有确切出土地点，有刻文、铭记、款识或其他重要特征，可作为断代标准的；有明显地方特点，能代表考古学一种文化类型、一个地区或作坊杰出成就的；能反映某一时代风格和艺术水平的有关民族关系和中外关系的代表作。

二、**陶器** 代表考古学某一文化类型，其造型和纹饰具有特别重要价值的；有确切出土地点可作为断代标准的；三彩作品中造型优美、色彩艳丽、具有特别重要价值的；紫砂器中，器形完美，出于古代与近代名家之手的代表性作品。

三、**瓷器** 时代确切，在艺术上或工艺上有特别重要价值的；在纪年或确切出土地点可作为断代标准的；造型、纹饰、釉色等能反映时代风格和浓郁民族色彩的；有文献记载的名瓷、历代官窑及民窑的代表作。

四、**铜器** 造型、纹饰精美，能代表某个时期工艺铸造技术水平的；有确切出土地点可作为断代标准的；铭文反映重大历史事件、重要历史人物的或书法艺术水平高的；在工艺发展史上具有特别重要价值的。

五、**铁器** 在中国冶铸、锻造史上，占有特别重要地位的钢铁制品；有明确出土地点和特别重要价值的铁质文物；有铭文或错金银、镶嵌等精湛工艺的古代器具；历代名人所用，或与重大历史事件有直接联系的铁制历史遗物。

六、**金银器** 工艺水平高超，造型或纹饰十分精美，具有特别重要价值的；年代、地点确切或有名款，可作断代标准的金银制品。

七、**漆器** 代表某一历史时期典型工艺品种和特点的；造型、纹饰、雕工工艺水平高超的；著名工匠的代表作。

八、**雕塑** 造型优美、时代确切，或有题记款识，具有鲜明时代特点和艺术风格的金属、玉、石、木、泥和陶瓷、髹漆、牙骨等各种质地的、具有特别重要价值的雕塑作品。

九、**石刻砖瓦** 时代较早，有代表性的石刻；刻有年款或物主铭记可作为断代标准的造像碑；能直接反映社会生产、生活，神态生动、造型优美的石雕；技法精巧、内容丰富的画像石；有重大史料价值或艺术价值的碑碣墓志；文字或纹饰精美，历史、艺术价值特别重要的砖瓦。

十、**书法绘画** 元代以前比较完整的书画；唐以前首尾齐全有年款的写本；宋以前经卷中有作者或纪年且书法水平较高的；宋、元时代有名款或虽无名款而艺术水平较高的；具有特别重要价值的历代名人手迹；明清以来特别重要艺术流派或著名书画家的精品。

十一、**古砚** 时代确切，质地良好、遗存稀少的；造型与纹饰具有鲜明时代特征，工艺水平很高的端、歙等四大名砚；有确切出土地点，或流传有绪，制作精美，保存完好，可作断代标准的；历代重要历史人物使用过的或题铭价值很高的；历代著名工匠的代表作。

十二、**甲骨** 所记内容具有特别重要的史料价值，龟甲、兽骨比较完整的；所刻文字精美或具有特点，能起断代作用的。

十三、玺印符牌　具有特别重要价值的官私玺、印、封泥和符牌；明、清篆刻中主要流派或主要代表人物的代表作。

十四、钱币　在中国钱币发展史上占有特别重要地位、具有特别重要价值的历代钱币、钱范和钞版。

十五、牙骨角器　时代确切，在雕刻艺术史上具有特别重要价值的；反映民族工艺特点和工艺发展史的；各个时期著名工匠或艺术家代表作，以及历史久远的象牙制品。

十六、竹木雕　时代确切，具有特别重要价值，在竹木雕工艺史上有独特风格，可作为断代标准的；制作精巧、工艺水平极高的；著名工匠或艺术家的代表作。

十七、家具　元代以前（含元代）的木质家具及精巧冥器；明清家具中以黄花梨、紫檀、鸡翅木、铁梨、乌木等珍贵木材制作、造型优美、保存完好、工艺精良的；明清时期制作精良的髹饰家具；明清及近现代名人使用的或具有重大历史价值的家具。

十八、珐琅　时代确切，具有鲜明特点，造型、纹饰、釉色、工艺水平很高的珐琅制品。

十九、织绣　时代、产地准确的；能代表一个历史时期工艺水平的具有特别重要价值的不同织绣品种的典型实物；色彩艳丽，纹饰精美，具有典型时代特征的；著名织绣工艺家的代表作。

二十、古籍善本　元以前的碑帖、写本、印本；明清两代著名学者、藏书家撰写或整理校订的、在某一学科领域有重要价值的稿本、抄本；在图书内容、版刻水平、纸张、印刷、装帧等方面有特色的明清印本（包括刻本、活字本、有精美版画的印本、彩色套印本）、抄本；有明清时期著名学者、藏书家批校题跋，且批校题跋内容具有重要学术资料价值的印本、抄本。

二十一、碑帖拓本　元代以前的碑帖拓本；明代整张拓片和罕见的拓本；初拓精本；原物重要且已佚失，拓本流传极少的清代或近代拓本；明清时期精拓套帖；清代及清代以前有历代名家重要题跋的拓本。

二十二、武器　在武器发展史上，能代表一个历史阶段军械水平的；在重要战役或重要事件中使用的；历代著名人物使用的、具有特别重要价值的武器。

二十三、邮品　反映清代、民国、解放区邮政历史的、存量稀少；中华人民共和国建国以来具有特别重要价值的邮票和邮品。

二十四、文件、宣传品 反映重大历史事件，内容重要，具有特别重要意义的正式文件或文件原稿；传单、标语、宣传画、号外、捷报；证章、奖章、纪念章等。

二十五、档案文书 从某一侧面反映社会生产关系、经济制度、政治制度和土地、人口、疆域变迁以及重大历史事件、重要历史人物事迹的历代诏谕、文告、题本、奏折、诰命、舆图、人丁黄册、田亩钱粮簿册、红白契约、文据、书札等官方档案和民间文书中，具有特别重要价值的。

二十六、名人遗物 已故中国共产党著名领袖人物、各民主党派著名领导人、著名爱国侨领、著名社会活动家的具有特别重要价值的手稿、信札、题词、题字等以及具有特别重要意义的用品。

注：二、三级文物定级标准举例可依据一级文物定级标准举例类推。

附录三

近现代一级文物藏品定级标准

国家文物局文物博发［2003］38号 2003年5月13日

第一条 为加强对近现代文物的保护和管理，深入开展爱国主义和革命传统教育，促进社会主义政治文明、精神文明和物质文明建设，根据《中华人民共和国文物保护法》、《文物藏品定级标准》等，制定本标准。

第二条 近现代文物藏品是指博物馆、纪念馆和其他文物收藏单位收藏的1840年以来的文物，按照历史、艺术、科学价值区分为珍贵文物和一般文物，珍贵文物分为一级文物、二级文物、三级文物。

本标准适用于综合类博物馆、近现代历史类博物馆、纪念馆、名人故居陈列馆（室）的近现代一级文物藏品。其他文物收藏单位、其他级别的近现代文物藏品可比照本标准确定等级。

第三条 一级文物必须是经过科学考证，确为原件、源流具有确凿依据且数量为仅有或稀有的珍贵文物，并应具有以下一项或几项条件：

（一）对反映全国性重大历史事件、人物具有直接见证意义或重要佐证意义的；

（二）对反映地方性重大历史具有直接见证意义或重要佐证意义的；

（三）某一领域中的重大发明、发现，具有开创性、代表性或里程碑意义的；

（四）文物反映的物主明确并拥有很高知名度，且能反映物主主要业绩的；

（五）有确切、生动的形成经过和流传经过的；

（六）载有时代特征或特殊意义的铭文、注记或图案标志的。

第四条 近现代文物种类繁多，依其形式、用途和意义，可分为文献，手稿，书刊传单，勋章徽章证件，旗帜，印信图章，武器装备（含各种军用物品），反映社会发展的文物，反映祖国大陆与港、澳、台关系的文物，反映对外关系的文物，音像制品，名人遗物，艺术品、工艺美术品，货币、邮票等实用艺术类物品，实用器物，杂项等十六类。各类一级文物的定级标准，按不同种类分别确定。

第五条 文献：各种重要会议之决议、决定、宣言，各种机关（党派、政府、军队、团体及其他机构）的文书、布告、电报、报告、指示、通知、总结等原始正式文件，凡数量稀少并具有下列情况之一的，确定为一级文物：

（一）1840年以来全国性党、政、军机构（包括太平天国、同盟会、中华民国临时政府、各民主党派等）成立后第一次印发的文告、宣言；

（二）1949年以前有影响的地方性党、政、军机关（包括各省、市军政府、都督府、苏维埃政府等）成立后第一次印发的文书、文告；

（三）1949年以前全国和省级以上群众团体（工会、农会、青年团等）第一次代表大会印发的重要文件；

（四）具有重大历史意义的会议的重要决议、决定、宣言等；

（五）国家首次颁布并有重要意义的法律、法规等；

（六）反映重大事件且有特殊形成经过和流传经过的文件；

（七）虽非第一次，但有重要内容，并盖有发文机关印信关防和发文者印章的，有张贴和使用痕迹的布告、文件；

（八）确知原件已无存，最早的翻印件并有特殊情节，现存数量为仅有或极其稀少的重要文献；

（九）其他具有重要历史意义或特殊意义的文献。

第六条 手稿：全国性领袖人物、著名军政人物、著名烈士、著名英雄模范人物、著名作家及各界公认的著名人物等亲笔起草的文件、电报、作品、信函、题词等的原件，凡具有下列情况之一的，确定为一级文物：

（一）著名人物为重要会议、重要事件起草的文件、电报、文告原稿；

（二）著名人物为报刊所写的有广泛影响的新闻、社论、评论原稿；

（三）著名人物作有重要批语或重要修改并保留手迹的文稿；

（四）著名人物的日记、笔记或其他记录，有重要史料价值的；

（五）著名人物为重要会议、重要活动、著名英烈人物所写的有重要内容和广泛影响的题词；

（六）著名人物为具有重要历史地位的机构、书刊等题写的名称中有特殊意义的；

（七）著名人物所写具有重要内容或对重大事件有佐证价值的信函；

（八）著名作家的代表性著作的手稿；

（九）其他具有重要历史意义或特殊意义的手稿。

第七条 书刊、传单：书刊包括书籍、报纸、期刊、号外、时事材料、文件汇编等印刷品；传单包括重大事件和历次大规模群众性运动中散发、张贴的传单、标语、漫画，重要战役的捷报，也包括交战双方向敌方散发的宣传品。数量稀少并有下列情况之一的，确定为一级文物：

（一）在全国或某一地区产生过重大影响，年代较早，存世已很稀少的书刊；

（二）具有重要历史意义的原始版本或最早版本、存世稀少的出版物；

（三）领袖或著名人物阅读过并写有重要眉批、评语和心得的书刊；

（四）反映重大历史事件，具有典型性，现存稀少或流传经过有特殊情节的书刊、传单；

（五）因战乱或其他原因，有些报刊已残缺，现存部分极珍贵，对重大史实有佐证作用的；

（六）其他具有重要历史意义或特殊意义的书刊、传单。

第八条 勋章、徽章、证件：各种奖章、勋章、奖状（立功喜报）、纪念章、机关（学校、团体）证章、证件、证书、代表证，以及其他标志符号等，有下列情况之一的，确定为一级文物：

（一）勋章（奖章）等级和受勋人身份很高，留存数量稀少的；

（二）中央级机关颁发给著名英雄模范、先进人物的勋章、奖章、奖状、证书、喜报（1949年以前颁发机关可放宽至大战略区、大行政区）；

（三）在奥运会和世界性运动会上所得的金质奖章及证书，以及打破世界纪录和全国纪录的奖章及证书；

（四）反映重大历史事件，有特殊情节的勋章、奖章、奖状、纪念章、证章；

（五）著名人物出席重要会议的代表证，编号、发证机关及印章齐全者；

（六）物主不详，但铭文、编号齐全，或设计图案独特新颖，由权威机关制发，对重大事件有佐证作用的纪念章、证章，数量稀少的；

（七）具有重大影响的著名学校、著名人物的毕业证书和学位证书；

（八）其他具有重要历史意义或特殊意义的勋章、徽章、证件。

第九条 旗帜：国旗、军旗、奖旗、舰旗、校旗、队旗、锦旗、贺幛等各种标志性、识别性旗帜，有下列情况之一的，确定为一级文物：

（一）立法机关通过的国旗、军旗设计图案及样品；

（二）在重大场合首次使用的国旗、军旗；

（三）在特殊场合使用过的国旗、军旗及其他旗帜（如地球卫星第一次带上太空的国旗，第一次插上珠穆朗玛峰的国旗等）；

（四）著名英模单位在作战时或执行任务时使用的旗帜（红旗、国旗、军旗、队旗等）；

（五）高级领导机关授予著名英模单位的奖旗、锦旗；

（六）著名学校、军舰使用过的第一面校旗、舰旗等；

（七）其他具有重要历史意义或特殊意义的旗帜、贺幛、挽幛。

第十条 印信图章：国家机关、军队、政党、群众团体等使用过的关防、公章、各种印信，著名人物个人使用过的印章等，有下列情况之一的，确定为一级文物：

（一）中央国家机关（如太平天国、中华民国、北洋军阀政府、中华苏维埃共和国中央执行委员会、中华人民共和国中央人民政府、中央军委等）使用过的玺印、关防、印章；

（二）各省、市、自治区人民政府首次使用的印章；

（三）1949年以前各地军、政高级领导机关使用过的印章、关防；

（四）著名历史人物使用过的有代表性的个人印章；

（五）其他有特殊意义或流传经过的印信图章。

第十一条 武器装备：各种兵器、弹药和军用车辆、机械、器具、地图、通信器材、防护器材、观测器材、医疗器材及其他军用物品，有下列情况之一的，确定为一级文物：

（一）高级将领、重大武装起义中的领袖人物或代表人物在重要军事行动中使用过的兵器、望远镜及其他物品；

（二）著名战斗英雄或英雄单位使用过的有特殊标志、特殊功勋或被授予称号的有关兵器、机械、器具、装备及其他物品；

（三）在军事史上具有重大意义的兵器、装备、舰船、航空航天器材及其他物品；

（四）在著名战争、战役、战斗中缴获敌人的有重要意义的兵器、装备及其他物品；

（五）1949年以前各根据地兵工厂制造的有代表性的兵器及相关物品；

（六）有铭文、有特殊流传经过和特殊意义的兵器、装备及其他物品；

（七）有重要历史佐证意义、可揭露敌方侵略罪行的武器和其他军用物品；

（八）其他具有重要历史意义或特殊意义的武器装备及军用物品。

第十二条　反映社会发展的文物：反映近现代中国社会、经济、文化、科技、民族、宗教信仰及生态等各方面发展变化的重要遗存和见证物，下列具有典型性、代表性的，确定为一级文物：

（一）反映中国近现代社会性质、社会制度变化的重要文物（如签订的不平等条约、设立租界的界碑、反映帝国主义对华经济文化侵略，太平天国、洋务运动、推翻帝制、建立民国，中华人民共和国成立，土地制度、土地改革、农业合作化、公私合营、人民公社、"革委会"、家庭联产承包责任制等社会变革的重要文物）；

（二）反映中国经济发展的重要文物（如反映生产力发展各阶段的代表性生产工具、近代老字号企业、经济特区、国有企业、民营企业、股份制企业、基础设施建设、资源、生态、人民生活水平等的重要文物）；

（三）反映中国科技发展水平的文物（包括有重要意义的各种仪器、科学实验、重大成果、发明专利等）；

（四）反映中国教育、卫生、文化、体育等事业发展的重要文物；

（五）反映中国民族关系、民族自治区建设等方面的重要文物；

（六）反映中国国防建设（军队、民兵、武警、国防设施、国防科技等）的重要文物；

（七）其他具有重要历史意义或特殊意义的反映社会发展的文物。

第十三条　反映祖国大陆与港、澳、台关系的文物，下列具有重大意义的，确定为一级文物：

（一）反映收回台湾主权和促进台湾回归祖国的重要文物；

（二）反映中国与英国、葡萄牙谈判及收回香港、澳门主权的重要文物；

（三）反映祖国大陆与港、澳、台地区经济、文化往来等方面的重要文物。

第十四条　反映对外关系的文物：中外友好往来及政治、经济、军事、科技、文化、艺术、卫生、体育、宗教等方面相互交流的文物，下列具有重大意义的，确定为一级文物：

（一）中国代表参与联合国创建和参与联合国工作的重要文物；

（二）中国代表参与各种国际组织、国际会议活动的重要文物；

（三）反映中国与外国签订条约、发表联合声明，以及中国发布宣言、文告、照会等的重要文物；

（四）反映中国与邻国划定边界的重要文物（如界碑）；

（五）外国国家元首、政府首脑、各方面要员赠送中国领导人的有重大意义的礼品；

（六）中国与外国的城市间结为友好城市的代表性、标志性文物；

（七）与外国友好团体、民间组织交往中有典型意义的文物；

（八）其他具有重要历史意义或特殊意义的反映对外关系的文物。

第十五条 音像制品：照片（含底片）、录音带、录音唱片、纪录片、录像带、光盘等，形成时间较早、存世稀少、能反映重要人物的重要活动、对重大历史事件有佐证意义的原版作品，或流传经过中有特殊情节的原版作品，确定为一级文物。

第十六条 名人遗物：领袖人物、著名烈士、著名英模及社会各界名人的遗存物，凡不能归入以上十类文物的，除名人日常生活的一般用品外，可酌情选取最能体现名人成长过程和生平业绩的，定为一级文物。

第十七条 艺术品、工艺美术品：从两个互相区别又互有联系的角度确定一级文物。一是从近现代历史的角度出发，对享有盛誉的作者创作的表现近现代重大历史题材、堪称代表作的作品，或者有极特殊情节、特殊意义的作品，确定为一级文物；二是从艺术水平和艺术发展史的角度出发，对极少数确已受到公认的、艺术价值极高、具有时代意义的作品，确定为一级文物。

第十八条 货币、邮票等实用艺术类物品：从两个互相区别又互有联系的角度确定一级文物。一是从近现代历史的角度出发，对表现近现代重大历史题材的，或者有极特殊情节、特殊意义的实用艺术类物品，确定为一级文物；二是从艺术水平和艺术发展史的角度出发，对极少数具有时代独创性、首创性和唯一性的，确已受到公认、价值极为突出的实用艺术类物品，确定为一级文物。

第十九条 金器、银器、铜器、玉器、漆器等实用器物：材质、工艺极其珍稀或经济价值特别昂贵的，确定为一级文物。

第二十条 杂项：不能归入以上十五类文物的，列为杂项。其中确有重大历史意义或其他特殊意义的，确定为一级文物。

第二十一条 一级文物集品的确定。集品是指那些由若干部件构成的不可分割的组合式文物藏品，如成套的报纸、期刊，多卷本文集，著名人物的多本日记，名人书信、手稿合订本，成套的军装（含军帽、军上衣、军裤、帽徽、肩章、领章、胸章、臂章、腰带、佩剑）等。凡部件齐全的，作为一个完整集品，按各类一级文物的定级标准定为一级文物（一个编号下含若干分号）；凡部件不全的，作为残缺的集品，对其中确符合一级文物定级标准的，将现有部件按尚不完整的集品定为一级文物，待发现尚缺的部件后再作补充，直至补充完整。

附录四

中国嘉德国际拍卖有限公司拍卖规则

第一章 总则

第一条 规则制定

本规则根据《中华人民共和国拍卖法》及中华人民共和国其他有关法律、法规及本公司章程，参照国际通行惯例制定。

第二条 名词解释

本规则各条款内，下列词语具有以下含义：

（一）"本公司"指中国嘉德国际拍卖有限公司；

（二）"本公司住所地"指中华人民共和国北京市东城区建国门内大街18号恒基中心二座603室；

（三）"竞买人"指参加本公司举办的拍卖活动，在本公司登记并办理了必要手续，且根据中华人民共和国法律规定具有完全民事行为能力的参加竞购拍卖品的自然人、法人或者其他组织。法律、法规对拍卖品的买卖条件或对竞买人的资格有规定的，竞买人应当具备规定的条件或资格。本规则中，除非另有说明或根据文义特殊需要，竞买人均包括竞买人的代理人；

（四）"买受人"指在本公司举办的拍卖活动中以最高应价购得拍卖品的竞买人；

（五）"委托人"指委托本公司拍卖本规则规定范围内拍卖品的自然人、法人或者其他组织。本规则中，除非另有说明或根据文义特殊需要，委托人均包括委托人的代理人，但本公司除外；

（六）"拍卖品"指委托人交予本公司供拍卖活动拍卖的物品，尤其指任何图录内编有任何编号而加以说明的物品；

（七）"拍卖日"指在某次拍卖活动中，本公司公布的正式开始进行拍卖交易之日。若公布的开始日期与开始拍卖活动实际日期不一致，则以拍卖活动实际开始之日为准；

（八）"拍卖成交日"指在本公司举办的拍卖活动中，拍卖师以落槌或者以其他公开表示买定的方式确认任何拍卖品达成交易的日期；

（九）"落槌价"指拍卖师落槌决定将拍卖品售予买受人的价格；

（十）"出售收益"指支付委托人的款项净额，该净额为落槌价减去按比率计算的佣金、各项费用及委托人应支付本公司的其他款项后的余额；

（十一）"购买价款"指买受人因购买拍卖品而应支付的包括落槌价、全部酬金、应由买受人支付的其他各项费用以及因买受人不履行义务而应当支付的所有费用在内的总和；

（十二）"各项费用"指本公司对拍卖品进行保险、制作拍卖品图录及其他形式的宣传品、包装、运输、存储等所收取的费用以及依据相关法律、法规或本规则规定而收取的其他费用；

（十三）"保留价"指委托人提出并与本公司协商后书面确定的拍卖品最低售价；

（十四）"参考价"指在拍卖品图录或其他介绍说明文字之后标明的拍卖品估计售价。参考价在拍卖日前较早时间估定，并非确定之售价，故有可能调整。

第三条 适用范围

本公司在中华人民共和国法律和政策允许的范围内，组织和开展拍卖活动。凡参加本公司组织、开展的文物、艺术品等收藏品的拍卖活动的委托人、竞买人、买受人和其他相关各方均应按照本规则执行。

第四条 特别提示

在本公司举办的拍卖活动中，本公司一般担任委托人的代理人，竞买人的最高应价经拍卖师落槌或者以其他公开表示买定的方式确认时，即表明委托人与该竞买人之间关于拍卖品的买卖合同关系已合法生效，该竞买人即成为该拍卖品的买受人。因此产生之法律后果，由委托人与买受人各自承担。

本规则之规定，构成本公司以拍卖人身份与委托人及买受人订立合约之相应条款。本规则之规定亦构成委托人与买受人之间关于拍卖品的买卖合同之相应条款。故，凡参加本公司拍卖活动的委托人、竞买人、买受人和其他相关各方必须仔细阅读并遵守本规则，并对自己参加本公司拍卖活动的行为负责。如因未仔细阅读本规则而引发的任何损失或责任均由行为人自行承担。

第五条 瑕疵担保

本公司对拍卖品的真伪及/或品质不承担瑕疵担保责任。

竞买人及/或其代理人应亲自审看拍卖品原物，对自己竞投拍卖品的行为承担法律责任。

第二章　关于委托人的规定

第六条　委托程序

委托人委托本公司拍卖其物品时，若为自然人的必须持有有效身份证或护照或中华人民共和国政府认可的其他有效身份证件，并与本公司签署委托拍卖合同；若为法人或者其他组织的，应凭有效注册登记文件、法定代表人身份证明或者合法的授权委托证明文件，与本公司签署委托拍卖合同。

委托人委托本公司拍卖其物品时，即自动授权本公司对该物品自行制作照片、图示、图录或其他形式的影像制品。

第七条　委托人之代理人

代理委托人委托本公司拍卖物品的，应向本公司出具相关委托证明文件。委托人的代理人若为自然人的，必须持有有效身份证或护照或中华人民共和国政府认可的其他有效身份证明文件；若为法人或者其他组织的，应凭有效注册登记文件、法定代表人身份证明或者合法的授权委托证明文件。

本公司有权对上述委托事项以本公司认为合理的方式进行核查。

第八条　委托人之保证

委托人就其委托本公司拍卖的拍卖品不可撤销地向本公司及买受人保证如下：

（一）其对该拍卖品拥有绝对的所有权或享有合法的处分权，对该拍卖品的拍卖不会侵害任何第三方的合法权益（包括著作权权益），亦不违反相关法律、法规的规定；

（二）其已尽其所知，就该拍卖品的来源和瑕疵向本公司进行了全面、详尽的披露和说明，不存在任何隐瞒或虚构之处；

（三）如果其违反上述保证，造成拍卖品的实际所有权人或声称拥有权利的任何第三人提出索赔或诉讼，致使本公司及/或买受人蒙受损失时，则委托人应负责赔偿本公司及/或买受人因此所蒙受的一切损失，并承担因此而发生的一切费用和支出。

第九条　保留价

所有拍卖品均设有保留价，本公司与委托人约定无保留价的拍卖品除外。保留价由本公司与委托人通过协商书面确定。保留价数目一经双方确定，其更改须事先征得对方书面同意。

在任何情况下，本公司不对某一拍卖品在本公司举办的拍卖会中未达保留价不成交而承担任何责任。

第十条 本公司之决定权

本公司对下列事宜拥有完全的决定权：

（一）通过拍卖品图录及/或新闻媒体及/或其他载体对任何拍卖品作任何内容说明及/或评价；

（二）是否应征询任何专家意见；

（三）拍卖品在图录中插图的先后次序、位置、版面大小等安排以及收费标准；拍卖品的展览/展示方式；拍卖品在展览/展示过程中的各项安排及所应支付费用的标准；

（四）除非本公司与委托人另有约定，本公司对某拍卖品是否适合由本公司拍卖，以及拍卖地点、拍卖日期、拍卖条件及拍卖方式等事宜拥有完全的决定权。

第十一条 未上拍拍卖品

委托人与本公司签署委托拍卖合同且将拍卖品交付本公司后，若因任何原因致使本公司认为某拍卖品不适合由本公司拍卖的，则委托人应自收到本公司领取通知之日起三十日内取回该拍卖品（包装及搬运等费用自负），本公司与委托人之间的委托拍卖合同自委托人领取该拍卖品之日解除。若在上述期限，委托人未取走拍卖品的，则本公司与委托人之间的委托拍卖合同自上述期限届满之日即告解除。若在委托拍卖合同解除后七日内，委托人仍未取走拍卖品的，则本公司有权以公开拍卖或以其他本公司认为合适的方式及条件出售该拍卖品，处置所得在扣除本公司因此产生之全部费用后，若有余款，则余款由委托人自行取回。

第十二条 拍卖中止

如出现下列情况之一，则本公司有权在实际拍卖前的任何时间中止任何拍卖品的拍卖活动：

（一）本公司对拍卖品的归属或真实性持有异议；

（二）第三人对拍卖品的归属或真实性持有异议且能够提供异议所依据的相关证据材料，并按照本公司规定交付担保金，同时愿意对中止拍卖活动所引起的法律后果及全部损失承担全部法律责任；

（三）对委托人所作的说明或对本规则第八条所述委托人保证的准确性持有异议；

（四）有证据表明委托人已经违反或将要违反本规则的任何条款；

（五）存在任何其他合理原因。

第十三条　委托人撤回拍卖品

委托人在拍卖日前任何时间，向本公司发出书面通知说明理由并经本公司同意后，可撤回其拍卖品。但撤回拍卖品时，若该拍卖品已列入的图录或其他宣传品已开始印刷，则应支付相当于该拍卖品保险金额百分之二十的款项并支付其他各项费用。如图录或任何其他宣传品尚未印刷，也需支付相当于该拍卖品保险金额百分之十的款项并支付其他各项费用。

因委托人撤回拍卖品而引起的任何争议或索赔均由委托人自行承担，与本公司无关。

第十四条　自动受保

除委托人另有书面指示外，在委托人与本公司签署委托拍卖合同且将拍卖品交付本公司后，所有拍卖品将自动受保于本公司的保险，保险金额以本公司与委托人在委托拍卖合同中确定的保留价为准（无保留价的，以该拍卖品的约定的保险金额为准；调整拍卖保留价的，以该拍卖品原保留价为准）。此保险金额只适用于保险和索赔，并非本公司对该拍卖品价值的保证或担保，也不意味着该拍卖品由本公司拍卖，即可售得相同于该保险金额之款项。

第十五条　保险费

除委托人与本公司另有约定外，拍卖成交后，委托人应支付相当于落槌价百分之一的保险费。如拍卖品未能成交，委托人应支付相当于保留价百分之一的保险费。

第十六条　保险期间

如拍卖品拍卖成交，保险期限至拍卖成交日起第七日止或买受人领取拍卖品之日止（以二者中较早者为准）；如拍卖品拍卖未成交，则保险期限至委托人收到本公司告知其领回拍卖品的通知之日起七日届满为止。

第十七条　委托人安排保险

如委托人以书面形式告知本公司不需投保其拍卖品，则风险由委托人自行承担，且委托人应随时承担以下责任（除非法院或仲裁机构另有裁定）：

（一）对其他任何权利人就拍卖品的毁损、灭失向本公司提出的索赔或诉讼作出赔偿；

（二）对因任何原因造成拍卖品损毁、灭失，而致使本公司或任何权利人所蒙受的全部损失及所支出的全部费用承担赔偿责任。

（三）将本条所述的赔偿规定通知该拍卖品的任何承保人。

第十八条　保险免责

因自然磨损、固有瑕疵、内在或潜在缺陷、物质本身变化、自燃、自热、氧化、锈蚀、渗漏、鼠咬、虫蛀、大气（气候或气温）变化、湿度或温度转变、正常水位变化或其他渐变原因以及因地震、海啸、战争、类似战争行为、敌对行为、武装冲突、恐怖活动、谋反、政变、罢工、暴动、民众骚乱及核裂变、核聚变、核武器、核材料、核辐射以及放射性污染对拍卖品造成的任何毁损、灭失，以及由于任何原因造成的图书框架或玻璃、囊匣、底垫、支架、装裱、插册、轴头或类似附属物的毁损、灭失，本公司不负赔偿责任。

第十九条　保险赔偿

凡属因本公司为拍卖品所购保险承保范围内的事件或灾害所导致的拍卖品毁损、灭失，应根据中华人民共和国有关保险的法律和规定处理。本公司在向保险公司进行理赔，并获得保险赔偿后，将保险赔款扣除本公司费用（佣金除外）的余款支付给委托人。

第二十条　竞投禁止

委托人不得竞投自己委托本公司拍卖的物品，也不得委托他人代为竞投。若违反本条规定，委托人应自行承担相应之法律责任，并赔偿因此给本公司造成的全部损失。

第二十一条　佣金及费用

除委托人与本公司另有约定外，委托人授权本公司按落槌价百分之十扣除佣金并同时扣除其他各项费用。

尽管本公司是委托人的代理人，但委托人同意本公司可根据本规则第四十八条的规定向买受人收取酬金及其他各项费用。

第二十二条　未成交手续费

如某拍卖品的竞投价低于保留价的数目而未能成交，则委托人授权本公司向其收取按保留价百分之三计算的未拍出手续费，并同时收取其他各项费用。

第二十三条　出售收益支付

如买受人已按本规则第四十九条的规定向本公司付清全部购买价款，则本公司应自拍卖成交日起三十五天后以人民币的货币形式将出售收益扣除本规则第二十六条规定之税费后支付委托人。

第二十四条　延迟付款

如本规则第四十九条规定的付款期限届满，本公司仍未收到买受人的全部购买价款，则本公司将在实际收到买受人支付的全部购买价款之日起七个工作日内（但该时限亦应在拍卖成交日起三十五天后）将出售收益扣除本规则第二十六条规定之税费后支付委托人。

第二十五条 撤销交易

拍卖成交日起60天内，如买受人仍未向本公司付清全部购买价款，委托人向本公司发出书面通知并经本公司同意后，委托人有权撤销交易，本公司将在作出同意委托人撤销交易的决定之日起七个工作日内向买受人发出撤销交易的通知。如委托人将撤销交易的通知送达本公司之前，买受人已经付清全部购买价款和/或已经办理完毕提货手续的，委托人撤销交易的通知视为自动废止，相关交易应按照本规则第二十四条等规定继续履行，委托人应予以必要的配合并不得就此提出任何异议。如委托人撤销交易，则委托人应自收到本公司领取通知之日起三十日内取回该拍卖品（包装及搬运等费用自负）。若超过上述期限，本公司有权以公开拍卖或以其他本公司认为合适的方式及条件出售该拍卖品，处置所得在扣除本公司因此产生之全部费用后，若有余款，则余款由委托人自行取回。

第二十六条 税项

如委托人所得的出售收益应向中华人民共和国政府纳税，则由拍卖人按照中华人民共和国政府之相关法律法规之规定，代扣委托人出售收益应缴纳之税费，并在缴纳完成后将纳税凭证交付给委托人。

第二十七条 协助收取拖欠款项

如买受人在拍卖成交日起七日内未向本公司付清全部购买价款，本公司除有权按照本规则第五十六条之规定向买受人追索其应付的酬金及其他各项费用外，并有权根据委托人的要求，在本公司认为实际可行的情况下，采取适当措施，协助委托人向买受人收取拖欠的款项，但本公司不代表委托人向买受人提起诉讼。

第二十八条 本公司之决定权

本公司有权接受委托人授权（由委托人支付费用）并视具体情况决定下列事项：

（一）同意购买价款以特殊付款条件支付；

（二）搬运、储存及投保已出售的拍卖品；

（三）根据本规则有关条款，解决买受人提出的索赔或委托人提出的索赔；

（四）采取其他必要措施收取买受人拖欠委托人的款项。

第二十九条 拍卖品未能成交

如拍卖品未能成交，委托人应自收到本公司领取通知之日起三十日内取回该拍卖品（包装及搬运等费用自负），并向本公司支付未拍出手续费及其他各项费用。本公司与委托人之间的委托拍卖合同自委托人领取该拍卖品之日解除。若在上述期限，委托人未取走拍卖品的，则本公司与委托人之间的委托拍卖合同自上述期限届满之日即告解除。若在委托拍卖合同解除后七日内，委托人仍未取走拍卖品的，本公司有权以公开拍卖或以其他本公司认为合适的方式及条件出售该拍卖品，处置所得在扣除第一次拍卖中委托人应支付的未拍出手续费及其他各项费用及再次出售该拍卖品的全部费用后，若有余款，则余款由委托人自行取回。

第三十条 风险承担

委托人应对其超过本规则规定期限未能取回其拍卖品而在该期限后所发生之一切风险及费用自行承担责任。如委托人要求本公司协助退回其拍卖品，退回的风险及费用由委托人承担，除非特别指明并负担保险费外，一般在运输中不予投保。

第三章　关于竞买人和买受人的规定

第三十一条 拍卖品图录

在本公司举办的拍卖活动中，为便于竞买人及委托人参加拍卖活动，本公司均将制作拍卖品图录，对拍卖品之状况以文字及/或图片进行简要陈述。拍卖品图录中的文字、参考价、图片以及其他形式的影像制品和宣传品，仅供竞买人参考，并可于拍卖前修订，不表明本公司对拍卖品的真实性、价值、色调、质地、有无缺陷等所作的担保。

第三十二条 图录之不确定性

因印刷或摄影等技术原因造成拍卖品在图录及/或其他任何形式的图示、影像制品和宣传品中的色调、颜色、层次、形态等与原物存在误差者，以原物为准。

本公司及其工作人员或其代理人对任何拍卖品用任何方式（包括证书、图录、幻灯投影、新闻载体、网络媒体等）所作的介绍及评价，均为参考性意见，不构成对拍卖品的任何担保。本公司及其工作人员或其代理人无须对上述之介绍及评价中的不准确或遗漏之处负责。

第三十三条 竞买人之审看责任

本公司对拍卖品的真伪及/或品质不承担瑕疵担保责任。竞买人及/或其代理人有责任自行了解有关拍卖品的实际状况并对自己竞投某拍卖品的行为承担法律责任。

本公司郑重建议，竞买人应在拍卖日前，以鉴定或其他方式亲自审看拟竞投拍卖品之原物，自行判断该拍卖品是否符合其描述，而不应依赖本公司拍卖品图录以及其他形式的影像制品和宣传品之表述做出决定。

第三十四条　竞买人登记

竞买人为自然人的，应在拍卖日前凭有效身份证或护照或中华人民共和国认可的其他有效身份证件填写并签署登记文件；竞买人为法人或者其他组织的，应在拍卖日前凭有效的注册登记文件、法定代表人身份证明或者合法的授权委托证明文件填写并签署登记文件，领取竞投号牌，否则不视为正式竞买人。

第三十五条　保证金

竞买人参加本公司拍卖活动，应在领取竞投号牌前缴纳保证金。保证金的具体数额由本公司在拍卖日前公布。上述保证金在拍卖结束后五个工作日内，若竞买人未能购得拍卖品，则全额无息返还竞买人；若竞买人购得拍卖品，则抵作购买价款的一部分。若有余额，则于竞买人领取拍卖品时，一并返还。

第三十六条　本公司之选择权

本公司有权酌情拒绝任何人参加本公司举办的拍卖活动或进入拍卖现场，或在拍卖会现场进行拍照、录音、摄像等活动。

第三十七条　异常情况处理

当拍卖现场出现异常情况，本公司有权根据实际情况作出相应处理。如拍卖现场出现任何争议，本公司有权予以协调解决。

第三十八条　以当事人身份竞投

除非某竞买人在拍卖日前向本公司出具书面证明并经本公司书面认可，表明其身份是某竞买人的代理人，否则每名竞买人均被视为竞买人本人。

第三十九条　委托竞投

竞买人应亲自出席拍卖会。如不能出席，可采用书面形式委托本公司代为竞投。本公司有权决定是否接受上述委托。

第四十条　委托手续

委托本公司竞投之竞买人应在规定时间内（不迟于拍卖日前二十四小时）办理委托手续，向本公司出具书面委托竞投授权书，并应根据本规则第三十五条之规定同时缴纳保证金。

第四十一条　取消委托

委托本公司竞投之竞买人如需取消委托授权，应不迟于拍卖日前二十四小时书面通知本公司。

第四十二条 委托竞投之免责

因代理竞投系本公司为竞买人由于特殊情况不能参加现场竞投而提供的免费服务，本公司及其工作人员对竞投未成功或代理竞投过程中出现的疏忽、过失或无法代为竞投等将不负任何责任。如竞买人希望确保竞投成功，则应亲自出席竞投。

第四十三条 委托在先原则

若两个或两个以上委托本公司竞投之竞买人以相同委托价对同一拍卖品竞投成功，则本公司以最先收到委托竞投授权书者为该拍卖品的买受人。

第四十四条 拍卖师之决定权

拍卖师有权代表本公司提高或降低竞价阶梯、拒绝任何竞投，在出现争议时，将拍卖品重新拍卖。

第四十五条 影像显示板及货币兑换显示板

本公司为方便竞买人，可能于拍卖中使用影像投射或其他形式的显示板，所示内容仅供参考。无论影像投射或其他形式的显示板所示之数额、拍卖品编号、拍卖品图片或参考外汇金额等均有可能出现误差，本公司对因此误差而导致的任何损失不负任何责任。

第四十六条 拍卖成交

最高应价经拍卖师落槌或者以其他公开表示买定的方式确认时，该竞买人竞投成功，即表明该竞买人与委托人之间达成了关于该拍卖品的买卖合同。

第四十七条 拍卖记录

本公司进行拍卖时，制作拍卖笔录，拍卖笔录由拍卖师、记录人签名。

在本公司举行的拍卖活动中，最高应价经拍卖师落槌或者以其他公开表示买定的方式确认后，买受人应当在成交记录上签名。

第四十八条 酬金及费用

竞买人竞投成功后，即成为该拍卖品的买受人。买受人应支付本公司相当于落槌价百分之十二的酬金，同时应支付其他各项费用，且其承认本公司可根据本规则第二十一条的规定向委托人收取佣金及其他各项费用。

第四十九条 付款时间

拍卖成交后，买受人应自拍卖成交日起七日内向本公司一次付清购买价款并领取拍卖品（包装及搬运等费用自负），否则应承担违约责任。

第五十条 支付币种

所有价款应以本公司指定的货币支付，如买受人以本公司指定的货币以外的其他货币支付，应按买受人与本公司约定的汇价折算或按照中国人民银行于买受人付款日前一个工作日公布的人民币与该币种的汇价折算。本公司为将买受人所支付之该种外币兑换成人民币所引致之所有银行手续费、佣金或其他费用，均由买受人承担。

第五十一条 所有权转移

买受人全额支付购买价款后，即可获得拍卖品的所有权。

第五十二条 风险转移

竞投成功后，拍卖品的风险于下列任何一种情形发生后（以较早发生日期为准）即由买受人自行承担：

（一）买受人领取所购拍卖品；或

（二）买受人向本公司支付有关拍卖品的全部购买价款；或

（三）拍卖成交日起七日届满。

第五十三条 领取拍卖品

买受人须在拍卖成交日起七日内前往本公司住所地或本公司指定之其他地点领取所购买的拍卖品。若买受人未能在拍卖成交日起七日内领取拍卖品，则因逾期造成对该拍卖品的搬运、储存及保险费用均由买受人承担，且买受人应对其所购拍卖品负全责，即使该拍卖品仍由本公司或其他代理人代为保存，本公司及其工作人员或其代理人对任何原因所致的该拍卖品的毁损、灭失，不负任何责任。

第五十四条 包装及搬运

本公司工作人员应买受人要求代为包装及处理购买的拍卖品，仅应视为本公司对买受人提供的服务，本公司可酌情决定是否提供此项服务，若因此发生任何损失均由买受人自负。在任何情况下，本公司对因任何原因造成的玻璃或框架、囊匣、底垫、支架、装裱、插册、轴头或类似附属物的损坏不负责任。此外，对于本公司向买受人推荐的包装公司及装运公司所造成的一切错误、遗漏、损坏或灭失，本公司亦不承担责任。

第五十五条 拍卖品出境

根据《中华人民共和国文物保护法》及其他法律、法规规定，限制带出中华人民共和国国境的拍卖品，本公司将在拍卖品图录或拍卖会现场予以说明。

根据《中华人民共和国文物保护法》及其他法律、法规规定，允许带出中华人民共和国国境的拍卖品，买受人应根据中华人民共和国有关规定自行办理出境手续。

第五十六条　未付款之补救方法

若买受人未按照本规则第四十九条的规定足额付款，本公司有权采取以下之一种或多种措施：

（一）拍卖成交后，若买受人未按照规定时间缴付购买价款，保证金不予退还，同时还应按照本规则规定承担相应责任；

（二）在拍卖成交日起七日内，如买受人未向本公司付清全部购买价款，本公司有权将买受人全部或部分资料、信息提供给与本公司有合作关系的第三方机构，委托该机构代为向买受人催要欠付的全部或部分购买价款；

（三）在拍卖成交日起七日内，如买受人仍未足额支付购买价款，本公司则自拍卖成交日后第八日起就买受人未付款部分按照日息万分之三收取利息，直至买受人付清全部款项之日止，买受人与本公司另有协议者除外；

（四）对买受人提起诉讼，要求赔偿本公司因其违约造成的一切损失，包括因买受人迟付或拒付款项造成的利息损失；

（五）留置本公司向同一买受人拍卖的该件或任何其他拍卖品，以及因任何原因由本公司占有该买受人的任何其他财产或财产权利，留置期间发生的一切费用及/或风险均由买受人承担。若买受人未能在本公司指定时间内履行其全部相关义务，则本公司有权根据中华人民共和国相关法律法规之规定处分留置物。处分留置物所得不足抵偿买受人应付本公司全部款项的，本公司有权另行追索；

（六）在拍卖成交日起60日内，如买受人仍未向本公司付清全部购买价款的，本公司有权视具体情况撤销或同意委托人撤销在同一或任何其他拍卖中向同一买受人售出的该件或任何其他拍卖品的交易，并保留追索因撤销该笔或任何其他交易致使本公司所蒙受全部损失的权利；

（七）经征得委托人同意，本公司可按照本规则规定再行拍卖或以其他方式出售该拍卖品。原买受人除应当支付第一次拍卖中买受人及委托人应当支付的酬金/佣金及其他各项费用并承担再次拍卖或以其他方式出售该拍卖品所有费用外，若再行拍卖或以其他方式出售该拍卖品所得的价款低于原拍卖价款的，原买受人应当补足差额。

第五十七条　延期领取拍卖品之补救方法

若买受人未能按照本规则第四十九条规定的时间领取其购得的拍卖品，则本公司有权采取以下之一种或多种措施：

（一）将该拍卖品储存在本公司或其他地方，由此发生的一切费用及/或风险均由买受人承担。在买受人如数支付全部购买价款后，方可领取拍卖品

(包装及搬运等费用自负)；

(二) 对该拍卖品行使留置权，若买受人延迟领取该拍卖品超过三十日时，本公司有权视具体情况以公开拍卖或以其他本公司认为合适的方式及条件出售该拍卖品，处置所得在扣除本公司垫付的保管费、保险费、搬运费、公证费及本公司因处置该拍卖品而产生之全部费用后，若有余款，则余款由委托人自行取回。

第四章　其他

第五十八条　保密责任

本公司有义务为委托人、竞买人及买受人保守秘密（中华人民共和国法律另有规定的除外），并根据中华人民共和国法律和本规则维护委托人、竞买人、买受人和本公司的正当权益不受侵害。

第五十九条　鉴定权

本公司认为需要时，可以对拍卖品进行鉴定。鉴定结论与委托拍卖合同载明的拍卖品的状况不符的，本公司有权变更或者解除委托拍卖合同。

第六十条　著作权

本公司有权自行对委托人委托本公司拍卖的任何物品制作照片、图示、图录或其他形式的影像制品，并依法享有上述照片、图示、图录或其他形式的影像制品的著作权，有权对其依法加以使用。

第六十一条　免除责任

本公司作为委托人的代理人，对委托人或买受人的任何违约行为不承担责任。

第六十二条　通知

竞买人及委托人均应将其固定有效的通信联络地址和联络方式告知本公司，若有改变，应立即书面告知本公司。本规则中所提及之通知，仅指以信函或传真形式发出的书面通知。如以邮递方式发出，一旦本公司将通知交付邮递部门，则视为本公司已发出该通知，同时应视为收件人已按正常邮递程序收到该通知。如以传真方式发出，则传真发送当日为收件人收到该通知日期。

第六十三条　可分割性

如本规则之任何条款或部分因任何理由被有权机构认定为无效、不合法或不可强制执行，本规则其他条款或部分仍然有效，相关各方必须遵守、执行。

第六十四条　争议解决

凡因依照本规则参加本公司拍卖活动而引起或与之有关的任何争议，相关各方均应向本公司住所地人民法院提起诉讼。解决该等争议的准据法应为中华人民共和国法律。

第六十五条　语言文本

本规则以中文写就，英文文本仅供参考。中文文本如与英文文本有任何不一致之处，以中文文本为准。

第六十六条　规则版权所有

本规则由本公司依法制定和修改，相应版权归本公司所有。未经本公司事先书面许可，任何人不得以任何方式或手段，利用本规则获取商业利益，亦不得对本规则之任何部分进行复制、传送或储存于可检索系统中。

第六十七条　单数词语与复数词语

在本规则条款中，根据上下文义，单数词语亦包括复数词语，反之亦然。

第六十八条　修改权

本规则的修改权属于本公司，本公司有权根据实际情况随时对本规则依法进行修改，并且本规则自修改之日起自动适用修改后的版本。本规则如有修改，本公司将及时依法以本公司认为合适的方式公示，请相关各方自行注意，本公司有权不予另行单独通知。

第六十九条　文本适用

除非经本公司另行同意，本规则第六条中所述之委托拍卖合同及第二十五条中所述之撤销交易通知等相关文本均适用本公司制定的文本。本公司制定的该等相关文本与本规则共同构成一个不可分割之组成整体。

第七十条　施行时间

本规则于2006年10月1日起施行。

第七十一条　解释权

本规则的解释权属于中国嘉德国际拍卖有限公司。

附录五

香港苏富比拍卖公司业务规则

致买家及卖家之通知

　　下列条件,以及载于苏富比之图录或由拍卖官公布或于拍卖会场以通告形式张贴之所有其他条款、条件及通知(统称"业务规则"),均构成苏富比以拍卖商身份与实际及有意卖家及买家订立合约之条款。业务规则适用于阁下与本公司之间在出售、购买或由本公司持有物品之各项关系上。阁下如要求对拍卖品视察、评价或估值,此业务规则亦适用于阁下。因此,业务规则乃属要件,应详细阅读。阁下同意未来与苏富比之任何交易,均按照当时之业务规则进行。

　　阁下应注意,苏富比一般担任卖家之代理,任何达成之出售合约均由卖家与买家直接订立。

　　苏富比依赖卖家提供出售物品大部分有关事实之资料,苏富比不能亦不会对每项出售物品进行全面之审查。因此,买家有责任自行视察及调查,以查证有意购买物品之性质。所有有意买家谨请留意规则第5及6项,当中限制苏富比及卖家可能须负之责任,所有卖家亦谨请留意规则第25及27项,当中载列苏富比与卖家之间关系之基础,并对苏富比向卖家可能须负之责任予以限制。

　　实际及有意之买家及卖家均受所有业务规则所约束。然而,为方便参阅,下文载列之规则划分为多节,第一节解释整套规则内若干常用之词语;第二节载列特别有关买家之规则;第三节载列特别有关卖家之规则;第四节则载列有关买家及卖家两者之规则。在可能情况下,于本业务规则内,苏富比称为"本公司",而实际及有意之买家及卖家(以适用者为准)则称为"阁下"。

第一节　业务规则内使用之若干词语之解释及释义

1. 释义:在本业务规则中,引号内之词语应具有下列含义:

(1)"买家"指拍卖官已接纳出价最高之人士,或该人士披露之委托人;

(2)"买家支付之酬金"指按拍卖时张贴于拍卖会场之酬金比率,"买家"就"成交价"应付予"苏富比"之佣金;

(3)"CITES"指濒临绝种生物国际贸易公约;

(4)"费用",有关出售任何物品之费用指"苏富比"之收费及支出,包括但不限于法律支出、保险、图录及其他复制资料及图示之费用、任何关税、广告、包装或装运之费用、复制权费、税项、征费、有关任何物品之测试、调查或查询之费用或向违约"买家"追讨之开支;

(5)"成交价"指拍卖官就一件物品拍定"买家"所出之价格,或如于拍卖后出售,则为协定价格;唯上述两种情况均不包括"买家支付之酬金"、任何适用之税项及任何"费用";

(6)"拍卖前低位估价"指苏富比最近期就拍卖品于拍卖前之价值评定高低估价之低价,不论是否已向"卖家"传达;

(7)"拍卖前中位估价"指苏富比最近期以拍卖品于拍卖前之价值评定之高低估价计算之平均价,不论是否已向"卖家"传达;

(8)"出售所得款项净额"指"苏富比"就售出物品所收取之"成交价"扣除"卖家佣金"及"费用"之结清款项;

(9)"卖家"指寄售物品之物主或物主之代理人或保管该物品之人士。如有数位物主或代理人或保管人,各人须共同及个别承担本业务规则所载之所有责任、法律责任、声明、保证及赔偿保证;

(10)"卖家佣金"指"卖家"按物品出售或损毁当日适用之收费比率支付予"苏富比"之佣金。适用之"卖家佣金"收费比率载于"苏富比"之卖家佣金收费卡,于香港中环德辅道中4-4a渣打银行大厦5楼"苏富比"之办事处可供索阅,而其条款属于本业务规则之内;

(11)"苏富比"指 Sotheby's Hong Kong Ltd.;

(12)"苏富比联号公司"指 Sotheby's Holdings Inc. 及当时 Sotheby's Holdings Inc.。根据定义见1985年公司法第736条的任何附属公司(不包括"苏富比");

(13)"应付总额"指售出物品之"成交价"连同"买家支付之酬金"及"买家"或违约"买家"应付之任何收费、费用、利息、税项及"费用"。

第二节 主要关于买家之规则

2. 苏富比之身份:"苏富比"乃以代理人身份为"卖家"出售物品,惟其以当事人身份全部或部分拥有任何物品则除外。"苏富比"可以对物品拥有法定或衡平权益或以有抵押债权人作出财务承担者（或其他身份）。如"苏富比"以代理人身份出售物品，任何出售均将导致"买家"与"卖家"直接订立合约。

苏富比对买家之责任

3. 本公司就赝品向阁下提供之保证：如本公司出售之物品其后证实为赝品，该项交易将会作废，本公司并会以原来出售时之货币退还阁下就该物品付予本公司之任何款项。然而，阁下须于出售日期后不迟于五年内：

（1）以书面通知本公司该物品之编号、购得该物品之拍卖日期，以及阁下认为该物品属赝品之理由，该书面通知须于引致阁下对物品之真伪或属性产生怀疑之资料得悉起三个月内提交；

（2）可将妥善之所有权转让予本公司，而不受任何出售日期后产生之第三者申请索赔限制；

（3）将物品按出售当日之状况交还予本公司；唯在下列情况下无论如何将不获退款：①于出售当日图录所载之描述符合当时学者及专家所提出普遍获接受之意见，或图录已显示该等意见有分歧；②于图录刊印当日证实物品属赝品之唯一方法乃在图录刊印前不为普遍接纳之方法，或非常昂贵或不实际之方法，或可能引致物品受损之方法，或本公司合理地认为可能引致物品失去价值之方法。

如本公司有理由认为一项物品属于蓄意制造之现代仿制品，即于1870年以后创制之仿制品，意图在作者、来源、创制日期、年期、时代、文化或出处方面（如图录内并无反映该等事项之正确描述）进行欺骗，且于出售日期之价值远逊于按照图录之描述应有之价值，则该物品应被视为赝品。一项物品不应单就任何性质之损坏及/或修复及/或修正工作（包括重新着色或加色）而被视为赝品。

按本公司之一般政策，本公司亦有此权利可要求"买家"搜集两位行内公认之独立专业人士（须为"买家"及本公司均接纳者）之报告，载列有关物品被视为赝品之理由，有关费用由"买家"承担。"苏富比"同意其将会适当考虑该等专业人士之报告。然而，"苏富比"保留权利在最终决定该物品是否赝品时，自行寻求其他独立意见，本公司不须受"买家"提呈之专业人士报告所约束。如本公司与"买家"之意见一致，认为该物品实属赝品，本公司须向"买家"退还搜集两位独立专业人士之报告所引致之费用，唯①搜集该等报告前须经本公司预先批准，并②基于"买家"在出售前不能合理地搜集独立意见。

本保证之利益不得转让，仅为"买家"之利益作出。

买家之审查责任

4. 货品审查：拍卖之货品通常年代久远，所有货品均连同所有缺陷、瑕疵及描述上之错误出售。图录内之图示仅供识别用途。

阁下并应注意，本公司并无在出售前测试电器或机械货品（不论货品之功能、操作安全或其他方面），阁下须负全责在使用前测试上述货品。因此，对于阁下有意购入之物品，阁下承诺：

(1) 在拍卖前视察及满意物品之状况及描述；

(2) 自行判断物品是否符合其描述；

(3) 搜集独立专业人士之意见（根据阁下之专门知识及物品之价值），以令阁下合理地满意物品之作者、属性、真伪、来源、创制日期、时代、出处或状况；

(4) 不依赖图录内之图示。

为协助阁下，本公司会在图录内提述个别缺陷或瑕疵，唯所提供之此等指示并不一定完备。阁下将被视为已知悉根据阁下之专门知识及经合理审慎调查后预期可发现之所有事宜。

苏富比对买家之法律责任

5. 免除法律责任：除"苏富比"于规则第 3 项给予"买家"之保证以及规则第 11 项所载有关阁下参与拍卖之权利外：

(1) "苏富比"并无给予"买家"任何担保或保证，任何隐含保证或条件均被免除（根据法规不能免除之责任除外）；

(2) 尤其有关物品之任何方面或质量（包括价格或价值）之任何书面或口头声明（包括载于图录、报告、评论或估值之声明）①仅为意见之陈述及②可于物品提呈出售前（包括物品公开展示时）修订；

(3) "苏富比"、任何"苏富比联号公司"或其任何代理、雇员或董事均无须对上述声明之任何错误或遗漏负责。

6. 买家申请索赔限制：在不影响上文规则第 3 及第 5 项之情况下，及除本公司就个人伤亡承担之任何法律责任外,"买家"对"苏富比"之申请索赔应以就该物品实际付予"苏富比"之"成交价"及"买家支付之酬金"为限。

卖家对买家之法律责任

7. 卖家对买家之责任:"卖家"对阁下之责任与本公司对阁下之责任有相同之规范。任何明示或隐含之条件或保证均不包括在内,唯根据法规隐含不能免除之责任除外。再者,本公司保留与"卖家"达成更改"卖家"保证之权利。

拍卖

8. 参与拍卖之权利:本公司有绝对酌情权拒绝任何人士参与本公司之拍卖,以及拒绝任何人士进入会场。

9. 以当事人身份竞投:阁下如在拍卖中竞投,阁下之身份乃为当事人,并将对该项竞投负全责,除非本公司事前与阁下以书面协定,阁下乃代表已辨明身份之第三者竞投(而该第三者须获本公司接纳)。在本公司如上所述协定之情况下,阁下与该第三者均须共同及个别对该项竞投产生之一切责任负责,而该第三者将因阁下以其代理人身份进行竞投而受业务规则约束,犹如其亲身进行竞投。

10. 委托及电话竞投:亲身出席拍卖会可令阁下充分获益,但阁下亦可按下文所述以电话或委托竞投之方式竞投。

(1) 委托竞投:本公司将在拍卖会上代表阁下执行阁下在拍卖前以充分时间向本公司发出而本公司酌情认为清楚及完整之任何竞投指示。倘本公司就某一拍卖品获以相同金额委托竞投,而在拍卖会上该等竞投金额为该拍卖品之最高出价,则该拍卖品会售予最先委托本公司竞投之人士。然而,本公司在履行有关委托竞投之责任上受限于本公司于拍卖进行时须承担之其他责任。本公司可能因拍卖之运作方式而未能按阁下之要求竞投。本公司不能接纳因任何理由无法按所委托而竞投之责任。因此,阁下如欲竞投,应亲身或派代理人出席有关拍卖会;

(2) 电话竞投:本公司或可供阁下以电话竞投,唯在此情况下,本公司保留要求阁下在本公司同意之前以书面确认有关资料之权利。本公司不承担因任何理由而失败之电话竞投之责任。本公司保留记录电话竞投之权利。

11. 拍卖之方式：拍卖官会按其就拍卖品之价值及出价竞争程度认为合适之水平开始及逐步提高竞投价。虽然拍卖官不得在拍卖当中表明其代表"卖家"竞投，但拍卖官可代表"卖家"以接连竞投或竞投之方式作出竞投直至达到底价。"买家"知晓本规则所述拍卖官及"卖家"之权利，并放弃可能就此对"苏富比"或"卖家"提出之任何索偿。

12. 拍卖物品之成交：获拍卖官接纳为出价最高之人士（或如适用该人士之已披露委托人）应为"买家"。拍卖官敲击槌子，即表示接纳最高之出价，并确认拍定"买家"就该物品应付之"成交价"。拍卖官敲击槌子亦表示达成"卖家"及"买家"双方之出售合约。

13. 拍卖官之酌情权：虽有上文规则第11及12项，但拍卖官在拍卖过程中任何时间享有绝对酌情权：

（1）撤回任何拍卖品；

（2）当拍卖官有理由相信出现错误或纠纷时，可重新提呈物品进行拍卖；

（3）采取其当时合理地认为适当之其他行动。

14. 货币换算器：拍卖以港元进行。货币换算器仅为方便阁下而设。货币换算器可能会出现错误，故阁下不应依赖它替代以港元竞投。

15. 录像：为方便"买家"及"卖家"，某些拍卖会开启视像荧幕。但视像荧幕之操作可能会出现错误。本公司不可能就视像荧幕上复制影像之质素或荧幕影像与原物是否相似承担任何责任。

拍卖后

16. 付款：阁下如投得拍卖品，须于有关拍卖环节结束后即时以港元向本公司支付"应付总额"。本公司在未收到现金或结清金额前，上述付款不作付妥。

17. 领取已购物品：阁下须于拍卖日后五个工作日内自费领取已购物品。除非本公司行使所赋予之酌情权，且在不影响下文规则第23（7）项情况下，否则该物品不会在本公司收取"应付总额"前交付予阁下。

18. 转移所有权：阁下在悉数支付有关物品之"应付总额"，以及"苏富比"将上述付款应用于有关物品前（即使本公司在不影响规则第17项之情况下，行使所赋予之酌情权给予阁下有关物品），阁下须继续承担"应付总额"，亦不能取得所购入物品之所有权。除本公司与阁下另有协定，以及受限于下文规则第23（4）项外，阁下所缴付之任何款项将按拍卖日期及该物品之编号分先后次序支付阁下欠"苏富比"之最早期债务或阁下最早期于"苏富比"或任何"苏富比联号公司"购买物品之款项。

19. 转售之所得款项：如阁下在向本公司悉数支付"应付总额"前转售有关物品或有关物品之任何部分，阁下同意：

（1）替本公司以信托形式持有出售所得款项中，由"应付总额"减去就该物品不时支付予本公司之任何金额；

（2）将阁下就任何拍卖品替"苏富比"以信托形式持有之款项存入独立银行账户。

20. 风险转移：任何已购物品在下列任何一项发生（以较早发生日期为准）后之风险概由阁下自行承担：

（1）阁下领取已购物品；

（2）阁下向本公司支付有关物品之"应付总额"；

（3）拍卖日后五个工作日。

阁下须自行负责于风险转移至阁下后为已购物品购买保险。在拍卖后但风险转移予阁下之前，有关物品如有任何损失或损毁，阁下将获得赔偿。赔偿之最高限额为有关物品之"成交价"，加上"苏富比"已收取之"买家支付之酬金"，但不包括任何间接或因其发生之损失或损毁。然而，在任何情况下，本公司不会因装裱印制品、字画或其他艺术品之画框或玻璃出现任何损失或损毁而承担责任，唯该画框或玻璃本身为拍卖品者则除外，亦不会因下文规则第31项所述任何事件造成之损失或损毁承担责任。

21. 包装及搬运：包装及搬运拍卖品之风险及开支概由阁下承担。在任何情况下，本公司概不就包装或运输者之任何行为或遗漏承担责任。

22. 出口：自香港出口或进口其他国家之任何拍卖品或需领取一份或多份出口或进口许可证，抑或会需要出口或进口货单、清单或文件。"买家"须负责取得任何有关出口或进口许可证及填妥任何所需出口或进口货单、清单或文件。所购物品须根据规则第16项付款，而不获批任何所需出口或进口许可证或延误取得该类许可证不被视为阁下撤回或取消购买或阁下延迟支付拍卖品之"应付总额"之理由。本公司不会承担因不能填妥或呈交所需出口或进口货单、清单或文件所产生之任何责任。

23. 不付款之补救方法：如买家未有根据规则第16项支付任何拍卖品之"应付总额"，本公司为其本身并作为"卖家"代理人，有权（在不妨碍本公司及"卖方"具有之任何其他权利下）行使下述一项或多项权利或补救方法：

（1）就因违约所带来之损失起诉阁下；

(2) 取消该项拍卖品之交易；

(3) 将阁下向本公司或任何"苏富比联号公司"支付之款项用作支付部分"应付总额"或因出售该项拍卖品而招致之任何开支或"费用"；

(4) 将阁下向本公司或任何"苏富比联号公司"支付之款项用作支付部分"应付总额"或阁下就任何其他交易欠负本公司或任何其他"苏富比联号公司"之债务；

(5) 安排以公开拍卖或私人销售方式，重新出售拍卖品，以减少阁下欠负本公司之债务。阁下及"买家"同意及授权本公司按照重新出售时适用之业务规则安排重新出售，并且同意有关该次重新出售之底价及估价水平将由本公司全权酌情决定。"售出所得款项净额"将用于减少阁下之债务。倘重新出售导致所得价格低于原来之"成交价"，本公司及"买家"将可向阁下索取余额连同因阁下未能付款而招致之任何收费。倘重新出售导致所得价格高于原来之"成交价"，多出之数应付予"卖家"。在该情况下，阁下放弃任何要求拥有拍卖品之权利，并同意任何重新出售价均被视为商业上合理；

(6) 将本公司或任何"苏富比联号公司"欠负阁下之款项与阁下欠负本公司或任何"苏富比联号公司"之款项对销，而不论该等款项是否来自任何出售所得款项或其他理由产生者；

(7) 对本公司或任何"苏富比联号公司"因任何理由而管有之阁下任何资产行使留置权，直至阁下已全数支付欠负本公司之所有未偿还款项为止。本公司将通知阁下任何所行使之留置权及未偿还款额。倘未偿还款项于该项通知后十四日内仍未清还，本公司可根据上文（5）项安排出售任何该等资产；

(8) 向阁下收取"卖家"及本公司合理之法律及行政收费；

(9) 就拍卖日期起计五个工作日后尚未支付之"应付总额"以每个月百分之二的月息率向阁下收取利息；

(10) 在本公司之办事处或其他地方投保、移走及储存拍卖品，风险及费用概由阁下承担；

(11) 拒绝阁下或阁下之代表日后在任何拍卖会上所作之竞投，或于接纳该等竞投前要求阁下支付按金。

24. 未有领取已购物品之补救方法：如阁下于出售后五个工作日内尚未领取已购拍卖品，本公司可安排储存该拍卖品，唯风险及费用由阁下承担。此条款适用于不论阁下有否支付"应付总额"。本公司只会于阁下全数支付一切储存、搬移、保险及任何其他收费，以及所有其他欠负本公司之款项，包括（如适用）"应付总额"后，方会交付已购拍卖品。本公司亦可全权酌情行使上文规则第 23（1）、(3)、(5)、(6)、(7) 及 (8) 项，唯本公司不会于有关出售后六个月内行使上文规则第 23（5）项之权利，如本公司行使该规则第 23（5）项之权利，则本公司承诺会按阁下指示持有本公司所收取该等所得款项经减去"卖家佣金"、"买家支付之酬金"及所有储存、搬移、保险与任何其他开支和税项后的净额。

第三节　主要关于卖家之规则

25. 卖家之保证：本规则规限阁下与"买家"及本公司之关系。倘本公司或"买家"认为下述任何保证受到任何形式之违反，则本公司或"买家"可向阁下采取法律行动。阁下同意保证赔偿"苏富比"及任何"苏富比联号公司"、彼等各自之雇员、董事、管理人员、职员及"买家"，免蒙受因违反或涉嫌违反阁下之任何声明或保证或业务规则所载其他条款而引致之任何损失或损害。倘本公司有理由相信任何该等声明或保证遭违反或涉嫌违反，则阁下授权"苏富比"全权酌情撤销有关拍卖。

阁下向本公司及"买家"保证，在所有有关时间（包括但不限制于拍卖品寄售时或拍卖之时）：

（1）阁下为拍卖品之真正物主，或经拍卖品之真正物主妥为授权出售该拍卖品；

（2）根据业务规则，阁下可转让该拍卖品之管有权及妥善和可出售之所有权予"买家"，而不受制于任何第三者之权利、索偿或潜在索偿，包括但不限于政府或政府机关所提出之索偿；

（3）阁下已向本公司提供一切所知有关拍卖品出处之资料，并已书面知会本公司任何由第三方就拥有权、状况、真实性、属性或该物品之出口或进口而提出之任何关注；

（4）阁下并不知悉任何将令本公司就该物品作出之描述不正确或出现误导之任何事宜或指称；

（5）倘拍卖品由外地进口香港，则该拍卖品乃是经合法进口及根据其来源地之法律（包括任何适用之欧洲联盟国家之法律或规例）合法及永久出口的。所有因拍卖品之进出口而必须提供之申报均已办妥，而有关拍卖品进出口之关税及税项亦均已缴付；

（6）阁下已支付或将支付拍卖品"售出所得款项净额"所需缴纳之任何或所有税项及/或关税，并已书面知会本公司由本公司代表阁下于进行拍卖之国家以外之任何国家所需支付之任何或所有税项及关税；

（7）对有关拍卖品并无任何限制、版权或其他规限（法例所订立之限制除外），及对本公司复制该拍卖品之照片或其他图片并无限制，但如阁下在交付拍卖品予本公司时书面提出相反情况则例外；

（8）任何电动或机械货品（或任何供拍卖物品之电动或机械零件）当合理地使用于其设计用途时为安全产品，且就表面检查并无任何可证实会危害性命或健康之明显缺陷，但如阁下在交付货品予本公司时书面提出相反意见者则例外。

拍卖前

26. 预备拍卖：阁下同意本公司可全权酌情：
（1）将拍卖品合并或分类拍卖；
（2）决定拍卖物品之编排方式；
（3）决定任何拍卖物品于图录或任何状况报告中的描述及图示方式；
（4）拍卖之日期及地点；
（5）拍卖进行之方式。

本公司保留就选择拍卖品而咨询及依赖任何外间独立专家、顾问及修补专家意见之权利，并于本公司认为适当之情况下，就拍卖品进行其他查询或测试。然而，此乃本公司酌情进行之事宜，而本公司亦无责任必须进行该等咨询、查询或测试。

27. （1）估价：任何由本公司作出的书面或口头估价仅属意见，并仅旨在提供指引。任何估价均不可依赖作预期售价之预测，本公司可不时全权决定对已作出之估价（不论以书面、口头作出，或列载于图录、收据、函件或其他地方之估价）进行修订；

（2）免除责任：就任何拍卖物品之任何方面或质素（包括价格或价值）之书面或口头及载于任何图录、报告、评论或估值之陈述均①仅为意见及②可于该物品作拍卖（包括该物品作公开展览）前修订。"苏富比"或任何"苏富比联号公司"或其各自之任何代理人、雇员或董事毋无对任何该等声明之差误或遗漏负任何责任；

（3）卖家索偿限制：于任何情况下"卖家"提出之任何索偿（不包括规则第31项所涵盖之任何索偿）将限于该物品之"售出所得款项净额"。

28. 阁下撤回物品：倘阁下选择于（1）阁下书面同意与本公司出售拍卖品之日或（2）该物品拍卖日期前12个星期（以两者较早之日期）过后撤回

拍卖品，则阁下须支付按下述规则第 30 项计算之撤回费。倘阁下于上述之较早日期前撤回拍卖品，则无须支付撤回费。

29. 本公司撤回物品：倘本公司有理由相信
（1）物品之真确性或属性有可疑；
（2）上文规则第 25 项所载之任何卖家声明或保证确立为或被指称有任何不确；
（3）阁下于任何重大方面违反业务规则之任何规定；
（4）倘物品包含任何濒临绝种生物而须申请"CITES"出售豁免，而该出售豁免未能于拍卖品展出日前一日取得；
（5）本公司认为物品之拍卖价值不足；
（6）物品遗失或损毁，以致其现状并非本公司同意出售时之状态；
（7）建议出售该物品之拍卖因任何原因而延期举行。

倘本公司知悉阁下寄售之物品涉及拥有权之争议或留置权，本公司将不会向阁下交出该物品，直至涉及拥有权之争议或留置权（如适用）最终得到令本公司满意之解决为止。

30. 撤回费：倘拍卖品乃由本公司因出现上文规则第 29（1）、（4）、（5）、（6）或（7）项所载之情况而撤回，则阁下无须支付撤回费，而阁下亦可自费获退回拍卖品（倘该拍卖品并无涉及不利之拥有权索求）。然而，倘拍卖品乃由本公司基于其他原因撤回，阁下须向本公司支付撤回费及任何其他"费用"。撤回费将相等于撤回之拍卖品倘按"拍卖前中位估价"售出而计算之"卖家佣金"及"买家支付之酬金"之和，"卖家佣金"之费率须为该撤回物品寄售时适用之费率。除非阁下已向本公司支付撤回费，否则本公司并无责任撤回任何拍卖品或将拍卖品交回阁下。

31. 遗失或损毁之风险——由本公司承担之风险：本公司将按本规则第 31 项所载条款并费用由阁下负责之情况下，自接收拍卖品之时起承担任何物品之遗失或损毁之风险，直至（1）于售出该物品后风险已转至该物品之"买家"或（2）有关拍卖后六十日（倘该物品未能售出）或（3）该物品交付予本公司六个月后（而仍由本公司保存且于当时并未寄售作拍卖）为止，唯于交付拍卖品予本公司时与本公司有另外书面协议者除外。

本公司将向阁下收取，而阁下亦同意支付，就本公司所承担风险按相等于下述之百分之一的数额：
（1）倘该物品已售出，则为"成交价"；
（2）倘该物品未能售出，则为"底价"；

（3）倘该物品因任何原因而未供拍卖，则为"拍卖前中位估价"；

（4）倘并无"拍卖前中位估价"，则为该物品于交付本公司当日合理估计之拍卖价。

倘上文（1）为适用，则阁下同意于该物品之成交价中扣除该等数额。倘于本公司承担风险期间，拍卖品遗失或损毁，本公司无须向阁下支付多于上文（1）—（4）段（取适用者）所载之数额（经扣除"卖家佣金"及"费用"）。倘拍卖品仅为部分损毁或部分遗失，因而导致价值下跌少于一半（以本公司意见为准），则本公司可①向阁下支付下跌价值之数额，并将拍卖品提交拍卖或交回阁下，或②如之前一句所述向阁下购入拍卖品，而阁下将不再拥有该拍卖品。本公司对用作装裱印制品、字画或其他艺术品之画框或玻璃之遗失或损毁并不承担责任，亦对下述情况所造成之遗失或损毁概不承担责任：

（1）湿度或温度转变；

（2）正常损耗、磨损、逐渐变质、固有瑕疵或缺陷；

（3）程序上之差误；

（4）战争或战争中使用原子裂变、放射性污染之武器或任何恐怖主义袭击（根据苏富比投保公司之定义）。

32. 遗失或损毁之风险——由阁下安排受保：倘阁下无意由本公司承担交予本公司之物品之遗失或损毁风险，阁下须于物品交付时与本公司达成书面协议。倘阁下与本公司达成此项协议，阁下须为物品一直投保直至"买家"悉数支付该物品之款项为止。在该等情况下，阁下同意：

（1）向本公司提交该物品之保险证书副本；

（2）促使阁下之保险公司放弃可能因遗失或损毁而针对本公司之一切权利或索偿之代位权，放弃代位权声明书须以本公司接纳之方式发出，并交其副本给本公司；

（3）保证赔偿本公司因该物品之遗失、损毁或开支而面临之任何索偿，而不论该索偿以任何方式产生；

（4）知会阁下之保险公司有关上文（3）所列之赔偿保证条款；

（5）按本公司之要求补偿本公司因任何索偿而支付之一切款项、开支或"费用"，包括法律费用。本公司按此规则支付之任何款项均对阁下具有约束力，并为阁下接纳为本公司需支付该等款项之确证，即使并无经证实之法律责任；

（6）放弃阁下可能因遗失或损毁而针对本公司之一切权利或索偿，除非该等遗失或损毁乃由于本公司之故意失责而造成。倘阁下于任何物品交付予本公司后十天内未能遵守以上（1）及（2）分段之规定，本公司将按规则第31项之条款承担遗失或损毁之风险。本公司将由物品交付予本公司后第十一天起承担该等遗失或损毁之风险。倘该物品于其后遗失或损毁，本公司对阁下之承担将限于①上文规则第31（1）—（4）项所列之有关数额减②阁下按本规则同意维持之保单下因该等遗失或损毁而应获支付之款额（连同适用之应予扣除款项）之间之差额。

33. 再寄售：本公司可酌情决定将任何物品寄放在其他"苏富比联号公司"以供公开拍卖。本公司会以书面将此项决定知会阁下，除非阁下于该通知发出后十天内以书面提出反对，否则阁下将被视为同意该再寄售。在该等情况下，任何拍卖均按有关拍卖图录所载之业务规则进行，但如有任何冲突，则本业务规则将继续适用于阁下与本公司并概以之为准。任何拍卖所得款项将以拍卖会上采用之货币汇寄予阁下，并须缴纳所有当地税项。

拍卖

34. 底价：除另有书面协定外，所有物品均按与阁下议定之拍卖前低位估价之百分之七十五为底价拍卖。倘阁下与"苏富比"未能议定拍卖前低位估价，底价将为本公司之"拍卖前低位估价"之百分之七十五。

底价不得超过本公司最后公布或刊发之"拍卖前低位估价"，除非经同意之底价以港币以外之货币为单位，而其汇率在底价同意之日与拍卖日之间有所变动。在此情况下，倘本公司无法与阁下议定修订底价，底价之港元等值数额将按紧接拍卖前最后一个营业日之收市汇率计算。

倘物品在底价水平不获出价竞投，本公司在任何情况下均无须承担责任，惟本公司有权酌情以低于底价出售该物品。倘本公司如此行事，本公司支付予阁下之售出所得款项将相等于物品以底价售出时阁下应得之金额。倘物品未能售出，拍卖官将宣布该物品并未售出。

35. 在拍卖会中竞投：阁下不得出价竞投本身之拍卖品。然而，本公司有权代表阁下以不高于底价之金额出价竞投，唯阁下不得指示或准许任何其他人士代表阁下出价竞投该拍卖品。倘阁下代表本身出价竞投（或指示他人如此行事），本公司将视阁下为成功之出价人。在此情况下，阁下将不再享有上文规则第3及34项之利益，并须支付本公司一笔相等于"卖家佣金"、"买家支付之酬金"及本公司因拍卖该物品而导致一切"费用"之总额。本公司有权行使该物品之留置权，直至阁下悉数支付上述款项为止。

拍卖后

36. 阁下须支付本公司之款项：拍卖后，阁下须支付本公司下列款项：
（1）"卖家佣金"；
（2）"费用"。
本公司有权从"买家"支付之金额中扣除上述款项。

37. 支付予阁下拍卖所得款项净额：除非本公司接获"买家"知会彼此因该物品为赝品而撤销买卖，否则本公司将于拍卖会结束之日后第三十五天向阁下寄发"售出所得款项净额"，即从"买家"收取之结清金额扣除阁下欠付本公司或任何"苏富比联号公司"之任何其他款额。谨请留意，应付予阁下之"售出所得款项净额"乃来自本公司向"买家"实际取得之售出所得款项。

倘"买家"于有关拍卖结束之日起三十天后始行付款，本公司将于收取结清金额后五个工作日内向阁下寄发已扣除阁下欠付本公司或任何"苏富比联号公司"之任何其他款额后之"售出所得款项净额"。

38. 撤销交易：倘本公司相信物品确属赝品，则将撤销交易并知会阁下有关该项撤销。本公司在决定某一物品是否赝品时，可全权决定免除规则第3项之要求。阁下须于收到本公司知会阁下有关撤销交易之通知后十天内，退还本公司已就有关物品而支付阁下之"售出所得款项净额"，并补偿本公司因撤销交易而招致之任何"费用"。本公司将于收到该等金额后将物品退还予阁下。如本公司由于无法控制之理由而未能将该物品退还予阁下，本公司仍有权收回"售出所得款项净额"。

39. 买家不付款：本公司并无责任向任何"买家"追收款项或采取法律行动以收回该等款项。阁下同意知会本公司有关阁下选择向"买家"采取之任何行动，以追收欠付阁下之款项。

本公司可全权决定采取上文规则第23项所列之任何补救方法，包括取消交易并将拍卖品退还阁下之权利。本公司将应阁下之要求知会阁下任何向"买家"采取之行动，并考虑阁下就索回欠款所应采取之适当行动而向本公司表达之任何意见。

本公司有权按上文规则第23（1）项向过期付款之买家收取利息，而阁下授权本公司保留该等利息及拨归本公司所有。

倘"买家"未能支付"应付总额"，唯本公司同意向阁下寄发"售出所得款项净额"，则有关物品之拥有权将转移予本公司。为免引起疑问，本公司享有阁下在本业务规则下作出之所有声明、保证及赔偿保证。

40. 拍卖后交易：倘任何物品未能在拍卖会上出售，本公司有权在拍卖后四十日内出售该物品，除非阁下有相反协议。任何拍卖后交易所达成之成交价将给予阁下"出售所得款项净额"不少于物品以底价售出时阁下所可获得者。拍卖后交易一经协定，阁下就该物品向本公司及"买家"所负之责任将与该物品于拍卖会上售出之情况下相同。在业务规则中提及之拍卖日期须视为兼指拍卖后交易之日期。

41. 未能售出之物品：倘任何物品未能在拍卖会中售出，本公司将按有关拍卖品收据表格上所填地址向阁下寄发通知。倘该物品并无按上文规则第40项作私人交易，阁下可将该物品再寄售予本公司再作拍卖，或向本公司领回该物品。倘阁下决定领回该物品，本公司保留权利向阁下收取一项相等于"卖家佣金"百分之五十之已折算佣金以及"费用"。在此情况下，卖家佣金将按物品以底价出售计算，"卖家佣金"收费率则为拍卖日适用之收费率。倘阁下于拍卖后六十天内未有再寄售或领回该物品，本公司可全权决定：

（1）将该物品存放于独立储存设施，风险及费用概由阁下承担；

（2）将该物品再公开拍卖，底价不低于原来底价之百分之五十。

倘再拍卖，本公司有权从"成交价"扣除有关初次拍卖之已折算佣金及"费用"，连同再拍卖之"卖家佣金"及"费用"。本公司保留权利，向阁下收取合理之法律及行政费用。任何再拍卖均按有关该拍卖之拍卖图录上刊印之业务规则进行，唯阁下与本公司之间如有任何冲突，则本业务规则将继续适用并概以之为准。

第四节　与买家及卖家有关之规则

42. 监管法例：本业务规则及其任何修订须受限于香港法例，并按香港法例理解及诠释。

43. 司法权区：（1）"苏富比"及所有"买家"及"卖家"（及任何未来"买家"或"卖家"）同意香港法院（在受制于下文规则第43（2）项下）具专属管辖权处理因本业务规则之有效性、影响、理解或执行方式或本业务规则所建立之法律关系或其他因此等业务规则而产生之任何纠纷（包括抵消索偿及反索偿）；

（2）上文规则第43（1）项所载之协议乃为"苏富比"之利益而载入。因此，尽管有上文规则第43（1）项之专辖权协议，但"苏富比"仍保留向任何其他具司法管辖权的法院提出诉讼之权利。

44. 送达法律程序文件：所有"买家"及"卖家"均不可撤回地同意，法律程序文件或与任何法院诉讼有关之任何其他文件可以传真、面交、送抵本公司所知其最近期之地址或任何其他常用地址、邮寄或按香港法例、送达地点之法例或进行诉讼之司法权区之法例所批准之任何其他方式送达。

45. 相片与图示：阁下同意本公司享有非独有之绝对权，为交付本公司寄卖之任何物品制作相片、图示或其他方式的影像。本公司为任何物品创制之一切影像之版权概由本公司保留，且有权于拍卖前后按本公司认为合适之方式采用有关影像。

46. 版权："卖家"或"苏富比"并无声明或保证任何物品是否受版权所限或"买家"有否购入任何已售物品之任何版权。

47. 出口/进口及禁运："苏富比"或"卖家"并无声明或保证是否有任何物品受限于中国香港任何出口限制或任何其他国家之任何进口限制。同样，本公司亦无就任何物品是否被禁运而作出任何声明或保证。任何物品进出口香港均可能需出示进口/出口报关清单、货单或文件。卖家须负责填妥及递交所需之任何进口报关清单、货单或文件，而买家须负责填妥及递交所需之任何出口报关清单、货单或文件。本公司不会承担因未能填妥或递交所需进口/出口报关清单、货单或文件而产生之任何责任。

48. 通知：任何通知或其他通信须以书面发出，如以邮递方式寄出，付邮后第二个工作日被视为收件人收妥通知之日，或如收件人并非身处香港，则付邮后第五个工作日为已由收件人收妥。如以专人送递之方式发出书面通知，则在交付时作为已收妥；如以传真方式发出任何书面通知，传真后二十四小时被视为已收妥。发给本公司之任何通知书须寄往香港中环德辅道中 4-4a 渣打银行大厦五楼。本公司可根据阁下所提供之最近期地址向阁下寄发任何通知书。

49. 可分割性：倘本业务规则之任何规定因任何理由而不能实行，则业务规则之其余规定仍全面有效。

50. 个人资料：在拍卖会中之"买家"、"卖家"及任何竞投人同意，若本公司提出要求，彼等会以本公司接纳之形式，提供有关彼等姓名、长期地址、身份证明及信贷能力之证明书。

51. 介绍佣金：本公司保留自本公司酬金中拨款支付向本公司介绍客户或拍卖品之任何第三方。

52. 其他事项：
（1）本业务规则之标题及绪言并非业务规则一部分，仅为方便阁下而设；
（2）"苏富比"之任何作为、不作为或部分作为概不应视为苏富比放弃其在本规则下之任何权利；

（3）在文义许可之情况下，单数词语泛指双数词语，相反亦然；

（4）未与"苏富比"书面协定前，"买家"或"卖家"不得转让本业务规则。然而，本业务规则对阁下之承继人、受让人、受托人、遗嘱执行人、遗产管理人及代表均同具约束力；

（5）附带特别含义之词语将在刊登于有关图录第一件拍卖品前之释义部分说明。拍卖将以港元为单位进行。

（本规则之中文译本仅供参考之用，中文译本如与英文原本有任何抵触，将以英文原本为准。）

参考文献

1. 安健：《擅用他人企业名称 构成侵权被判赔偿》，《人民法院报》2007年12月24日。
2. 阿庇安：《罗马史》，谢德风译，商务印书馆1976年版。
3. 北京市宣武区人民法院：《北京市宣武区人民法院审理中国人民财产保险股份有限公司北京市宣武支公司与被告房言山财产损害赔偿纠纷案民事判决书》，2006年12月20日。
4. 本报记者：《索赔100万 苏富比告了四川苏富比》，《成都商报》2007年12月5日。
5. 博尔曼、邓达斯：《商法：企业的法律、道德和国际环境》，张丹、林莺、李勇、陈婉婷译，清华大学出版社2004年版。
6. 常宁生：《艺术巨商——著名画商利奥·卡斯蒂里与现代艺术》，江苏美术出版社2001年版。
7. 曹筠武：《浙江军团"海外夺宝"记》，《南方周末》2005年4月7日。
8. 陈宝定：《现代民间收藏指南》，黄山书社2001年版。
9. 陈俊杰、戴鑫：《自买后自卖 炒高拍品价》，《新京报》2007年8月15日。
10. 陈俊杰：《画主80万赎回乾隆真迹》，《新京报》2007年9月25日。
11. 陈念、张男、文敏：《桃源县大批民间收藏者被拘传罚款》，《中国商报》2003年3月27日。
12. 成明编译：《马斯洛人本哲学》，九州出版社2003年版。
13. 《辞海》，上海辞书出版社1989年版。
14. 丁福保编：《佛学大辞典》，文物出版社1984年版。
15. 凡勃伦：《有闲阶级论——关于制度的经济学研究》，蔡受百译，商务印书馆1964年版。
16. 冯梦龙：《醒世恒言》，上海古籍出版社1982年版。
17. 弗若多罗共罗什译：《十诵律》，《大正藏》第23册，（台北）新文丰出版公司1983年版。

18. 高国藩：《敦煌民俗学》，上海文艺出版社1989年版。
19. 葛元煦：《沪游杂记》，上海古籍出版社1989年版。
20. 郭晓明：《乾隆书画被爆炒到200万》，《京华时报》2007年9月25日。
21. 韩冀东：《网上拍卖》，人民邮电出版社2004年版。
22. 寒光：《谁来解除艺术品拍卖的畸形利益链条》，《艺术市场》2005年第10期。
23. 哈罗德：《凯恩斯传》，刘精香译、谭崇台校，商务印书馆1995年版。
24. 豪泽尔：《艺术社会学》，居延安译，学林出版社1987年版。
25. 洪丽萍：《拍卖槌声下的纷争》，《市场报》1999年12月18日。
26. 胡慧平：《古玩市场进入"黄金时代"》，《人民政协报》2005年12月19日。
27. 胡劲华：《外资银行垂慕中国艺术品》，《金融、收藏与艺术品投资》2005年第2期。
28. 吉本：《罗马帝国衰亡史》，黄宜思、黄雨石译，商务印书馆1997年版。
29. 静其：《当拍卖成为一种游戏》，《艺术市场》2005年第9期。
30. 凯恩斯：《就业、利息和货币通论》，徐毓枬译，商务印书馆1983年版。
31. 凯夫斯：《创意产业经济学：艺术的商业之道》，孙绯等译，新华出版社2004年版。
32. 孔令强：《谁在滥用"苏富比"之名》，《环球市场》2007年第6期。
33. 柯林斯、波拉斯：《基业长青》，真如译，中信出版社2002年版。
34. 莱西：《拍卖帝国：索斯比拍卖行纪实》，何馨儿译，江苏人民出版社2000年版。
35. 李凌、周莹、文芳、毛学麟：《奢侈品投资市场两大拍行掌控定价权》，《新财富》2008年第2期。
36. 李俊：《英佳士得拍卖行自曝其丑》，《上海译报》2001年7月19日。
37. 李培春：《纽约邮票拍卖舞弊案曝光》，《中国文化报》2001年9月10日。
38. 李若菱：《泰迪熊》，河北教育出版社2003年版。
39. 李沙：《拍卖行》，中国经济出版社1995年版。

40. 李向民：《精神经济》，新华出版社 1999 年版。

41. 李晓东：《中国文物学概论》，河北人民出版社 1990 年版。

42. 李雪梅：《民间收藏指南》，中国国际广播出版社 1991 年版。

43. 廖国一、覃锦清：《小古董大价钱》，漓江出版社 1994 年版。

44. 联合国教科文组织：《非洲通史》第 2 卷，中国对外翻译出版公司，1984 年版。

45. 刘刚、刘晓琼：《艺术市场》，江西美术出版社 1998 年版。

46. 刘江华、王岩：《黄冑,〈守望者〉真伪引发争议》，《北京青年报》2005 年 7 月 27 日。

47. 刘宁元：《拍卖法原理与实务》，上海人民出版社 1998 年版。

48. 刘世锋：《构建和谐诚信的艺术品市场——访文化部文化市场司副司长张新建》，《文物天地》2005 年第 9 期。

49. 刘晓君、席酉民：《拍卖理论与实务》，机械工业出版社 2000 年版。

50. 刘晓琼：《艺术品投资》，中国计划出版社 1996 年版。

51. 路透社：《苏富比女强人判刑》，《文汇报》（香港）2002 年 5 月 1 日。

52. 玛吉：《战胜华尔街：成功投资的心理学与哲学》，吴溪译，机械工业出版社 2003 年版。

53. 马广彦：《明清民窑青花瓷器的价位走势》，《收藏》2001 年第 7 期。

54. 马健：《收藏品的数量概念》，《收藏》2004 年第 12 期。

55. 马健：《收藏投资的理论与实务》，浙江大学出版社 2004 年版。

56. 马健：《eBay 易趣推出"在线鉴定"》，《上海证券报》2005 年 6 月 11 日。

57. 马健：《收藏投资学》，中国社会科学出版社 2007 年版。

58. 马健：《艺术品市场的经济学》，中国时代经济出版社 2008 年版。

59. 马俊、汪寿阳、黎建强：《e-Auction：网上拍卖的理论与实务》，科学出版社 2003 年版。

60. 麦基尔：《漫步华尔街》，骆玉鼎、彭晗译，上海财经大学出版社 2002 年版。

61. 梅建平、马晨薇：《苏富比 百年标本》，《新财富》2007 年第 8 期。

62. 米勒主编：《西洋古玩收藏指南》，胡瑞璋译，上海辞书出版社 2004 年版。

63. 派恩、吉尔摩：《体验经济》，夏业良、鲁炜等译，机械工业出版社 2002 年版。

64. 曲彦斌：《中国拍卖业的源流轨迹探析》，《社会科学战线》2005 年第 2 期。

65. 上海艾瑞市场咨询有限公司：《中国网上拍卖研究报告》，2003 年。

66. 施雯婷、王刚：《撞碎花瓶惹上百万官司 被告质疑拍卖公司》，《新闻晚报》2004 年 7 月 30 日。

67. 释德辉：《敕修百丈清规》，《大正藏》第 48 册，（台北）新文丰出版公司 1983 年版。

68. 斯通：《统一商法典》，法律出版社 2004 年版。

69. 沈煜笠：《衰年变法，返璞归真——齐白石艺术浅议》，载齐良迟主编《齐白石艺术研究》，商务印书馆，1999 年版。

70. 谭天：《从广州艺术博览会说起》，载方全林主编《走向市场的艺术》，学林出版社 1997 年版。

71. 托夫勒：《第三次浪潮》，朱志焱等译，新华出版社 1996 年版。

72. 沃森：《拍卖索斯比：一次针对国际著名拍卖公司的秘密调查行动》，张力译，内蒙古人民出版社 1999 年版。

73. 卫明：《索思比拍卖行前董事长被判刑》，《人民日报·海外版》2002 年 4 月 27 日。

74. 希罗多德：《历史》，王以铸译，商务印书馆 1959 年版。

75. 希勒：《非理性繁荣》，廖理、范文仲、夏乐译，中国人民大学出版社 2004 年版。

76. 溪明、铁源、荣升：《实用收藏知识全书》，华龄出版社 1994 年版。

77. 夏叶子：《艺术品投资学》，中国水利水电出版社 2005 年版。

78. 萧臣：《登上收藏之颠》，《中国收藏》2004 年第 9 期。

79. 薛求知、黄佩燕、鲁直、张晓蓉：《行为经济学——理论与应用》，复旦大学出版社 2003 年版。

80. 向达：《唐代长安与西域文明》，生活·读书·新知三联书店 1957 年版。

81. 晓辰：《苏富比状告内地拍卖行商标侵权》，《中国商报》2007 年 11 月 26 日。

82. 肖阳：《宋徽宗黄莺卷 曾以伪作拍九万》，《北京晨报》2005 年 1 月 12 日。

83. 谢安石、李一军：《拍卖理论的研究内容、方法与展望》，《管理学报》2004 年第 1 期。

84. 谢和耐：《中国五至十世纪的寺院经济》，耿升译，甘肃人民出版社1987年版。
85. 刑捷、汤乔：《"南谢""北徐"之争终有结论，〈张大千仿石溪山水图〉是假画》，《扬子晚报》1999年1月14日。
86. 徐波主编：《中国古代海洋散文选》，海洋出版社2006年版。
87. 徐佳和：《陶布曼家族"失控"苏富比》，《东方早报》2005年9月13日。
88. 徐舰、颜京宁、龙家泽：《一起案件引出的几个法律问题——对湖北通山县"涉嫌倒卖文物案"的调查》，《中国商报》2003年7月24日。
89. 羊城旧客：《津门纪略》，天津古籍出版社1988年版。
90. 杨联陞：《国史探微》，辽宁教育出版社1998年版。
91. 杨明旭：《大众收藏指南》，江西人民出版社1994年版。
92. 杨玉峰：《天价拍品只值几万元？》，《北京晨报》2005年1月11日。
93. 杨玉峰：《宋徽宗黄莺卷真假难辨 四个细微处惊人一致》，《北京晨报》2005年1月13日。
94. 约翰斯：《现代画廊一百年》，载方全林主编《走向市场的艺术》，学林出版社1997年版。
95. 张洁、韩晓冬：《撞碎清代花瓶被索赔120万》，《新京报》2005年3月30日。
96. 张萱：《疑耀》，中华书局1985年版。
97. 张永言：《关于一件唐代的"唱衣历"》，《文物》1975年第5期。
98. 张正恒：《中国画要论》，中央民族大学出版社1996年版。
99. 赵汝珍编述，石山人标点：《古玩指南全编》，北京出版社1992年版。
100. 钟鹭：《世界拍卖市场大曝黑幕》，《北京青年报》2000年10月11日。
101. 郑观应：《盛世危言》，上海人民出版社1982年版。
102. 郑鑫尧：《拍卖概览》，立信会计出版社1998年版。
103. 周国梅、荆其诚：《心理学家获2002年诺贝尔经济学奖》，《心理科学进展》2003年第1期。
104. 周坚、费亮：《民间文物收藏几大法律问题》，《人民政协报》2004年8月12日。
105. 周文翰：《艺术品拍卖应"鉴卖分立"——香港收藏家呼吁为收藏家维权，成立独立鉴定小组辨别真伪》，《新京报》2005年6月22日。

106. 左丘明：《左传》，岳麓书社 2001 年版。

107. 祝君波：《朵云轩拍卖的 100 件高价书画分析（上、下）》，《东方经济》2003 年第 5—7 期。

108. 祝君波：《张学良藏品拍卖实录》，《解放日报》2006 年 4 月 23 日。

109. 中华人民共和国国家统计局：《国民经济和社会发展统计公报》2000—2007 年。

110. 中国互联网络信息中心：《第 21 次中国互联网络发展状况统计报告》2008 年 1 月。

111. 《中华人民共和国文物保护法》，中国民主法制出版社 2002 年版。

112. Alchian, A. Uncertainty, Evolution, and Economic Theory. *Journal of Political Economy*, 1950, 58 (3): 211 – 221.

113. Ball, S. , Bazerman, M. & Carroll, J. An Evaluation of Learning in the Bilateral Winner's Curse. *Organizational Behavior and Human Decision Processes*, 1991, 48, 1 – 22.

114. Bazerman, M. & Samuelson W. I Won the Auction but don't Want the Prize. *Journal of Conflict Resolution*, 1983, 27: 618 – 634.

115. Binmore, Ken. & Klemperer, P. The Biggest Auction Ever: The Sale of the British 3G Telecom License. *Economic Journal*, 2002, 112, (March), c74 – c96.

116. David M. Walker. *The Oxford Companion to Law*. Oxford: Oxford University Press, 1980.

117. *Encyclopaedia American*: New York: Grolier, 1980.

118. Foreman, P. & Murnighan, J. Learning to Avoid the Winner's Curse. *Organizational Behavior and Human Decision Processes*, 1996, 67, 170 – 180.

119. Goldhaber, M. , The Attention Economy and the Net. Http://www.firstmonday.dk/issues/issue2 – 4/goldhaber/index.html, 1997.

120. Goldhaber, M. , Art and the Attention Economy in Real Space and Cyberspace. Http://www.ise.deltp/english/kolumnen/gol/2241/1.html, 1997.

121. Goldhaber, M. , Attention Economics and the Productivity Paradox. Http://www.ise.deltp/english/kolumnen/gol/2695/1.html, 1997.

122. Greenberg, M. *British Trade and the Opening of China*, 1800 – 1842. Cambridge: Cambridge University press, 1951.

123. Hendricks, K. & Porter, R. Collusion in Auctions. *Annales D'Economie et de Statistique*. 1989, 15 – 16: 217 – 230.

124. Higgs, H. & Worthington, A. Financial Returns and Price Determinants in the Australian Art Market, 1973 – 2003. *The Economic Society of Australia*, 2005, 81, (June): 113 – 123.

125. Klemperer, P. How (Not) to Run Auctions: the European 3G Telecom Auctions. *European Economic Review*, 2002, 46, 829 – 845.

126. Mei, J. & Moses, M. Art as an Investment and the Underperformance of Masterpieces. *American Economic Review*, 2002, 92, (5): 1656 – 1668.

127. Milgrom, P. & Weber, R. A Theory of Auctions and Competitive Bidding. *Economitrica*, 1982, 50, 1089 – 1122.

128. Morse, H. *The Chronicles of the East India Company Trading to China*, 1635 – 1834. Oxford: Oxford University Press, 1926.

129. Myerson, R. Optimal Auction Design. *Mathematics of Operations Research*. 1981, 6, 58 – 73.

130. Riley, J. & Samuelson, W. Optimal Auctions. *American Economic Review*, 1981, 71, 381 – 392.

131. The Editors of ARTnews. The ARTnews 200 Top Collectors. ARTnews, 2007, (7).

132. Vickrey, W. Counterspeculation, Auctions and Competitive Sealed Tenders. *Journal of Finance*, 1961, 16, (1): 8 – 37.

跋

从 2005 年起，我开始比较系统地关注收藏品拍卖方面的问题。那时候，我还在东南大学研究生院念书。尽管自己的研究方向为科技管理，然而，业余研究兴趣却是艺术市场。从 2005 年 5 月开始，我有幸在《上海证券报》编辑邱家和先生的邀请下撰写一些关于收藏品拍卖的评论。这段为《上海证券报》撰稿的经历让我受益匪浅。邱先生对稿件的要求很高，我的稿件就经常被"枪毙"。但我的幸运之处在于，他不仅对评论的质量严格把关，而且手把手教我该如何写评论！这段严格的财经评论写作训练经历，一方面让我很快培养起了迅速抓住问题症结的经济学直觉，另一方面则让我将学到的研究方法应用到了艺术市场研究。

2006 年 2 月，当我完成《收藏投资学》的初稿之后，就决定写一本关于收藏品拍卖的专著。让我始料不及的是，诸如收集资料、阅读文献和梳理思路之类的准备工作竟然花了自己一年多的时间。当然，在这一年多里，我也将自己关于收藏品拍卖的点滴思考写成文章发表，借此同师友们切磋讨论。因为"体系之累"，写书其实完全不同于作文；由于种种原因，坊间内幕也不便一一细述。在这种情况下，我只能尽量选择那些相对可靠的数据和来源清楚的案例作为叙事的基础。当然，我并不是一个只看表面数据，不管实际情况的人。事实上，我更关注的是这些数据和案例背后所隐含的信息，同时希望自己能够相对准确地解读这些信息。不过，在完成了解读工作之后，我不愿提什么对策建议。因为我深知，世事如鸿飞雪爪、白衣苍狗。许多用心良苦的建议，要么理论上毫不可行，要么实践中困难重重，要么结果是事与愿违。我只是希望，自己经过细心整理的数据和精心筛选的案例，还有通过"大胆假设，小心求证"后得出的结论，可以有助于各位看官大致了解收藏品拍卖。

感谢诸位前辈师长和至亲好友的将伯之助！

感谢为我开专栏约稿件的媒体的鞭弩策骞!
感谢杨亚萍女士和马国栋先生的劬劳之恩!
感谢点点在这个寒冬陪我身旁,伴我写作!

马　健　谨识

2008 年 2 月 16 日于成都通锦桥

2008 年 7 月 12 日于北京百万庄